交通与数据科学丛书 7

高速铁路行车调度智能化关键理论

文 超 李忠灿 罗 洁 黄 平 彭其渊 著

西南交通大学研究生教材（专著）建设项目

科 学 出 版 社

北 京

内 容 简 介

本书介绍数据科学、人工智能理论应用于高速列车行车指挥智能化的理论和方法，为提高高速铁路调度决策的智能化和自动化水平提供理论依据和方法。全书共 7 章，包括绪论、高速铁路调度指挥数据分析、高速列车晚点状态分析理论、高速列车晚点程度分级理论、高速铁路到发线冲突智能检测理论、高速列车晚点网络化传播理论、高速铁路行车调度智能决策理论。

本书可作为轨道交通运输专业高年级本科生、研究生的教材或教辅资料，也可作为轨道交通运输、大数据、人工智能等领域的科研工作者和生产管理及技术人员的参考书。

图书在版编目（CIP）数据

高速铁路行车调度智能化关键理论 / 文超等著. —北京：科学出版社，2024.3

（交通与数据科学丛书；7）

ISBN 978-7-03-078057-7

Ⅰ. ①高…　Ⅱ. ①文…　Ⅲ. ①高速铁路-列车调度-控制系统　Ⅳ. ①U238

中国国家版本馆CIP数据核字(2024)第039429号

责任编辑：牛宇锋 / 责任校对：任苗苗
责任印制：肖　兴 / 封面设计：图悦社

科学出版社 出版
北京东黄城根北街 16 号
邮政编码：100717
http://www.sciencep.com

北京中石油彩色印刷有限责任公司印刷
科学出版社发行　各地新华书店经销

*

2024 年 3 月第 一 版　开本：720×1000 1/16
2024 年 3 月第一次印刷　印张：16
字数：323 000

定价：128.00 元
（如有印装质量问题，我社负责调换）

丛 书 序

交通科学在近 70 年来发展突飞猛进，不断拓展其外延并丰富其内涵；尤其是近 20 年来，智能交通、车联网、车路协同、自动驾驶等概念成为学者研究的热点问题的同时，也已成为媒体关注的热点；应用领域的专家及实践者则更加关注交通规划、土地利用、出行行为、交通控制和管理、交通政策和交通流仿真等问题的最近研究进展及对实践的潜在推动力。信息科学和大数据技术的飞速发展更以磅礴之势推动着交通科学和工程实践的发展。可以预见在不远的将来，车路协同、车联网和自动驾驶等技术的应用将根本改变人类的出行方式和对交通概念的认知。

多方式交通及支撑其运行的设施及运行管理构成了城市交通巨系统，并与时空分布极广的出行者之间形成了极其复杂的供需网络/链条。城市间的公路、航空、铁路和地铁等日益网络化、智能化，让出行日益快捷。有关城市或城市群的规划则呈现"住"从属于"行"的趋势。如此庞杂的交通系统激发了人们的想象力，使交通问题涉及面极广，吸引了来自不同学科和应用领域的学者和工程技术专家。

因此，为顺应学科发展需求，由科学出版社推出的这套《交通与数据科学丛书》将首先是"兼收并蓄"的，以反映交通科学的强交叉性及其各分支和方向的强相关性。其次，"'数''理'结合"，我们推动将数据科学与传统针对交通机理性的研究有机结合。此外，该丛书更是"面向未来"的，将与日新月异的科学和技术同步发展。"兼收并蓄""'数''理'结合"和"面向未来"，将使该丛书顺应当代交通科学的发展趋势，促进立足于实际需求和工程应用的实际问题开展科研攻关与创新，进而持续推动交通科学研究成果的"顶天立地"。

该丛书内容将首先是对交通科学理论和工程实践的经典总结，同时强调经典理论和实践与大数据和现代信息技术的结合，更期待据此提出的新理论、新模型和新方法；研究对象可为道路交通、行人流、轨道交通和水运交通等，可涵盖车车和车路联网技术、自动驾驶技术、交通视频技术、交通物联网和交通规划及管理等。书稿形式可为专著、编著、译著和专题等，中英文不限。该丛书主要面向从事交通科学研究和工程应用的学者、技术专家和在读研究生等。

该丛书编委会聚集了我国一批优秀的交通科学学者和工程应用专家，基于他们的治学态度和敬业精神，相信能够实现丛书的目标并保证书稿质量。最后，上海麓通信息科技有限公司长期以来为丛书的策划和宣传做了大量工作，在此表示由衷的感谢！

张 鹏

2019 年 3 月

前　言

　　我国已建成世界上里程最长、成网运营最复杂、最现代和最发达的高铁网，具有站多、线长、网大、车多、速度快的特征，从大规模复杂路网建设过渡到精细化管理的网络化运营已是我国高铁运营的发展趋势。高铁运输系统是一个由多工种协同工作的联动复杂巨系统，受到地域、季节、自然环境、内部要素等多方面的影响，"人-机-环-信息-决策"等因素和环节的时变性、非线性、不确定性、模糊性、动态性等特征使高铁的"站(车站层面)→线(线路层面)→网(路网层面)"运营异常复杂。

　　高速铁路的大规模建设并投入运营，在提升路网规模与质量、缓解运能紧张、提高运输服务质量等方面均取得了显著效果，对国民经济的持续快速发展起到了重要的支撑作用。我国高速铁路已进入大规模的网络化运营时代，速度快、密度大、行车量大，运输组织的复杂性为世界高铁之最。

　　当今，大数据和"互联网+"已经融入社会各个领域，"智能化"已然成为时代的主旋律。研究和实践智能高铁的大幕已然拉开。2018年3月，中国铁路总公司在北京至沈阳高铁辽宁段全面启动"高速铁路智能关键技术综合试验"。之后，京张高铁的运营为我国智能高铁运营提供了很好的借鉴。采用云计算、物联网、大数据、北斗定位、下一代移动通信、人工智能等先进技术，通过新一代信息技术与高速铁路技术的集成融合，全面感知、泛在互联、融合处理、主动学习和科学决策，实现高铁的智能建造、智能装备和智能运营已成为铁路工作者和研究者追逐的目标。

　　大数据在交通运输领域尤其是交通管理与控制领域凸显了优势，数据驱动方法也已经在我国铁路运输工程领域取得了初步应用，数据驱动的决策方案被普遍认为优于经验和传统数学优化模型驱动的决策方案。

　　得益于数据科学的迅猛发展，建立基于多源数据的数据驱动模型已成为各领域挖掘数据背后规律、析取指导生产实践自动化知识的重要理论和方法，可以解决既有数学模型难以实际应用的问题。基于列车运行过程中的海量多源数据，运用数据科学和人工智能提升高铁调度指挥和运输资源运用决策的效度，提升决策水平、降低作业人员工作负荷是高铁智能调度决策面临的巨大挑战。以列车运行环境要素、列车运行实绩、应急决策案例等为基础建立的列车运行晚点恢复、冗余时间配置、运行调整、应急处置等一系列数据驱动模型将有效指导高速铁路运输生产。基于数据科学建立的高速铁路调度指挥自动化知识将能够为列车运行调整、冲突检测及消解、调度命令生成、应急处置决策等提供智能化决策辅助。数据科学将成为高铁智能调度的研究利器，知识自动化必将为高铁的智能运营提供有力支撑。

实现复杂路网运营变化可感知、发展趋势可推断、辅助决策可支撑，提升高铁的智能决策水平是智能高铁亟待解决的关键科学问题，是"交通强国、铁路先行"和"高铁走出去"战略的迫切需要和必然要求。在数据充足及方法允许的条件下，数据驱动和人工智能行车指挥模型可以研究列车间更为复杂的作用过程，促进高速列车行车指挥智能化进程。从数据中发现规律并构造模型来逼近真实的铁路运输生产实际情况，更有利于指导实践。

本书系统介绍人工智能与铁路行车指挥领域的结合及高速列车行车指挥智能化系列模型，完善高速铁路行车指挥理论，是作者研究团队所承担的国家重点研发计划项目"区域轨道交通协同运输与服务系统"、国家自然科学基金面上项目"列车运行实绩数据驱动的高速铁路晚点传播机理及恢复理论"、国家自然科学基金高铁联合基金重点项目"基于协同指挥的高铁智能调度理论与方法研究"、四川省应用基础研究面上项目"列车运行实绩数据驱动的高速铁路调度策略作用机理研究及决策自动化知识构建"、轨道交通控制与安全国家重点实验室开放课题"列车运行实绩数据驱动的高速铁路行车调整策略评估及决策自动化"和综合交通大数据应用技术国家工程实验室开放课题"数据驱动的高速铁路网络列车晚点传播理论研究"等最新研究成果的凝练。本书是作者团队2022年出版的《数据驱动的高速列车晚点传播与恢复》的拓展和延伸，所涉及的问题更广、研究的深度更深、对高速铁路调度指挥工作的支持度更高。本书从高速铁路行车指挥数据分析开始，系统介绍运用马尔可夫、隐马尔可夫、随机森林等传统机器学习模型和长短时记忆神经网络、卷积神经网络、全连接神经网络等深度学习模型研究高速铁路行车指挥所涉及的调度数据处理、晚点状态分析、晚点程度分级、到发线冲突检测、晚点时间预测、晚点网络化传播和调度调整等关键理论。

本书将是交通运输及相关专业本科生、研究生学习相关知识和相关研究人员开展相关研究的重要参考书。本书也可以作为现场调度员的参考学习用书，强化基于历史数据制定调度指挥策略、列车运行调整方法的理论和实践知识，将为调度员制定列车运行调整方案、行车组织预案及实施应急组织等提供一定指导。

本书是西南交通大学高速铁路运输组织特色人才培养系列教材之一，入选西南交通大学研究生教材(专著)建设项目，由西南交通大学文超、李忠灿、罗洁、黄平、彭其渊共同撰写。全书共分为7章，其中文超主要完成第1章至第5章的撰写和整理工作，李忠灿主要完成第6章的撰写和整理工作，罗洁和黄平主要完成第7章的撰写和整理工作，彭其渊参与了第5章和第7章的撰写和整理工作。博士研究生李洁、汤轶雄，以及硕士研究生王圣洁、刘乾义、杨盛蓝、杜雨琪、葛学锴、孙远东、刘睿、孙学涛、袁洋、王继业和周佩炫等参与了相关资料的整理和数据分析工作。全书统稿由文超负责。

在本书写作过程中，中国国家铁路集团有限公司调度部田锐高工、中国铁路广州局集团有限公司陈历泉高工和王全泉高工等领导和专家提供了大量的实践经验及宝贵的指导意见。本书所用到的相关数据得到了中国铁路广州局集团有限公司调度所相关技术人员的大力支持，在此谨向他们表示诚挚的谢意。

本书得到了国家重点研发计划课题(编号：2022YFB4300502)、国家自然科学基金面上项目(编号：71871188)、西南交通大学研究生教材(专著)建设项目(编号：SWJTU-ZZ2022-024)的资助。

书中参阅了大量的国内外著作、教材、学术论文和有关文献，在此谨向这些文献的作者表示深深的谢意。

由于本书涵盖内容较多，加之我国高速铁路建设及运营管理的理论和技术在不断发展，同时限于作者的水平，在全书内容的组织和文献材料的取舍方面，难免存在诸多不当和疏漏之处，热忱欢迎国内外同行和专家及各位读者批评指正。

目 录

第1章 绪 论

1.1 研 究 背 景

铁路调度指挥是铁路运营管理和列车运行控制的中枢,担负着组织指挥铁路列车运行和日常生产活动的重要任务。列车调度员需要根据各种实时信息和预定的规则来实现相应的调整目标,而基于调度员经验的传统人工为主的调度方法已经难以适应当前复杂的运输组织需求。智能铁路已成为世界铁路发展重点方向,智能行车调度是我国铁路当前及未来一定时期内发展的关键技术。中国工程院"智能高铁战略研究(2035)"重大咨询项目明确指出:智能行车调度是我国智能高铁中期(2021~2025)要实现的目标。为了保障铁路运输服务的安全性、连续性、高效性与准时性,亟须用高效准确的决策支持方法来提升调度员决策水平和效度。

高速铁路智能运营涉及供电、调度指挥、运营监测、客运服务、防灾监测、故障诊断、应急处置等的智能化,目标是保障列车高效正常运行,为旅客提供安全、舒适、便捷的出行服务。同样,高速铁路智能调度指挥系统是高铁智能运营的中枢系统,担负着组织指挥高速列车运行和日常生产活动的重要任务,是保证高速列车安全、正点、高效运行的现代控制与管理系统,涉及行车组织、通信信号、牵引供电、安全监控、综合维护等诸多专业,并兼备计划编制、计划调整、行车指挥、设备控制、设备检测、设备维护、环境检测等列车运行管理功能,其支撑技术包括计算机、网络通信、数据库、软件工程、系统控制、系统安全防护、智能决策等。智能调度理论是智能运营的核心基础理论,科学难题"列车晚点传播问题"和"轨道交通调度指挥智能化及风险预警"入选由教育部、科技部、中国科学院、国家自然科学基金委员会等联合发起的《10000 个科学难题·交通运输科学卷》,"构建轨道交通调度指挥系统协同理论,揭示系统协同机理""建立和完善网络化列车运行调整、运营调度智能化理论"是轨道交通运输组织优化亟待解决的难题。

实现海量数据可挖掘、设备状态可诊断、行车安全可预警、复杂路网运营变化可感知、发展趋势可推断、辅助决策可支撑,提升铁路的智能决策水平,提高决策效度是智能铁路亟待解决的关键科学问题,是"交通强国、铁路先行"战略的迫切需要和必然要求。数据科学及人工智能给解决铁路运输组织大规模和实时性复杂决策支持问题带来了新的契机。机器学习方法作为人工智能的核心，无须以先验知识为基础，而是从数据中发现规律并构造模型来逼近铁路运输生产实际情况，已经在铁路运输领域凸显了优势。

　　"数据+算力+算法"引领的智能制造，带来了工具革命，也带来了以智能化提高决策科学性、精准化为标志的决策革命。通过人工智能等手段优化决策的准确性、及时性、科学性已成为重要创新途径。通过铁路智能化提高铁路运输组织效率、保障铁路运输安全已成为各国铁路发展的必由之路[1]。法国、德国、美国、加拿大、日本、韩国等国家铁路相继提出了数字化与智能化发展的战略规划。实现列车运行态势智能感知和冲突自动消解，支撑调度智能化是世界智能铁路发展的迫切需求。阿里研究院发布的《2020年十大科技趋势》中第一个趋势是"人工智能从感知智能向认知智能演进"。铁路运输系统"智能+"决策革命是铁路智能化发展的必然趋势，结合铁路行车组织理论、经验和既有技术，基于铁路多源数据，以数据科学、人工智能为主要手段的智能调度集中系统，是实现铁路行车组织理论和技术的革新的有效途径。

　　我国铁路调度指挥信息化系统的应用从20世纪90年代初铁路运输管理信息系统(transportation management information system, TMIS)开始，调度管理信息系统(dispatch management information system, DMIS)于1996年立项，通过与TMIS数据的互联，实现了运营数据的自动采集、技术资料的储存，以及铁路局调度中心的远程连接和信息交互。TMIS和DMIS于2005年整合为列车运行调度指挥系统(train operation dispatching command system, TDCS)，具备了调度监督功能、实时宏观监视功能、列车运行计划编制和调整、调度命令的自动下达，以及调度信息管理和统计几大功能。与此同时，集中交通控制(centralized traffic control system, CTC)系统于2002年以DMIS/TDCS为基础开始研发，CTC在DMIS/TDCS的数据基础上实现车站控制、进路自动排列，以及车站信号设备(计算机联锁设备)的自动触发。TDCS和CTC在路网的应用很大程度上减轻了调度员的工作负荷，避免了人为因素上的失误，但是在智能调度决策方面的功能还非常有限。如今随着大数据、仿真、机器学习、可视化等技术的发展，基于"数据+算力+算法+可视化"原则的调度辅助系统将大大提升调度员对晚点的认知水平，研发高铁智能调度辅助决策系统为调度员的调度决策提供支撑、提高决策效度已成为迫切需求。机器/深度学习方法已经在铁路运输领域凸显了优势，推理与推荐系统、机器学习、计算机视觉、知识表达与模式识别等人工智能方法和技术已经在我国铁路运输安全、客票、旅客服务等领域取得了初步应用，但智能化调度指挥系统仍需深化研究。

　　高铁智能调度辅助决策系统作为目前高铁调度指挥CTC系统的共生系统，需实现与列车运行图编制系统和 CTC 系统的完美对接,为高速铁路调度指挥决策提供辅助,在智能调度的思想下,实现和完善数据管理、运营仿真、晚点预测、智能调度辅助决策、可视化显示和分析等功能,提高调度决策水平。

基于高速列车运行的全局数据,考虑列车之间的相互影响,将有益于更加全面地解析列车之间的相互影响关系和调度决策的制定过程。在数据充足及方法允许的条件下,数据驱动和人工智能行车指挥模型可以研究列车间更为复杂的作用过程,更深入地解析列车晚点过程、传播规律、冲突检测、晚点恢复等问题,从数据中发现规律并构造模型来逼近真实的铁路运输生产实际情况,更有利于指导实践。

在列车实际运行过程中,由于受到铁路系统内外部各种随机因素的干扰,列车运行实际状态偏离预定值、运行秩序紊乱的情况时有发生。列车调度员是管辖区段行车工作的统一指挥者,负责及时收集并分析晚点列车相关的各种信息,根据列车运行态势分析与评估列车晚点原因和状态,预测和估计列车晚点演化态势,并根据经验和规则制定相应的列车运行调整策略,组织列车尽快恢复正常运行秩序(图 1-1)。

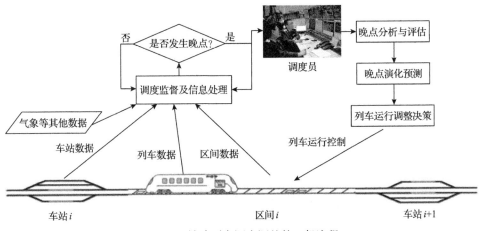

图 1-1 铁路列车调度调整的一般流程

如图 1-1 所示,列车调度员在进行调度调整及制定列车运行调整决策时,需要以海量的列车运行信息为基础。图 1-2 所示为铁路列车调度调整的数据,铁路列车运行控制系统、行车安全监控系统等调度指挥边界接口系统(图中①)采集并提供基础数据,提取列车运行实时状态、固定和移动设备运用状态、列车运行环境信息等调度决策信息(图中②),上述信息被汇总到铁路调度指挥系统(图中③)供调度员决策使用。综合分析、语义识别等方法已经广泛应用于铁路列车调度数据的获取、筛选、聚合、可视化等数据融合过程。

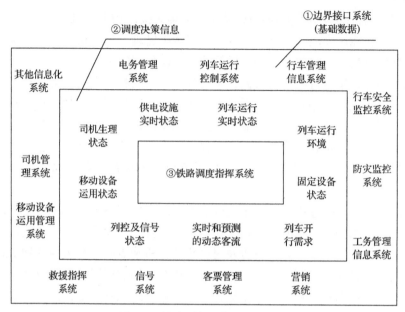

图 1-2　铁路列车调度调整的数据

1.2　人工智能在高速铁路行车调度指挥中的应用

　　列车调度调整一直以来都是调度指挥自动化的瓶颈问题[2]。目前普遍认为基于机器学习方法的调度决策方案比经验决策和传统数学优化模型更具实用性和科学性，但当前世界铁路调度指挥智能化还有很长的路要走。加速机器学习方法在铁路列车调度指挥中的应用进程，提高调度决策的智能化和自动化水平，将有效助力我国铁路行业发展。为了全面梳理以机器学习方法在铁路列车调度指挥中的研究现状，明确未来研究的重点和方向，本节系统总结了近 10 年来机器学习方法在铁路列车调度调整方面的研究成果，以期为相关研究及发展实践提供一定参考。

　　机器学习方法是实现人工智能的重要途径，被广泛应用于多个领域，其核心目标是使用算法来解析数据，进而基于数据模拟人类的学习、决策和预测行为。机器学习的主要研究内容为让机器自动从数据中学习规则并不断改善自身性能，根据学习策略的不同，机器学习方法一般可以分为有监督学习、无监督学习和强化学习[3]。深度学习是机器学习领域中一个新的研究方向，其概念源于模拟人脑进行分析学习的神经网络研究，分为有监督学习、无监督学习和强化学习三类。

　　有监督学习的数据集包含了样本特征与标签，在训练过程中，需要选择合适的函数模型，通过计算模型的预测值与真实值之间的误差来优化模型参数。常见的有监督学习算法有线性回归、逻辑回归、支持向量机、支持向量回归、随机森林等。无监督学习的数据样本集仅包含特征，算法需要自行发现数据的模态来优化模型。常见的无监督学习算法有主成分分析、k 均值算法、关联分析算法等。强化学习也称为增强学习，其算法通过与环境的交互来学习解决问题的策略，进而达成回报最大化或实现特定目标。常见的强化学习算法有 Q-learning、近端策略优化算法等。近年来，学者们提出了大量先进的深度学习算法，并在诸多领域取得了远超先前机器学习技术的分析效果，常见的深度学习算法有卷积神经网络、循环神经网络、递归神经网络等。

本书重点分析人工智能方法在调度调整三个主要方面的应用研究，具体为：

(1)列车晚点状态分析与评估。旨在评估和阐释列车历史运行信息，使用数据聚合和数据挖掘技术，帮助调度员了解列车运行晚点的一般规律。

(2)列车晚点传播预测。着重于运用机器学习方法研究铁路列车晚点的传播过程，包括列车晚点状态和恢复的预测。

(3)列车运行调整智能化决策。综合相关行车调度业务规则、机器学习算法和计算建模程序实现调度决策的自动制定。

1.2.1　列车晚点状态分析与评估研究

通过对线路晚点规律的掌握，列车调度员可以在晚点发生时正确识别晚点恢复的关键影响因素，从而制定相应的对策，实现列车延误的快速消解。晚点状态分析与评估是列车晚点预测及列车运行调整的理论基础，其主要研究内容为：基于铁路列车运行实绩数据，提取并分类统计列车晚点、初始晚点、连带晚点，运用描述性统计、绘制分布曲线、关联、聚类等方法探索数据蕴含的规律，从宏观上探明高速列车晚点分布的基本规律，如列车的晚点时空、时长分布规律等，并将这些规律应用于列车运行过程控制及晚点预测中，调度员可以根据列车在区间的历史和实时状态，以及列车在后续车站、区间的晚点分布规律，对列车的运行状态进行预判。

现代统计模型是最简单和基本的统计机器学习方法，也是晚点分析最常用的方法，其目的在于对数据进行聚合和总结，帮助调度员直观地了解特定车站、列车或区间的晚点总体或详细信息。描述性统计方法[4,5]、分布拟合[6]等都被应用于晚点致因、晚点分布、连带晚点的建模。基于列车运行实绩数据，对数正态分布、韦伯分布、伽马分布等统计模型被用于拟合高速列车的晚点致因及影响列车数和影响总时间[7,8]。

为了挖掘深层次的列车晚点规律，一些更高级的机器学习方法被应用于晚点分析中。Marković 等[9]率先使用支持向量回归建立列车晚点和铁路系统的各种特征(基础设施、时刻表和列车)的功能关系，旨在帮助调度员评估铁路系统的各种变化对列车晚点的影响。Murali 等[10]基于模拟的列车晚点数据，提出了一种晚点估计方法，该方法定义了列车晚点与列车组合、运行参数和网络拓扑之间的函数关系。Lee 等[11]提出了基于机器学习和数据挖掘的监督决策树方法，用于发现影响连带晚点的关键因素，该模型由数据预处理与分析、决策树构建、关键晚点因子的分析、延迟时空拓扑分析四个阶段组成。Cerreto 等[12]使用 k 均值聚类方法识别了丹麦哥本哈根以北的一条高铁线路周期性晚点模式，通过分析经常性晚点列车的运行规律，查找列车重复晚点原因。张琦等[13]提出了一种高速铁路列车连带晚点的特征识别方法，该方法综合考虑了连带晚点的实际值、预测值和影响值等因素，将列车晚点分为严重、潜在、消散、一般四种类型，提高了列车连带晚点的辨识度。

列车的运行过程是一个时变的过程，受到大量外界因素的干扰及行车人员决策的双重影响。列车晚点的分布具有较大的随机性，但从历史数据能够挖掘相关设备、天气、作业组织造成晚点的相应概率是关键，这样就能推导并形成列车在相关因素影响下的一般规律，从而为行车指挥提供一定的指导。由于概率统计模型多是基于单变量分析，且模型形式也比较简单，其描述和预测性能往往很有限。目前，主要是运用现代统计、聚类等机器学习方法研究列车晚点状态分析与评估问题，未见神经网络、深度学习等高级机器学习方法的应用。

1.2.2 列车晚点传播预测研究

1. 列车晚点传播过程分析

晚点传播预测是研究者非常关注的问题，其主要内容为：根据列车的历史和当前运行状态，通过研究事件和时间驱动下列车晚点状态的演化过程，预测列车未来在各站的到达/出发时刻及区间运行时间。准确的晚点传播预测可以帮助调度员更好地预判和估计列车运行态势、相关调度决策的预期效果、列车晚点可恢复的程度等，进而通过制定合理的调度决策更高效地实现调整目标。当前列车晚点传播预测的研究主要集中在晚点致因及持续时长预测、晚点状态演化预测、晚点恢复预测等几个方面，也是国内外学者研究铁路列车调度问题时最热衷、成果产出最丰富的领域[14-16]。

晚点发展与列车运行环境的影响密切相关，晚点传播的过程受到与当前列车的晚点程度、可利用的冗余时间，以及调度工作人员采取的运行调整策略三方面的影响。当调度工作人员采取积极的运行调整措施时，可以有效地缓解晚点程度以达到晚点时长缩短甚至回归正点状态。

列车晚点传播除了上述纵向传播过程，还同时具有横向影响传播特征。列车晚点状态通过列车间的相互制约关系横向传播，前行列车的晚点导致后行列车的连带晚点[17]。要研究晚点的传播过程并实现晚点的预测，需要先探明列车状态间的时空依赖关系，从已知列车运行实绩中建立晚点传播模型，预测未来的晚点状态。

2. 列车晚点影响预测

实现铁路行车故障的影响预测将能够为调度员预测列车晚点提供基础依据，可以帮助调度人员估计线路恢复正常运行的时间，并适当地重新安排列车运行。Huang 等[18]提取了故障影响晚点列车运行序列，运用 k 均值聚类算法，根据故障的强度、发生时段及行车间隔将列车晚点故障聚类为 4 个不同的类别，可以用于列车晚点致因的特征分类。Oneto 等[19]以意大利铁路网实际维修记录、外部天气数据和运营商的经验为研究基础，应用决策树方法构建了一个基于规则的故障恢复时间预测模型，该模型具有足够的可解释性，有助于列车调度员合理评估局部铁路网络的可用性。Zilko 等[20]利用非参数贝叶斯网络建立了一个概率模型来估计铁路中断持续时间，该模型在很大程度上依赖于由历史数据生成的因变量的经验分布准确性；为了适应实时更新的信息，进一步提出了基于 Copula-Bayesian 网络方法的故障时间预测模型[21]，该模型通过建立中断长度与各影响因素之间的依赖关系来产生准确预测。汤轶雄等[22]以初始晚点时间、影响列车数、晚点致因为自变量，总晚点时间为因变量，运用支持向量回归模型实现了故障的晚点时长预测，能够为调度员的调度决策提供行车故障可能持续时长的信息支持。综上，在列车晚点致因分析方面，既有研究仍较为缺乏，没有对不同致因类型引起的晚点影响进行细分，缺乏不同类型晚点情况下的晚点状态描述和晚点程度的量化标准，需要应用机器学习方法对晚点致因和不同类型初始晚点影响建模进行进一步研究，以推进列车运行精细化管理的实施。

3. 列车晚点状态演化预测

列车晚点状态演化的预测，通常是以预测列车车站到发时刻为突破口，基于列车运行数据挖掘列车运行状态影响要素对列车运行过程的作用，建立相应的机器学习模型以实现列车运行状态的推演和预测。线性回归方法被广泛应用于晚点预测问题建模[11,15]，Wang 等[23]基于列车运行历史数据和实时信息建立了两种线性回归模型，使用列车在车站的出发时间估计列车晚点。Li 等[24]运用参数回归模型和非参数回归模型预测了列车短时停站时间。Guo 等[25]将列车运行看作是一系列的离散事件，基于京沪高速铁路五个车站的运行实绩建立了晚点预测的线性回归模型。近年来，支持向量机、随机森林等机器学习模型被初步尝试用来分析和预测晚点[9]。Kecman 等[26]运用统计学习技术，构建了三种列车过程时间预测的全局模型：稳健回归、回归树模型和随机森林模型，并基于线性回归的鲁棒性，对特定的列车、车站或区段的局部模型进行了校准。Pongnumkul 等[27]以泰国国家铁路六个月的列车历史旅行时间数据为研究基础，使用最邻近节点算法实现了晚点旅客列车到站时间预测，该模型的缺点是难以应用于大型数据集。马尔可夫模型和贝叶斯网是列车晚点状态预测研究领域应用最广泛的方法。运用基于列车运行数据的马尔可夫模型预测晚点，其重点是状态转移矩阵的构建[28]。Barta 等[29]利用大量的历史晚点数据，提出了马尔可夫链模型用以预测货运列车在连续车站的晚点情况。Gaurav 等[30]建立了一个 N 阶马尔可夫晚点预测框架，使用随机森林回归和岭回归作为预测模型进行了实验。Corman 等[31]构建了列车晚点时间预测的贝叶斯网络模型，实现了 30min 以内的列车晚点时间预测，揭示了列车运行的动态特性。Oneto 等[32]提出了一种基于深度极值机的列车晚点预测系统来预测晚点，该系统考虑了外部天气数据的影响。线性回归、梯度提升回归树、决策树、随机森林等四种机器学习方法被用来预测考虑天气影响下的列车晚点，模型比较结果显示随机森林的预测精度最高[33]。在神经网络模型应用方面，Yaghini 等[34]提出了一种高精度的人工神经网络模型来预测伊朗铁路客运列车的晚点，并将三种不同的数据输入方式及三种体系结构的预测结果与决策树和多分类逻辑回归等常用预测方法进行了比较。Oneto 等[35,36]将列车晚点预测映射为多元回归问题，建立了一种基于前馈神经网络的极限学习机晚点预测模型，并进一步通过引入外部天气数据的影响及阈值调整技术对模型进行了改进。张琦等[13]构建了基于小波神经网络的列车连带晚点预测模型，利用列车晚点波动的线性组合方程及其结构向量进行列车连带晚点影响值的量化。孙略添等[37]应用径向基函数神经网络对技术站列车晚点时间进行精确预测，同时指出该方法适用于晚点历史数据较多、大规模、对运到期限要求较高的技术站。

近年来，深度学习方法被逐步应用于列车晚点预测建模。Oneto 等[38]提出了基于机器学习方法的晚点预测系统(train delay prediction systems，TDPS)，该系统运用大数据技术和深度极限学习机算法，集成了异构数据源。通过从大量历史列车运行数据中提取信息，训练列车晚点预测模型，建立了基于数据驱动的动态列车晚点预测系统。根据列车运行状态更新训练数据集，TDPS 实现了列车运行状态的实时预测。Wen 等[39]基于列车运行实绩，将长短记忆深度学习模型用于预测列车晚点时间，挖掘列车运行各要素对列车运行的作用规律，开启了深度学习用于列车晚点预测的研究。Huang 等[40]提出了一种结合三维卷积神经网络、长短期记忆神经网络和全连接神经网络结构的深度学习方法，针对四条具有不同运行特征的线路进行了预测分析，结果表明该方法具有较高的精度和较强的鲁棒性。

另外，列车晚点影响是晚点严重程度的重要度量指标。建立晚点影响模型能够有效地预测晚点的发生概率及影响程度，可以协助列车调度员进行晚点预测和判断晚点传播的影响范围，从而制定合理的列车运行调整方案。典型机器学习方法，如极端梯度提升被用来预测晚点影响列车数、支持向量回归模型被用来预测晚点总影响时间,对武广高铁列车晚点影响的测试和验证表明模型能够为调度员估计晚点影响、度量晚点严重程度提供依据[41]。

综上,列车运行晚点状态的变化受到外界运行环境和铁路系统内部各要素的综合影响,是一个非常复杂的过程,列车运行晚点预测所要考虑的要素众多。一系列的统计机器学习方法和以卷积神经网络、长短期记忆神经网络等为代表的高级机器学习方法已经广泛应用于列车晚点时间的预测。已有研究建立了一套用于列车晚点预测的高级机器学习模型体系,经过对不同线路、不同数据量情况下的模型验证发现,高级机器学习方法取得了较好的晚点预测效果,但各类机器学习方法的适用条件和应用情景、所考虑的列车运行不同特征量、推广可行性等还是值得深入研究的问题,还没有得到通用性较好的模型和算法。更为重要的是,现有的研究主要是基于静态数据的,没有基于实时数据进行列车晚点状态动态推演的高效算法。

4. 列车晚点恢复预测

列车晚点恢复建模能够帮助调度员掌握相关调度策略的晚点恢复效果、冗余时间利用情况等,实现对列车晚点恢复的预测,提高调度调整效果。列车晚点恢复建模的重点是建立冗余时间利用模型,难点是提取冗余时间的分布规律及冗余时间的利用效率,最大限度地利用冗余时间消解晚点。

Khadilkar[42]研究了晚点分布概率,通过分析历史数据得到印度铁路平均晚点恢复率为 0.13min/km,并在晚点恢复模型中以此值表示晚点恢复的能力,但是这个平均值很难反映列车在每个区间、车站的晚点恢复能力,这将影响模型的预测能力。Yang 等[43]运用统计方法建立了列车晚点期望模型,并提出了铁路冗余时间冲突分配的方法。Jiang 等[44]基于武广高铁的列车运行实绩,比较了多类机器学习模型用于初始晚点恢复预测的效果,建立了具有最优效果的初始晚点恢复预测的随机森林模型。Şahin[45]使用从土耳其国家铁路收集到的历史数据,建立了一个马尔可夫链模型估计列车晚点传播和恢复。Huang 等[46]基于武广高铁列车运行数据建立了缓冲时间分配的数据驱动模型;岭回归机器学习模型被用来解析考虑车站缓冲时间方案、区间缓冲时间方案、晚点严重程度等要素的列车晚点恢复规律;根据缓冲时间的利用率,该模型重新分配缓冲时间,为缓冲时间的优化配置提供了新的解决思路;所提出的机器学习模型综合考虑了运行图的执行效果指标,如缓冲时间利用率和晚点概率等。Martin[47]提出了运用预测推理和机器学习方法来提高铁路系统可靠性,认为运用贝叶斯推理进行晚点预测时可以考虑冗余时间的布局,但该研究并没有阐释具体方法应用。胡雨欣等[48]以高速列车初始晚点时间、站停冗余时间和区间冗余时间等为变量,使用多层感知器和循环神经网络建立了高速列车晚点恢复时间预测机器学习模型,预测精度对比发现循环神经网络的效果要优于多层感知器模型。

在采用机器学习方法研究冗余时间利用问题时，需要使用大量的晚点恢复数据和冗余时间运用数据，而这些数据的获得又有一定难度，因此，基于机器学习的列车晚点恢复预测研究仍较缺乏。挖掘不同晚点情景下的冗余时间恢复效率、基于冗余时间利用数据建立冗余时间利用与重布局的数据驱动模型将是研究的重点方向。运用机器学习方法建立车站及区间晚点时间恢复模型，探明车站、区间的冗余时间布局方案对于一定晚点的恢复能力具有重要的实际意义，有助于发现不同调度调整策略作用下列车运行晚点恢复及效果，能够为列车运行调度决策提供支持。将列车运行实绩与列车调度命令数据结合、结构化数据与半结构化数据融合建模是提高列车晚点恢复决策和实现调度知识自动化要解决的关键问题。

1.2.3 列车运行调整智能化决策研究

对于列车运行调整决策问题的研究主要集中在列车运行冲突消解、列车运行计划调整、动态网络调度等方面。国内外既有研究主要集中于运用数学优化模型求解列车运行冲突检测及消解、运行图编制优化问题[49,50]，建立以最小晚点影响[51]、最小列车晚点时间[52]、最短列车运行时间[53]等为优化目标的列车运行调整模型，但这些模型必须在计算性能和解决方案质量之间进行权衡。同时，由于列车运行调整决策模型涉及的约束条件多、参数多、优化目标多，使得精准建模和求解极为困难。列车运行调整智能化决策研究的主要内容如表 1-1 所示。

表 1-1 列车运行调整智能化决策研究的主要内容

常用策略	问题类型	优化目标
变更到发时刻		最小化晚点列车数
变更停站时间		最小化旅客总晚点时间
变更股道使用方案	晚点恢复	最小化运营成本
变更停站	冲突检测及消解	最小化总晚点时间
变更列车次序	运行图优化	最小化总旅行时间
变更区间运行时间		

列车运行调度调整过程常被作为马尔可夫决策过程来处理，通过推导列车的运行状态变化规律来得到可能的调度决策方案[54]。Dundar 等[55]基于调度人员在10 个工作日内解决的 331 个冲突记录，建立了一个人工神经网络模型来模拟列车调度员进行冲突消解。Oneto 等[56]以列车晚点和相关代价最小化为目标，研究了列车越行预测的问题，并基于随机森林方法开发了一个混合预测模型。上述研究基于调度员历史决策合理的假设，着重于调度员历史决策方案的再现，没有考虑到调度决策制定过程中众多的动态变化因素的影响，因此，其决策方案的优化性能有限。强化学习结合了动态规划和监督学习的原理，尤其适用于解决列车运行

调整问题。Šemrov 等[57]提出了一种基于 Q-learning 算法的单线铁路列车运行调整方法,其基本原理为:通过算法与环境交互,获得并解释其从环境中获得增强信号,进而选择使所获得的奖励之和最大化的动作,并以此逐步生成合理的列车运行调整方案,模型的奖励函数为使列车总晚点最小。Khadilkar[58]将该研究拓展到双线铁路上,并以印度铁路网的两条线路为例,验证了该算法在实际中的适用性,结果表明:这种方法可以在与启发式方法相当的计算时间内处理大型调度问题实例,同时具有更好的实用性与决策质量。模糊神经网络作为模糊理论和神经网络的融合,吸取了模糊逻辑和神经网络的优点,部分避免了两者的缺点。Sun 等[59]通过对高速铁路列车运行控制程序的详细分析,提出了一种基于模糊神经网络的列车运行调整模型,并通过引入了变步长的改进 BP(back propagation)神经网络算法,完成了自适应神经网络模糊推理系统的训练工作。Agent 方法作为一种解决动态环境中不确定性问题的有力技术,在交通系统领域的应用正在迅速兴起。Narayanaswami 等[60]提出了一种结合 Agent 和无监督学习方法的动态调度模型,通过引入一个基于实时系统参数的动态调度计算框架对模型进行了改进,并将其与混合整数线性规划方法进行了比较,实验结果表明:Agent 算法在求解复杂铁路网络调度问题时,其计算时间较精确的模型有很大的减少,体现出其在解决大规模复杂的调度问题方面的潜力。D-Agent 方法被用来研究冲突消解并支持调度员基于多源信息及异构数据进行列车冲突检测,支持列车运行调度决策[61,62]。

瑞士铁路运营公司在既有调度指挥系统的基础上,自主研发了瑞士铁路调度指挥控制系统(railway control system,RCS),与既有调度指挥系统形成功能上的兼容互补,是目前最先进的列车运行与调度管理系统[63]。RCS 根据历史运行数据、当前列车运行状态、列车运行可能的运行情景等对列车运行进行精确预测,并生成无运行冲突的调度决策,该系统为瑞士提高路网利用效率和运输服务质量做出了重要贡献。这也让世界看到了基于铁路实时和历史数据、运用机器学习实现调度决策知识自动化、支持调度决策及列车运行的应用前景。

从上述研究分析可以看出,机器学习方法为铁路列车运行调整智能化决策提供了有效的解决渠道,已经成为铁路智能化调度决策研究的主要方法,将先进的机器学习方法应用于调度策略效果评估、调度决策知识自动化仍然是研究的主要难点和关键,但目前利用机器学习算法实现调度策略的优选、智能化调度策略生成等的研究仍比较缺乏,构建列车调度调整的自动化知识库,建立列车调度调整策略的推荐系统,为调度员实时列车调度提供决策支持是亟待解决的问题。

1.2.4　既有研究的特征及研究动向

1. 既有研究的特征

综上所述,机器学习方法已经广泛应用于铁路调度指挥领域,在晚点分析、预测分析、智能调度模型构建等方面取得了较为丰硕的研究成果(表 1-2)。

表 1-2 十余年机器学习方法在铁路列车运行调整领域研究文献汇总

文献来源	研究问题	方法(系统)
文献[4]	晚点特征分析	统计模型
文献[5]	晚点特征分析及拟合	统计模型
文献[6]	晚点特征分析及拟合	统计模型
文献[17]	列车连带晚点分析及拟合	统计模型
文献[7]	列车晚点致因及影响拟合	统计模型
文献[8]	列车晚点致因及影响拟合	统计模型
文献[9]	晚点特征建模	支持向量回归
文献[10]	晚点特征建模	线性回归
文献[11]	晚点致因分析	决策树
文献[12]	周期性晚点规律分析	k 均值聚类
文献[13]	连带晚点分析、特征识别	小波神经网络
文献[14]	晚点传播过程分析	统计模型
文献[15]	晚点演化及恢复过程	统计模型
文献[16]	晚点演化数据分析	统计模型
文献[18]	晚点致因分类	k 均值聚类
文献[19]	故障恢复时间预测	决策树
文献[20]	铁路中断持续时间预测	非参数贝叶斯网络
文献[21]	铁路中断持续时间预测	Copula-Bayesian 网络
文献[22]	铁路故障晚点时间预测	支持向量机
文献[23]	晚点预测	线性回归
文献[24]	短时停站预测	参数回归与非参数回归
文献[25]	晚点预测	线性回归
文献[26]	列车运行和停站时间预测	稳健回归、回归树、随机森林
文献[27]	旅客列车到站时间预测	k 最近邻分类
文献[28]	列车晚点不确定性建模、晚点预测	非平稳马尔可夫链
文献[29]	晚点传播模型、货运列车晚点预测	马尔可夫链
文献[30]	列车晚点预测	N 阶马尔可夫模型
文献[31]	列车晚点预测	马尔可夫模型
文献[32]	列车晚点预测	核方法、极限学习机、随机森林

续表

文献来源	研究问题	方法(系统)
文献[33]	列车晚点预测	线性回归、梯度提升回归、决策树、随机森林
文献[34]	旅客列车晚点预测	神经网络、决策树、多分类逻辑回归
文献[35]	列车晚点预测	极限学习机
文献[36]	列车晚点预测	阈值调整技术、深浅层极限学习机
文献[37]	列车晚点时间预测	径向基函数(RBF)神经网络
文献[38]	列车晚点预测	深度极限学习机
文献[39]	列车晚点预测	长短记忆深度学习
文献[40]	晚点预测	3D-CNN、LSTM、FCNN
文献[41]	晚点影响程度预测	极端梯度提升算法
文献[42]	列车晚点恢复预测	统计模型
文献[43]	列车晚点恢复、冗余时间布局模型	统计模型
文献[44]	初始晚点恢复预测	多重线性回归、支持向量机、神经网络、随机森林回归
文献[45]	晚点传播模型、晚点预测	马尔可夫链
文献[46]	冗余时间布局模型	岭回归
文献[47]	冗余时间布局模型	贝叶斯推理
文献[48]	列车运行晚点恢复预测	多层感知器、循环神经网络
文献[54]	列车运行调整策略	马尔可夫模型
文献[55]	冲突消解决策模拟	神经网络
文献[56]	列车越行预测及决策	随机森林
文献[57]	列车运行调整策略	Q-learning 算法
文献[58]	列车运行调整策略	Q-learning 算法
文献[59]	列车运行调整策略	模糊神经网络
文献[60]	列车运行调整策略	Agent 方法、关联分析算法
文献[61]	冲突消解决策	D-Agent
文献[62]	冲突消解决策	D-Agent

通过对上述研究的回顾，机器学习应用于铁路列车调度调整问题的既有研究呈现以下特征及存在的问题：

(1)机器学习方法应用于铁路调度调整问题基于的数据以列车运行计划运行图、实际运行图为主，气象数据、到发线运用数据、设备故障数据等作为补充数据在部分研究中得到应用并有效提高了模型精度。在既有研究中，相关数据不全面是主要的因素之一，如有列车运行数据而没有设备运用数据、有客流数据而没有气象数据等，所建立的模型存在较大的缺陷。

（2）机器学习方法在铁路列车调度调整问题的研究中呈现较为明显的增长趋势，尤其伴随大数据技术和深度学习方法的快速发展，深度学习应用于列车运行晚点智能预测与列车运行调整决策方面的成果已经逐步显现，可以预期将有较为丰富的研究成果产出。

（3）高速铁路调度指挥是研究的重点领域，晚点预测是当前的研究热点问题，传统机器学习、人工神经网络、大数据分析及统计分析等方法已经在既有研究中得到了广泛的应用。

（4）在列车晚点分析方面，机器学习方法（如关联、聚类等）表现出较大的潜力[64]，可以用于挖掘大数据中隐含的列车晚点机理，但当前该领域的研究仍是以传统统计分析为主导，处理的数据也较为有限，运用深度学习方法挖掘更大规模和高维度列车运行相关复合数据的工作还有待加强。

（5）列车晚点致因及持续时长预测受到铁路系统内外部诸多因素的影响，需要针对不同的故障类型收集故障报告、天气情况、相关调度命令等信息。受限于数据获取及处理的难度，且目前设备故障数据、天气数据等与列车运行数据的粒度和采集间隔相差较大，增加了建模的难度，降低了模型的精度。

（6）现有运用数学优化方法和一般机器学习方法研究列车晚点状态演化及时间的预测问题已经很充分，运用深度学习分析列车之间的相互作用关系并建立列车晚点精确预测模型，是列车晚点智能化预测领域新的研究趋势。相关模型与算法在晚点预测方面虽然已经体现了较好的性能，但列车分类型晚点传播预测的研究还明显偏少，相应的标志性成果还有待深化，预测不同程度晚点情况下的发展态势从而辅助调度员的调度策略制定研究是当前研究的短板。

（7）在列车运行调整智能化决策方面，国内外学者已经提出了多种结合机器学习方法的模型解决调度优化问题，但相关研究仍较为缺乏，将更多既有的高性能预测模型应用于辅助决策系统构建是下一步需要重点研究的内容。既有研究的重点多放在模型构建和模拟验证上，目前还没有研究成果在实际应用中部署和实施，如何将机器学习模型应用于智能化调度指挥是亟待解决的难题。

2. 研究动向

铁路运输系统尤其是列车运行过程是一个随机+可控的系统，从列车运行实绩及相关数据中探索并发现随机干扰事件的发生概率、相关调度调整策略可能的效果是铁路调度调整决策的关键问题。而机器学习方法，尤其是以深度学习为代表的高级机器学习方法在挖掘大规模数据并发现规律方面具有显著优势，但其在铁路列车运行调整领域还有大量工作要开展，具体如下：

(1)引入多源异构数据，构建机器学习模型。当前大部分既有机器学习模型都是基于列车运行所产生的结构化数据(如车站的到达和出发时间)构建的，近年来随着铁路信息化建设的不断发展，与列车运行相关的大量数据也得到了有效的记录和保存，其中包含了诸多不同来源的结构化与非结构化数据。利用先进的数据分析方法，完成各种类型数据的清洗与加工，基于多源异构数据构建不同预测目标的机器学习模型是未来研究的重点。以列车运行图数据为基本数据，考虑列车运行所涉及的气象、信联闭设备、到发线运用、车底运用等数据，将能够挖掘更丰富的列车运行规律，建立的列车运行调度调整模型将更能贴近列车运行实际，能更好地指导调度指挥决策。

(2)列车晚点程度量化和分级。能够为调度员掌握全局运输态势提供依据。研究列车晚点分级模型，确定列车晚点程度并实现不同程度晚点的预测将能够提升铁路调度调整的精细化水平。基于深度学习的调度策略智能化优选是当前亟待解决的问题，从列车运行数据中挖掘调度策略的效果，实现调度策略实施效果的动态预测，可以辅助调度员实现调度策略的智能优选。

(3)列车运行晚点预测。这依然是研究的热点和难点。高效准确的预测是机器学习模型应用于调度生产实际的关键所在，虽然当前 Boosting、Bagging 和 Stacking 等典型集成学习技术已经得到了较为广泛的应用，但不断改进算法、提升模型的计算能力和精度仍是一个重要的研究方向。列车运行晚点分类预测对于提升调度决策水平具有重要意义，分别建立初始晚点、连带晚点的预测模型，能够辅助调度员根据一定的初始晚点制定合理的调度策略以尽可能控制连带晚点及其影响程度和范围。列车运行晚点的实时预测是一个对模型抽象能力和求解速度要求很高的问题，需要不断寻求能够尽可能贴近运输生产实际的高效模型和算法。

(4)列车运行调度调整自动化。这是重要的发展趋势。基于列车运行数据，建立列车运行调度调整的数据驱动模型，挖掘列车运行调度调整的模式及自动化知识，根据历史、当前及未来可能的运输态势，实现列车运行调度策略的自动优选，将能够辅助调度员制定调度调整决策，提高列车运行调度调整决策质量并逐步实现调度调整的自动化。

(5)建立基于机器学习的铁路调度调整智能化系统。以列车运行相关历史数据和实时数据为基础，以基于机器学习的列车调度调整系列模型为底层模型，实现铁路列车晚点可视化、晚点预测、晚点恢复、调度策略智能化优选等。基于机器学习的铁路调度调整智能化系统将是我国铁路智能调度的重要保障。

(6)探索高级机器学习方法的更多应用。当前机器学习方法在列车运行调整智能化决策方面的应用还较为有限，并且还有很多先进的机器学习算法尚未使用或应用不足，需要针对调度指挥工作实际需要，基于不同机器学习算法特性开发更多的模型与方法，并尝试将其与既有铁路调度系统相结合，尽可能贴近列车运行实际过程，考虑尽可能多的因素，以提升铁路调度指挥决策与控制自动化水平、降低相关作业人员负荷，提高铁路运输效率和服务质量。

1.3 主 要 内 容

本书系统总结近年来作者团队运用机器/深度学习等数据科学和人工智能理论在高速铁路行车指挥智能化方面研究的主要成果，包括调度指挥数据分析方法、晚点状态分析理论、晚点程度分级理论、到发线冲突检测理论、单条线路和网络化晚点预测理论、列车运行调度调整理论和列车运行态势推演等，为智能高铁建设提供支持。

本书的主要内容：

（1）绪论。介绍研究背景和国内外研究趋势分析等。

（2）高速铁路调度指挥数据分析。介绍高速铁路调度指挥数据源、数据清理、非结构化数据的处理等，分析列车运行数据特征。

（3）高速列车晚点状态分析理论。分析高速列车初始晚点的特征，介绍运用马尔可夫模型研究高速列车连带晚点传播分析问题。

（4）高速列车晚点程度分级理论。分别介绍高速列车晚点程度静态和动态分级的模型。

（5）高速铁路到发线冲突智能检测理论。提出到发线运用冲突的判定、到发线冲突与列车晚点的互馈模型、冲突预测模型。

（6）高速列车晚点网络化传播理论。介绍考虑潜在进路冲突的多线衔接站、考虑潜在冲突的动车组接续始发晚点预测深度学习模型。

（7）高速铁路行车调度智能决策理论。介绍调度策略决策机理模型、调度策略影响机理模型、调度策略关联规则模型和列车晚点恢复策略预选问题等。

第2章　高速铁路调度指挥数据分析

2.1　高速铁路调度指挥数据概述

本章介绍本书使用的数据的来源、格式、时间及预处理方法等，并对本书在晚点网络传播中的相应的晚点进行统计性分析及时空分布规律探索。首先，分析多线衔接站的到达列车及通过列车的到达晚点，然后揭示始发终到站的终到晚点和始发晚点的分布规律并计算相应的统计性指标，最后研究网络中不同车站的到达晚点时长分布规律及时空分布规律。

本书所用数据来自中国铁路广州局集团有限公司(简称广铁集团)管辖的六条主要高铁线路(区段)(图 2-1)的高铁多源数据，主要包括：高铁计划运行图、实际

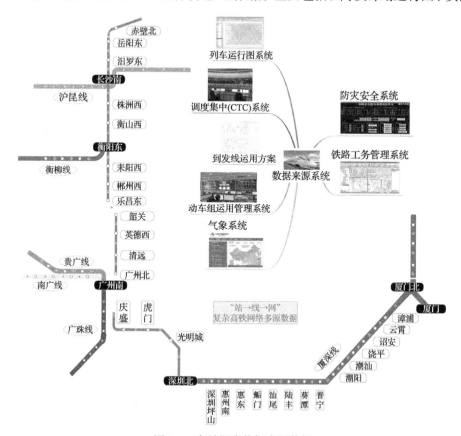

图 2-1　高铁调度指挥多源数据

运行图、气象数据、到发线运用数据等。

图 2-1 中，广州南、长沙南、厦门北、深圳北是始发终到+跨线站(多线衔接站)，衡阳东是跨线站，其余为中间站。广州南是五条高速铁路的终到站，且连接着五条高铁，分别为武广高铁(京广高铁武汉至广州南部分)、南广(南宁—广州南)高铁、贵广(贵州—广州南)高铁、广深(广州南—深圳)高铁和广珠(广州南—珠海)城际高铁。广州南站有两个到发场，分别为京广场与广珠场。京广场有 17 条到发线，两条正线；广珠场有七条到发线，两条正线。京广高铁和广深高铁的列车仅在京广场进行到发作业；广珠高铁和贵广高铁的列车主要在广珠场进行作业，部分列车也在京广场进行作业；南广高铁的列车主要在京广场进行作业，部分列车也在广珠场进行作业。

长沙南站为武广高铁与沪昆高铁的相交点，两条高铁在长沙南站贯穿而过。长沙南站也有两个到发场，即长沙南武广场和长沙南沪昆场，其中长沙南武广场有 13 条到发线，两条正线，长沙南沪昆场有 11 条到发线，两条正线。长沙南武广场仅接发来自京广线的列车，而长沙南沪昆场也只接发来自沪昆线上的列车。

本书建模使用的广州南网络包括广州南站、清远站、广州北站、庆盛站、虎门站、碧江站、北滘站、佛山西站、三水南站、肇庆东站、云浮东站、广宁站；在广州南网络中，南广高铁与贵广高铁均通过佛山西站、三水南站、肇庆东站；但是在三水南站、肇庆东站，两条高铁线路在不同的到发场进行作业，而在佛山西站，两条线路共用一个到发场。长沙南网络包括长沙南站、衡山西站、株洲西站、汨罗东站、韶山南站、湘潭北站和醴陵东站。

2.1.1　列车运行数据

本书使用的数据的时间跨度为 2015 年 3 月 24 日至 2016 年 11 月 10 日，包括列车运行记录数据、天气数据，以及车站布置图数据、动车组车底周转数据等。列车运行记录数据如表 2-1 所示。

表 2-1　列车运行数据示例

到达车次	出发车次	车站	日期	实际到达时间	实际出发时间	图定到达时间	图定出发时间	股道号
D903	D903	广州北	2015/3/24	6:09	6:09	6:13	6:13	1 道
G1002	G1002	韶关	2015/3/29	8:21	8:25	8:24	8:26	4 道
G6023	G6023	衡山西	2016/1/5	14:13	14:15	14:09	14:11	3 道
G6023	G6023	长沙南	2016/1/5	13:40	13:40	13:40	13:40	11 道
G6142	G6143	长沙南	2015/4/4	12:03	12:19	11:38	11:52	3 道

如表 2-1 所示，列车运行数据包括列车到达车次、出发车次、车站、日期、

实际到达时间、实际出发时间、图定到达时间、图定出发时间、股道号。到达车次、出发车次规定了列车到达车站时的车次号，在普通车站列车不会改变其运行方向(即上、下行)，因此到达车次与出发车次一致；然而，在多线衔接站，列车可能跨线运行且在跨线运行时改变运行方向，此时，列车的车次号可能会发生变更。例如，表 2-1 中的 G6142 次列车，其从广州南站方向来，在武广高铁上以上行方向至长沙南站，随后跨线至沪昆高铁下行方向，因此其离开长沙南站后变更了车次号。这种在多线衔接站发生了快线运行的列车被称为跨线列车。当跨线列车在到达跨线站(如表 2-1 的长沙南站)之前，其运行方式与本线列车一样，只可能会影响其运行在相同线路的本线列车；然而，当跨线列车在跨线站晚点时，其不仅可能影响在跨线前线路上运行的列车，还可能影响到在跨线后线路上运行的列车，造成晚点的网络传播。

通常来说，每一个列车车次号每天仅能出现一次。因此，结合列车运行数据的日期、车次、车站、实际到达时间、实际出发时间、图定到达时间、图定出发时间，可以计算列车在每日的到达晚点与出发晚点、图定停站时间与计划停站时间。例如，表 2-1 中的 G6023 次列车 2016 年 1 月 5 日在衡山西站的到达晚点和出发晚点均为 4min，图定停站时间与实际停站时间也均为 2min；换而言之，G6023 次列车此时并未发生晚点增加(即增晚)，也未发生晚点恢复。而 2015 年 4 月 4 日到达长沙南站的 G6142 次列车的到达晚点为 25min，而出发晚点为 27min，对应的图定停站时间与实际停站时间分别为 14min 和 16min；该列车在长沙南站的晚点增加了 2min，因此发生了一个增晚。另外，将每日同一列车按照到站的顺序进行排列，可以知道列车在运行过程中的晚点变化。例如，表 2-1 的 G6023 次列车在 2016 年 1 月 5 日于衡山西站发生了 4min 的晚点，然后当其运行到达长沙南站时已经正点运行，证明该列车在衡山西站至长沙南站的运行过程中发生了晚点恢复。类似地，在每个车站上，根据每日列车到达(离开)车站的先后顺序，列车的图定间隔时间与实际间隔时间也可以被计算。将每日按小时划分，则根据列车的图定到达(出发)时间可以计算出列车计划到达(离开)车站的时段。例如，G1002 次列车的计划到达和离开车站的时段均为 8:00~9:00。本书中的列车实际到达时间、实际出发时间、图定到达时间、图定出发时间的记录最小单位均为分钟，因此计算得到的相应晚点、间隔时间数据均为分钟。

根据列车运行数据中的车站、车次号、图定到达(出发)时间及日期可以计算列车的运行线路及运行方向。例如，表 2-1 的 G6023 次列车上运行在武广高铁上的下行列车。结合列车到达车站的股道号和列车的运行方向，可以计算出列车的到达进路及出发进路。当两列列车的到达(出发)进路之间存在重叠时，可以将该两列列车视为进路冲突列车。因此根据列车的到达(出发)进路，以及列车到达(离开)车站的顺序，可以确定与待预测列车有进路冲突的列车。

2.1.2　天气数据

本书使用的天气数据来源于广州南、长沙南、广州南网络和长沙南网络附近各气象基站每小时观测数据，其示例如表 2-2 所示。

表 2-2　天气数据示例

站点	日期	时段	温度/℃	降水量/(mm/h)	平均风速/(m/s)
广州	2015/4/1	10:00~11:00	24.8	0	5.3
广州	2015/4/1	11:00~12:00	24.5	0	4.9
广州	2015/4/1	12:00~13:00	24.5	0	5
广州	2015/4/1	13:00~14:00	24.3	0	3.3
广州	2015/4/1	14:00~15:00	23.4	0	4
广州	2015/4/1	15:00~16:00	23.7	0.1	5.8

在天气数据中，本书按照每个时段计算相应的指标。例如，温度为地表每小时的平均温度，计算单位为摄氏度（℃）；风速的记录为每个时段的平均风速，单位为米每秒（m/s）；降水量为每个时段的总降水量，单位为毫米每小时（mm/h）。

2.1.3　车站布置图数据

车站布置图数据包含了列车的道岔布局，以及不同的铁路线路与车站的连接方式。通过规定不同线路来的列车从哪一个道岔最先接入，结合列车运行数据的股道占用数据，以及道岔的布局，可以确定列车在车站的进站进路。例如，在图 2-2 中，从 Y 站来的列车 A2 在车站 O 停靠在到发线 1003 时将从 1 号道岔接入，并通过道岔 5、7、11、17、23、25、43。因此，可以将序列[1,5,7,11,17,23,25,43,1003]视为列车 A2 的到达进路。相同地，列车 D3 的出发进路可以使用序列[1005,36,34,32,30,18,12,8]进行表示。由于车站布置图数据为敏感数据，为了数据

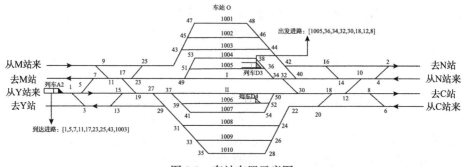

图 2-2　车站布置示意图

本身安全,将不展示广州南站和长沙南站具体的车站布置示意图。

2.1.4 动车组车底周转数据

广铁集团的原始动车组车底运用数据包括一个车底出库,担当各个运输任务、入库,最后再回到原始动车段所的数据,其示例如表 2-3 所示。

表 2-3 动车组车底周转原始数据

0G1102(库出) – G1102 – G1117 – G1134 – 武汉局过夜 – G1103 – 0G1103(入库) – 广州南动车所库检 – 0G1140(库出) – G1140 – 武汉局过夜 – G1105 – G1120 – G1133 – 0G1133(入库) – 广州南动车所库检

由表 2-3 可知,该动车车底最开始以车次号 0G1102 次列车从广州南动车所出库,随后担当一系列的运输任务,最后再到广州南动车所库检。数据包括担当每次任务的车次号,结合本书所使用的列车运行数据,通过数据匹配,可以得到如表 2-4 所示的动车组车底周转数据。

表 2-4 预处理后的动车组车底周转计划

车站	终到车次号	终到时间	始发车次号	始发时间	日期
广州南	D201	11:49	D3622	12:14	2016/1/12
广州南	D3643	21:12	D3608	9:50	2016/1/12
广州南	D3627	17:40	D3634	18:00	2016/1/12
广州南	D3607	11:43	D3620	12:06	2016/1/12

表 2-4 为通过预处理后的动车组车底接续计划,其中包括动车组车底周转所在的车站、周转前的终到列车的车次号(终到车次号)、终到列车图定终到的时间(终到时间)、周转后的始发列车的车次号(始发车次号)、始发列车的始发时间(始发时间),以及该车底周转发生的日期。结合表 2-4 的数据与列车运行数据,可以计算终到列车的终到晚点时间、动车组车底接续时间,以及始发晚点时间。例如,2016 年 1 月 12 日终到列车 D201 的动车组车底接续晚点时间为 25min。此外,还可以根据始发晚点的时刻将其划分为不同的运行时段,如 D201 次列车的运行时段为 12:00~13:00。

2.2 晚点致因数据文本处理

2.2.1 文本预处理

在对晚点致因数据进行特征处理获取句向量前,需要对致因文本数据进行预处理,包括文本分词、文本正则化与停用词过滤。

1. 文本分词

自然语言处理最早处理的是英语语境问题，英文句子中每个单词之间都用空格来进行分隔，因此对英语句子进行自然语言处理时，不需要专门进行分词。晚点致因数据中的晚点原因文本描述由一个或多个中文句子组成，而中文句子中的每个单词没有空格隔开，因此需要先进行分词处理。

本节选用的分词工具是 "Python" 环境下的 "jieba" 分词。"jieba" 分词是一款支持中文分词的工具，词库丰富，能以较高的准确率对中文句子分词。"jieba" 分词模式包含全模式、精确模式和搜索引擎模式，精确模式中默认每个词只代表一种含义，可以将句子最精准地分开，有利于词向量训练，因此本节采用精确模式进行分词。分词结果如表 2-5 所示。

表 2-5　基于 jieba 分词库的晚点原因文本描述分词结果

晚点原因	分词后
G1108 次行至韶关至乐昌东站间上行线 车辆故障影响	G1108/次/行至/韶关/至/乐昌东/站间/ 上行/线/车辆/故障/影响
G1122 次司机汇报郴州西站至耒阳西站间上行线 晃车影响	G1122/次/司机/汇报/郴州西站/至/耒阳西站/间/上行/线/ 晃车/影响
G1404 次行至耒阳西站至衡阳东站间上行线走行部 异响停车检查影响接续	G1404/次/行至/耒阳西站/至/衡阳东站/间/上行/线/走行部/ 异响/停车/检查/影响/接续

由于晚点原因文本描述中包含铁路运输专业词汇，直接用 jieba 分词工具分词的效果并不理想，需要人为扩充 jieba 分词的词库。添加的词库包含搜狗铁路词汇、搜狗客运专线词汇、百度铁路车站词汇、百度铁路词汇、百度铁路工作专用词汇，以及武广线铁路车站名称。添加词库后，分词结果如表 2-6 所示。

表 2-6　补充词库后的晚点原因文本描述分词结果

晚点原因	分词后
G1108 次行至韶关至乐昌东站间上行线 车辆故障影响	G1108 次/行至/韶关/至/乐昌东站/间/上行线/ 车辆/故障/影响
G1122 次司机汇报郴州西站至耒阳西站间上行线 晃车影响	G1122 次/司机/汇报/郴州西站/至/耒阳西站/间/ 上行线/晃车/影响
G1404 次行至耒阳西站至衡阳东站间上行线走行部 异响停车检查影响接续	G1404 次/行至/耒阳西站/至/衡阳东站/间/上行线/ 走行部/异响/停车/检查/影响/接续

2. 文本正则化与停用词过滤

在分词过程中，一些特殊字符和标点符号会被视作一个 "单词"，但实际上，这些 "单词" 在句子中没有任何意义，反而会影响词向量训练，因此需要进行文本正则化,去掉标点符号",""。"等,以及特殊符号,如"+""\u3000"等。

同时,一些词语不能在句子中提供有价值的信息,这类词语被称为"停用词",如介词"在",以及括弧"(""")"等,这些词的存在会影响词向量训练效果,应当去除。本节采用的停用词集合有"哈工大停用词表""百度停用词表""四川大学机器智能实验室停用词库"。

2.2.2 晚点致因文本特征处理

晚点致因文本特征处理分为两个步骤:①将晚点原因句子描述中每个单词转化为词向量;②将句子中的多个词向量通过特征处理转化为句向量。本节在获取词向量的过程中采用连续词袋(continuous bag of words,CBOW)模型和跳字(Skip-gram)模型,在获取句向量过程中采用均值模型和 TF-IDF 加权模型。

1. 取 Word2vec 词向量模型

晚点原因数据是文本数据,不能直接被计算机识别,从而作为特征值输入到机器学习模型中,因此需要对该文本数据进行数值化处理。One-hot 编码是最早用于将单词转化为词向量的方法,但其有两个缺点:①向量的维度为词库中单词的数量,这样容易造成维度过大,且得到的矩阵是稀疏矩阵;②每个词向量之间相互正交,即每个单词相互独立,忽略了单词之间的联系。

Word2vec 能够很好地克服上述两个缺点,生成低维稠密的词向量,且可以根据语料库的大小将生成的词向量设置成任意维度,通过计算向量之间的余弦值可以衡量单词之间的相似度。Word2vec 是一种轻量级神经网络,包括输入层、隐藏层和输出层,根据训练方式的不同,主要包括 CBOW 和 Skip-gram 两种模型。CBOW 模型通过词 $w(t)$ 前后的词 $w(t-2)$、$w(t-1)$、$w(t+1)$、$w(t+2)$ 来预测当前词。Skip-gram 模型将中心词 $w(t)$ 作为输入来预测其前后词 $w(t-2)$、$w(t-1)$、$w(t+1)$、$w(t+2)$。CBOW 与 Skip-gram 模型神经网络结构如图 2-3 所示。

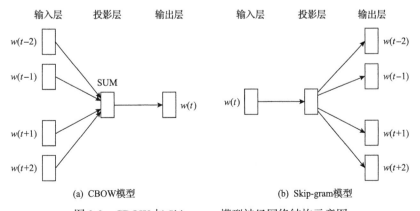

图 2-3 CBOW 与 Skip-gram 模型神经网络结构示意图

2. 利用 Word2vec 进行词向量训练

本节用于训练 Word2vec 的语料库源于武广线 2015 年 3 月至 2015 年 9 月的晚点致因数据，在剔除异常值、去除重复语料、文本正则化及停用词过滤后，用于训练 Word2vec 的语料长度为 2741 个词。本节采用 Python 环境下的 gensim 库中的 Word2vec 工具进行训练，训练模型各参数如表 2-7 所示。

表 2-7　Word2vec 模型参数设置

参数	设置值
Size（词向量维度）	10
Window（上下文最大距离）	5
Hs（训练方式）	0（负采样）
Negative（负采样个数）	5
Cbow_mean（投影方式）	1（平均值）
Min_count（最小词频）	1
Iter（最大迭代次数）	5
Alpha（迭代初始步长）	0.025

将语料库导入 CBOW 模型或 Skip-gram 模型中进行训练，训练完毕后，词到数值向量之间的映射便构建起来了。以 CBOW 模型的训练结果为例，部分单词与词向量的映射结果如表 2-8 所示。

表 2-8　词汇与词向量映射示例

输入词汇	输出词向量
广州北站	[0.06350528, −0.07891793,···,−0.30447733, 0.00192982]
大雨	[−0.01311441, −0.01786871,···, −0.19713531, −0.0559609]
限速	[0.16050127, 0.01189983,···, −0.42435008, −0.2660249]

2.2.3　获取晚点原因句向量

利用 Word2vec 模型，只能将单词转化为向量，而晚点致因数据中每一个样本的晚点原因描述是一个或多个句子。本节目的是将晚点原因文本描述作为特征，输入到机器学习模型中，实现回归预测，因此需要构建词向量到句向量之间的映射。

实现词向量到句向量之间的转换有多种方法，最常见的有 Power Mean 均值模型、TF-IDF 加权平均法、RNN 嵌入法或 CNN 嵌入法，也可以通过 Doc2vec、Bert 方法直接获得句向量。本节由于样本量限制，只采用 Power Mean 均值模型及 TF-IDF 加权模型。

1. Power Mean 均值模型

记句子 $s = (x_1, x_2, \cdots, x_n)$，$x_i$ 为每个词的词向量，则句子 s 的句向量 S 为

$$S = \left(\frac{x_1^p + x_2^p + \cdots + x_n^p}{n} \right)^{1/p}, p \in \mathbf{R} \tag{2-1}$$

当 $p = 1$ 时，该模型为平均值模型。本节采用 $p = 1$ 时的平均值模型。

2. TF-IDF 加权模型

TF_{ij} 为单词 W_i 在样本 d_j 中出现的次数，IDF 为单词的逆文档频率。计算公式如下：

$$\text{TF}_{ij} = \frac{|w_i|}{|d_j|} \tag{2-2}$$

$$\text{IDF} = \log \left(\frac{|D|}{n_w + 1} \right) \tag{2-3}$$

式中，$|w_i|$ 表示词语 w_i 在文档 d_j 中出现的次数；$|d_j|$ 表示文档 d_j 的总词数；$|D|$ 表示样本总数；n_w 表示包含词语 w 的样本数。

TFIDF 为两者乘积，即

$$\text{TFIDF} = \text{TF}_{ij} \times \text{IDF} \tag{2-4}$$

设某样本晚点原因的句向量为 $S = (w_1, w_2, \cdots, w_n)$，$w_i$ 为句子中的第 i 个单词，x_i 为单词 w_i 的词向量，TFIDF_i 表示句子中单词 w_i 的 TFIDF 值，则利用 TF-IDF 模型获得的句向量为

$$S = \sum_{i=1}^{n} \text{TFIDF}_i \cdot x_i \tag{2-5}$$

综上所述，晚点致因数据文本处理总流程如图 2-4 所示：

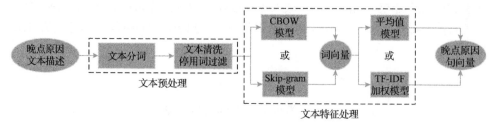

图 2-4   晚点致因数据文本处理总流程

从图 2-4 中可以看出,从晚点原因文本描述转化到晚点原因句向量一共有四种文本特征处理方法:①CBOW 模型+平均值模型;②Skip-gram 模型+平均值模型;③CBOW 模型+TF-IDF 加权模型;④Skip-gram 模型+TF-IDF 加权模型。在模型对比部分,将按照四种文本特征处理方法进行预测精度对比。

2.3   列车晚点时空分布规律

在不同时段、不同车站的晚点可能有着不同的分布规律,例如,每日最开始始发的列车通常晚点发生概率较小,因为此时受到其他列车的影响较小,而列车经过了一夜的检修,晚点发生概率也较小。而在行车量较大的时段,列车的晚点更容易引起其他列车的晚点。因此,本节首先研究广州南与长沙南这两个多线衔接站的到达晚点、终到晚点与始发晚点的在不同时段的分布规律;随后,探索在广州南网络与长沙南网络总列车晚点的时空分布规律,即各个车站在不同时段的到达晚点时间分布。

2.3.1   晚点不同时段分布规律

本章将每日按小时划分为不同的时段,研究在广州南站与长沙南站不同时段晚点的分布规律。值得注意的是,列车在 0:00~6:00 时段的行车量很小,因此本节将其划为一个时段。由于晚点可以统计为偏离实际运行 0min 以上的数据,也可以按照中国国家铁路集团有限公司的方式将偏离值大于 4min 的数据统计为晚点。因此,本节给出了两种不同晚点统计方案的晚点分布规律。使用##代表相应的晚点指标在偏离值大于 4min 的数据上的结果。例如,到达晚点均值##为:到达列车和通过列车在到达多线衔接站晚点大于 4min 的数据的均值。

广州南站与长沙南站为本节研究的两个案例,因此本节计算了它们的到达晚点、终到晚点,以及始发晚点的统计性指标,并从均值及晚点的概率分布进行研究。广州南站晚点在不同时段的分布情况如图 2-5 所示。

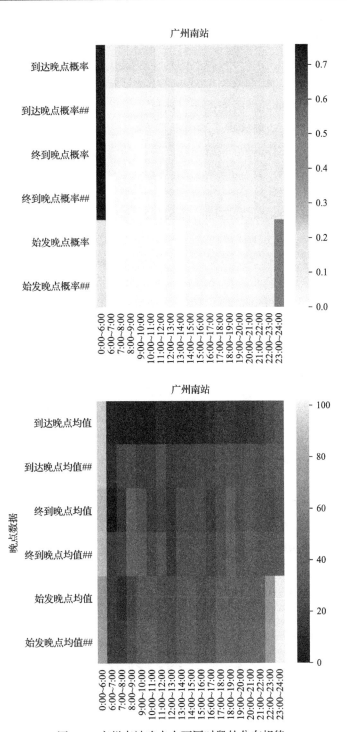

图 2-5 广州南站晚点在不同时段的分布规律

由图 2-5 可知,广州南站的到达晚点在 0:00～6:00 时段最为严重,无论是到达晚点、终到晚点,还是始发晚点,晚点的概率及晚点的时长都很大,因为此时到达的列车多为上一天发生严重晚点的列车。6:00～7:00 为到达晚点概率最小的时段,因为此时到达的列车多为夜间开行的"夕发朝至"列车,夜间行车量小,相较于白天有着充裕的冗余时间供晚点恢复。广州南站在 6:00～8:00 的始发列车的晚点概率为 0,而相应的晚点平均值却不为 0,这是因为在该时段的晚点比例特别小,被本节对统计指标进行保留小数点后 2 位进行四舍五入时归为 0。对始发晚点而言,晚点概率最大及均值最大的时段都为 23:00～24:00,此时开行的列车多为"夕发朝至"列车。

本节对长沙南站的晚点在不同时段的分布情况统计如图 2-6 所示。

由图 2-6 可知,长沙南站到达晚点概率最大的时段也为 0:00～6:00,然而其到达晚点的均值较小。在长沙南站,0:00～7:00 时段没有列车的终到和始发作业,而在 22:00～24:00 时段,长沙南站没有列车的始发作业,但是有列车的终到作业。列车终到晚点概率最大的时段为 16:00～17:00,而终到晚点均值最大的时段为10:00～11:00。发生始发晚点概率最大的时段为 18:00～19:00 和 21:00～22:00,而始发晚点均值最大的时段为 11:00～13:00。

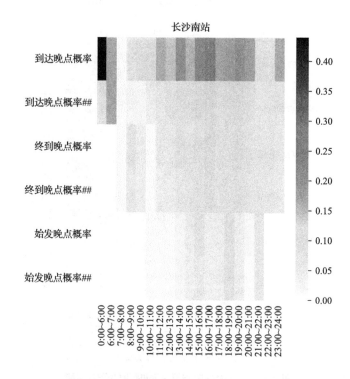

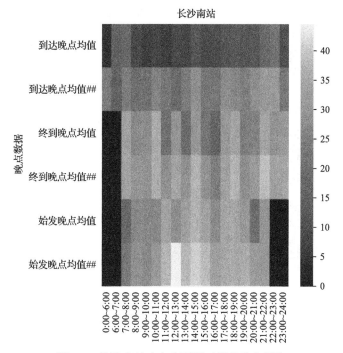

图 2-6 长沙南站晚点在不同时段的分布规律

2.3.2 晚点时空分布规律

本节研究广州南网络与长沙南网络中不同车站的列车在不同时段的到达晚点分布规律，也计算到达晚点的均值及到达晚点的发生概率，以揭示广州南网络和长沙南网络中列车晚点的时空分布规律。

广州南网络晚点的时空分布规律如图 2-7 所示。广州南网络中的肇庆东站与三水南站既连接了南广高速铁路，又连接了贵广高速铁路，而且两条高速铁路在车站使用了不同的车场，即三水南贵广场、三水南南广场、肇庆东贵广场、肇庆东南广场，因此，本节对肇庆东站与三水南站进行晚点分布研究时分别研究了这两个车站不同车场的晚点分布规律。

由图 2-7 可知，广州南网络中的 0:00~6:00 的晚点发生概率和晚点的平均值都是每日最大的时段；而 6:00~8:00 是晚点的发生概率及晚点均值最小的时段。在整个网络中，南广高铁的线路晚点发生概率与均值相较于其他线路大，而广珠高铁的晚点概率与强度是最小的。

由图 2-8 可知，在长沙南网络中，武广高铁的列车在 0:00~6:00 时段的晚点概率最大，其中长沙南站晚点均值较大，株洲西站和衡山西站的晚点均值较小。沪昆高铁中湘潭北站和韶山南站的晚点均值与发送概率均较小，而醴陵东站在

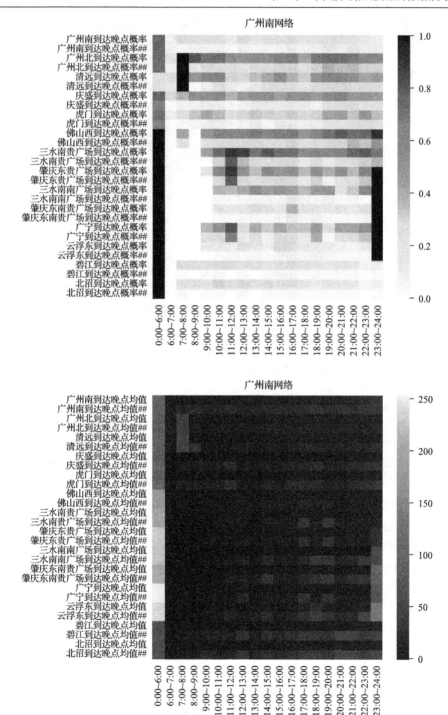

图 2-7　广州南网络晚点的时空分布规律

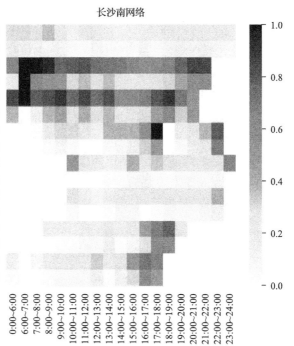

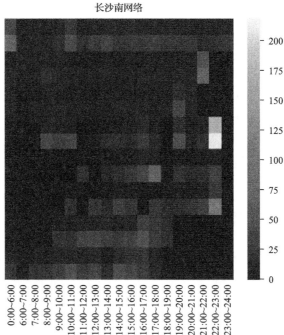

图 2-8 长沙南网络晚点的时空分布规律

22:00～23:00 时段的晚点均值与概率都较大。

2.4　进路冲突与晚点分析

2.4.1　到发线运用分析

　　进路冲突是造成列车晚点的一个重要因素,可以根据有列车的进路间是否有重叠部分进行衡量。而进路可以由列车在进站(出站)时占用的道岔和到发线来进行体现。本书将在后续章节中,使用广州南站与长沙南站数据研究进路冲突对多线衔接站的到达晚点及始发晚点的影响,因此,本节首先对广州南站和长沙南站的到达和通过列车对到发线(正线)的使用情况进行统计分析,其统计结果如表 2-9 和表 2-10 所示。

表 2-9　广州南站到发线(正线)使用情况数据统计

到发场	股道号	SOR/%	AD/min	AD##/min	ST/min	OR/次
	1 道	0.10	39.7	43.14	6.8	0.32
	2 道	4.00	9.27	20.51	6.49	13.12
	3 道	4.45	13.39	24.21	7.38	14.61
	4 道	3.77	13.35	23.75	7.52	12.38
	5 道	3.80	15.31	26.35	7.69	12.48
	6 道	3.35	18.44	32.03	7.58	11
	7 道	3.96	19.33	35.7	6.48	13
	8 道	4.52	20.48	36.41	7	14.83
	IX 道	5.89	10.52	23.93	6.85	19.33
京广场	X 道	5.39	9.42	24.97	5.72	17.68
	11 道	3.57	11.9	30.54	4.71	11.73
	12 道	3.63	18.63	32.38	5.16	11.91
	13 道	3.28	25.11	44.81	5.19	10.77
	14 道	3.04	15.44	36.62	4.55	9.98
	15 道	2.83	12.43	30.72	5.36	9.3
	16 道	3.58	9.21	28.68	5	11.74
	17 道	3.17	8.07	25.61	4.71	10.4
	18 道	2.55	9.02	28.63	4.81	8.37
	19 道	4.07	5.87	23.24	4.69	13.35

到发场	股道号	SOR/%	AD/min	AD##/min	ST/min	OR/次
	20 道	3.08	54.14	56.78	16	10.11
	21 道	3.87	23.83	28.83	—	12.71
	22 道	3.88	29.26	34.76	6	12.74
	XVII道	3.54	26.93	29.21	—	11.62
广珠场	XVIII道	3.56	39.86	41.44	15	11.69
	25 道	3.59	14.82	19.69	15.53	11.77
	26 道	3.55	20.53	26.56	21.95	11.65
	27 道	3.27	23.46	28.98	—	10.72
	28 道	2.70	17.16	20.15	—	8.87

注：SOR 为到发线（正线）占用率；AD 为大于 0min 的平均到达晚点；AD##为大于 4min 的平均到达晚点；ST 为平均停站时间，只计算了停站时间大于 0min 的数据；OR 为到发线（正线）平均使用次数，四舍五入取整。

由表 2-9 可知，在京广场，正线IX道和X道的占有率（SOR）为最大的两条站线，每日平均的占用次数（OR）分别为 19.33 次与 17.68 次。而到发线中，京广场占用率最高的到发线为 8 道，占用率为 4.52%，每日平均占用次数为 14.83 次。当按 0min 进行晚点统计时，京广场中到发线 1 道有着最大的平均到达晚点，晚点值为 39.7min；而当只统计晚点大于 4min 以上的数据为晚点数据时，13 道有着最大的平均到达晚点，值为 44.81min。列车在京广场中平均停站时间最长的股道为 5 道，平均停站时间为 7.69min。京广场中到发线 8 道有着最大的平均每日到发线使用次数，为 14.83 次；而到发线 1 道有着最小的平均每日到发线使用次数，仅为 0.32 次。

在广珠场中，到发线 22 道有着最大的到发线占用率，每日的平均占用次数为 12.74 次；而正线XVII道与XVIII道的占用率略小于 22 道，每日的平均占用次数约为 12 次。无论是以 0min 计算晚点还是以 4min 计算晚点，到发线 20 道均有着最大的平均晚点值。列车在广珠场的 21、27、28 道均不停车通过，因此没有平均停站时间。而 22 道有着最大的平均每日停站次数，为 12.74 次；28 道有着最小的平均停站次数，为 8.87 次。

长沙南站包括长沙南武广场和长沙南沪昆场，其到发线（正线）使用情况如表 2-10 所示。

表 2-10　长沙南站到发线（正线）使用情况数据统计

到发场	股道号	SOR/%	AD/min	AD##/min	ST/min	OR/次
长沙南武广场	1 道	0.03	41.85	45.19	17.07	0.09
	2 道	7.01	9.13	22.65	8.14	20.65

续表

到发场	股道号	SOR/%	AD/min	AD##/min	ST/min	OR/次
	3 道	6.62	10.47	25.56	8.72	19.5
	4 道	7.58	9.4	22.73	7.76	22.33
	5 道	6.75	9.11	21.44	6.89	19.88
	6 道	6.24	8.58	20.97	6.59	18.38
	7 道	6.24	9.41	23.55	6.66	18.37
	Ⅷ道	0.00	—	—	—	0
长沙南武广场	Ⅸ道	5.64	11.89	32.37	7.37	16.59
	10 道	5.60	14.5	32.39	6.87	16.48
	11 道	5.23	15.16	30.5	7.83	15.39
	12 道	7.70	9.73	28.99	5.75	22.69
	13 道	7.64	10.65	28.92	5.75	22.48
	14 道	6.87	10.89	31.42	5.92	20.22
	15 道	0.98	15.72	29.83	6.13	2.89
	16 道	0.98	21.34	34.07	6.48	2.88
	17 道	1.26	13.25	25.54	6.81	3.72
	18 道	2.48	22.02	29.14	5.9	7.29
	19 道	2.42	14.35	24.07	7.19	7.14
	20 道	0.59	12.19	28.02	6.24	1.73
	21 道	1.21	27.67	33.76	7.45	3.55
长沙南沪昆场	Ⅻ道	3.85	18.49	28.88	7.73	11.32
	ⅩⅢ道	3.97	19.78	26.55	8.28	11.68
	24 道	3.05	20.15	28.51	7.4	8.98
	25 道	0.07	35.21	38.39	6.73	0.2
	26 道	0.03	41.85	45.19	17.07	0.09
	27 道	7.01	9.13	22.65	8.14	20.65
	28 道	6.62	10.47	25.56	8.72	19.5

注：参数含义同表 2-9。

在长沙南武广场中，正线Ⅷ道不办理列车的到达作业。到发线中占用比率最大的为 12 道，占比 7.7%，而占用比率最小的为 1 道，仅有 0.03%。平均到达晚点、平均停站时间最大的股道也均为 1 道，平均晚点超过了 40min，而平均停站时间超过了 17min。平均停站时间最短的到发线为 12 道、13 道，均为 5.75min。到发线 12 道有着最大的平均每日到发线占用次数，为 22.69 次，而 1 道的平均每日到发线占用次数最小，为 0.09 次。

在长沙南沪昆场中，正线Ⅷ道与Ⅻ道的平均每日到发线占用次数分别为 11.68 次与 11.32 次。而到发线占用率最大与最小的分别为 28 道与 25 道，分别为 6.62% 与 0.03%。平均到达晚点最大以及平均停站时间最大的到发线均为 26 道，晚点值超过了 40min，停站时间为 17.07min。然而 26 道也是每日平均占用次数最少的到发线，仅为 0.09 次。

2.4.2 到达进路冲突

到达列车进站时可能受到前行的列车的进(出)站干扰，使得晚点进站，进而导致列车晚点到达；换而言之，到达晚点可能是由相邻列车的进路冲突导致的。到达列车可能会受到前行到达列车到达的影响，前行到达列车的晚点会造成该列到达列车的晚点，即前行列车的到达进路与该列车的到达进路有进路冲突。本书将这种前行到达进路与后行列车到达进路的冲突称为到-到冲突。相似地，前行出站进路与后行列车的到达进路也可能存在进路冲突，本书将其称为到-发冲突。值得注意的是，由于本章以广州南站与长沙南站作为研究对象，它们都是多线衔接站，因此前行的进路冲突列车可能是与待研究的列车来自同一条线路，也可能来自不同的线路。

在广州南站与长沙南站，对一列给定列车，本章绘制了其到达晚点与前行两列到-到进路冲突列车的到达晚点之间的关系散点图，并计算了它们之间的皮尔逊相关系数。同样地，本节也绘制了给定列车的到达晚点和前行两列到-发冲突列车的出发晚点的关系，并计算了相应的皮尔逊相关系数。广州南站的结果如图 2-9 所示。

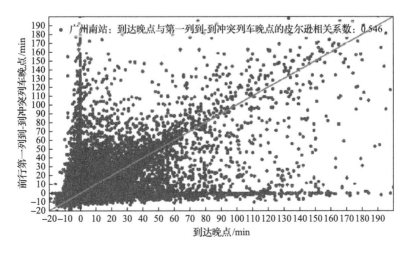

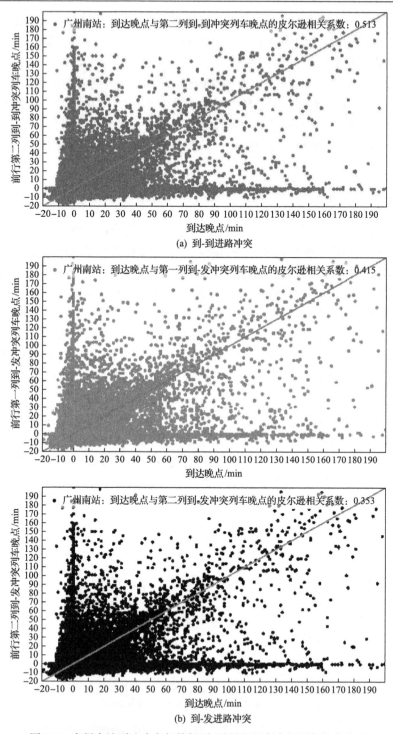

(a) 到-到进路冲突

(b) 到-发进路冲突

图2-9　广州南站到达晚点与前行到-到(发)进路冲突列车晚点关系

从图 2-9 可知，到达晚点与前行列车的第一列到-到冲突列车的到达晚点之间的皮尔逊相关系数 (0.546) 大于与第二列车的 (0.513)，但是两个系数的值相差并不大。而与前行第一列车的相关系数值较大，存在较强的相关性，因此在考虑到达晚点预测时应该考虑前行冲突列车的晚点的影响。此外，对比前行到-到冲突列车与到-发冲突列车可知，到-到冲突列车的晚点与待研究列车的到达晚点有着更强的相关性，证明待研究列车受到前行到达列车的影响较大。

长沙南站的到达晚点与前行冲突列车的晚点之间的散点分布以及相关系数的结果如图 2-10 所示。

图 2-10 显示，长沙南站的到达晚点与前行冲突列车的关系与广州南站有着相似的规律，但是长沙南站的相关性相较于广州南站都要更弱。例如，长沙南站的到达晚点与前行第一列到-到列车的到达晚点的相关系数 (0.535) 小于广州南的相关系数 (0.546)。

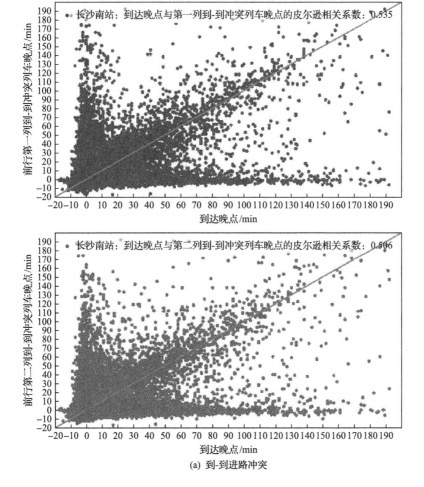

(a) 到-到进路冲突

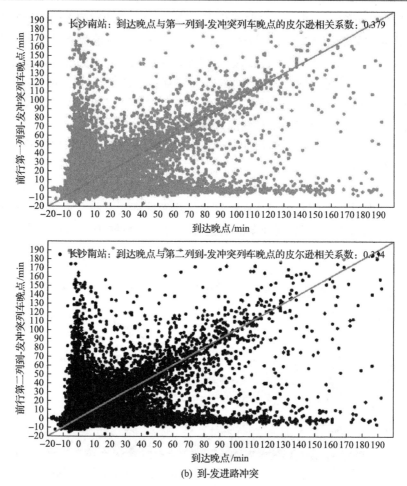

图 2-10　长沙南站到达晚点与前行到-到(发)进路冲突列车晚点关系

2.4.3　出发进路冲突

类比列车到达，列车出发时也可能受到前行到达列车到达进路或者出发列车出发进路的影响而造成晚点。因此，始发列车可能与前行出发列车存在发-发冲突，以及与前行到达列车存在发-到冲突，所以本章也研究列车的始发晚点与前行发-发(发-到)冲突的分布关系并计算了相应的皮尔逊相关系数。

广州南站的始发晚点与前行列车的发-到进路冲突，以及发-发进路冲突的散点图与相关系数如图 2-11 所示。

由图 2-11 可知，始发晚点与前行发-到冲突列车有着较强的相关性，与前行第一列发-到冲突列车的相关系数为 0.63，而与第二列的相关系数为 0.552。相较

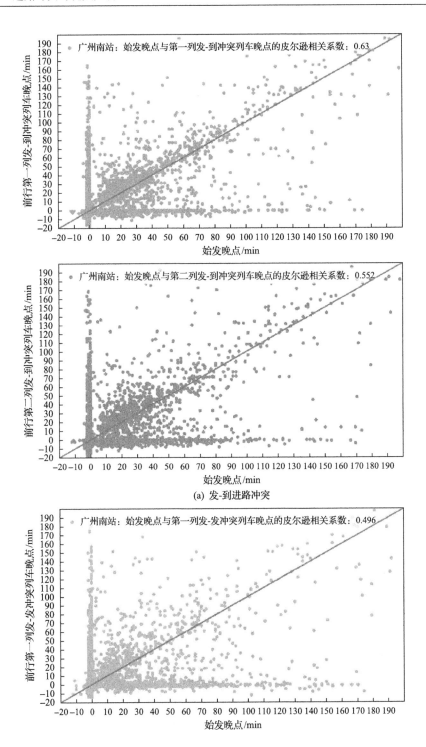

(a) 发-到进路冲突

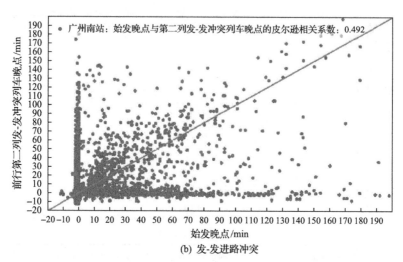

(b) 发-发进路冲突

图 2-11　广州南站始发晚点与前行发-到（发）进路冲突列车晚点关系

而言，发-发冲突列车的晚点与始发列车的晚点的相关系数相对发-到较小。证明始发列车也更容易受到前行的有进路冲突的到达列车的影响。

　　长沙南站的始发晚点与前行列车的发-到进路冲突以及发-发进路冲突的散点图与相关系数如图 2-12 所示。

　　从图 2-12 可知，长沙南站的始发晚点与前行第一列发-到冲突列车的晚点有着很强的线性相关性（0.706），而与第二列的相关系数（0.423）相较于第一列有大幅下降。与广州南站相似，长沙南站的始发晚点与发-到列车的晚点的相关性强于发-发列车。

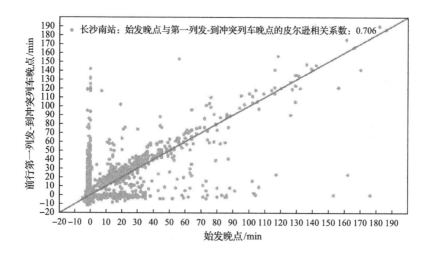

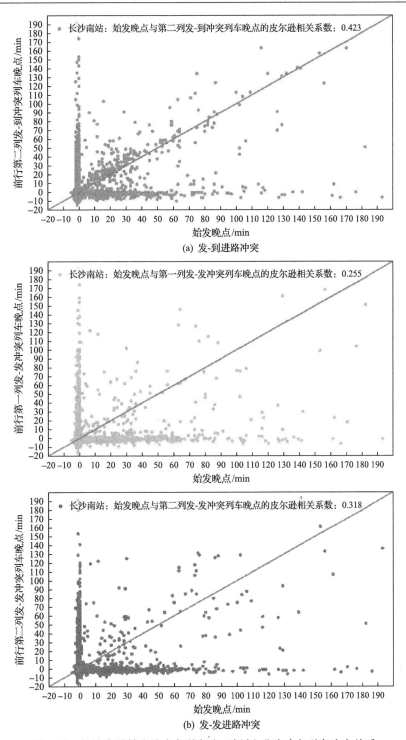

(a) 发-到进路冲突

(b) 发-发进路冲突

图 2-12 长沙南站始发晚点与前行发-到(发)进路冲突列车晚点关系

第3章 高速列车晚点状态分析理论

3.1 列车连带晚点横向传播过程

高速列车运行过程具备运输资源(闭塞区间、运行线等)的独占性特征,是一个非常典型的随机排队过程。当列车运行受随机干扰(设备、人、环境)影响时,将难以按图运行,导致运行延误。

根据晚点类型可将列车晚点分为初始晚点和连带晚点。初始晚点指受外界因素影响而首次晚于时刻表规定的其在车站的到达或出发时刻而形成的晚点。由于受到其他列车影响而使列车在车站的到达或出发时刻晚于列车运行计划,这种情况下的晚点称为连带晚点。若前行列车发生初始晚点,其实际到站时刻与后行列车的计划到站时刻间隔不满足列车最小追踪间隔时间(本节为5min),则后行列车发生连带晚点。

表 3-1 的列车运行实绩所示的是一个完整的晚点横向传播过程:前行列车 G634 次在广州南站由于列车自动保护(ATP)系统发生故障而发生初始晚点,初始晚点时长为12min。初始晚点所造成的连带晚点形成晚点横向传播,导致后行列车 G6146 次列车和 G2912 次列车分别发生 11min 和 6min 的连带晚点。车站冗余时间的存在能够消除或吸收晚点时间,促使列车运行恢复原有秩序,故后行 G6228 次列车按计划运行。

表 3-1 高速列车晚点传播示例

DDCC	DDSJ	CFSJ	TDDDSJ	TDCFSJ	晚点类型	晚点时长/min	晚点致因
G634	2015/5/27 17:19	2015/5/27 17:33	2015/5/27 17:07	2015/5/27 17:12	初始晚点	12	ATP 故障
G6146	2015/5/27 17:22	2015/5/27 17:42	2015/5/27 17:13	2015/5/27 17:17	连带晚点	11	
G2912	2015/5/27 17:25	2015/5/27 17:37	2015/5/27 17:21	2015/5/27 17:27	连带晚点	6	
G6228	2015/5/27 17:28	2015/5/27 17:28	2015/5/27 17:28	2015/5/27 17:28	非晚点		

注:DDCC 表示到达车次,DDSJ 表示实际到达时间,CFSJ 表示实际出发时间,TDDDSJ 表示图定到达时间,TDCFSJ 表示图定出发时间。

图 3-1 描述了车站间连带晚点横向传播过程,其中 I 是列车最小追踪间隔时间,t_{ry}^1、t_{ry}^2、t_{ry}^3 分别是列车 1、2、3 的冗余时间。列车 1 在区间运行过程中受到外部环境或设备等因素的干扰,导致其在 B 站发生初始晚点 t_1。列车 1 的实际

到站时刻与列车 2 的计划到站时刻间隔小于列车最小追踪间隔时间（$t_1 < I$），致使列车 2 产生连带晚点。同理，列车 3 与列车 4 发生连带晚点。而列车 4、5 间车站间隔冗余时间吸收了连带晚点 t_4，且 $T_4 > I$，故列车 5 正点到达 B 站。

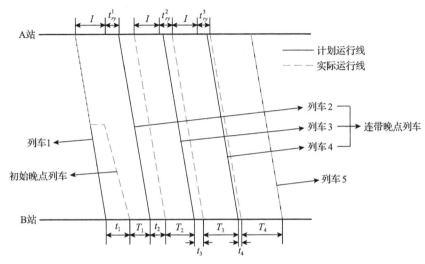

图 3-1 晚点横向传播影响示意图

根据表 3-1 和图 3-1 的分析，列车到站实际上是一个随机过程，车站内后行列车的到站状态只与前行列车的到站状态有关，故列车到站具有"无后效性"，即若 X 为列车到站状态，X_{n+1} 只与 X_n 相关。将列车的到站时间差状态离散化后，可以得到离散的列车到站状态集 $I = \{i_1, i_2, i_3, \cdots, i_n\}$。

将马尔可夫链应用于分析连带晚点传播的规律。本章分析晚点传播规律的总体流程如下。

1）划分列车状态

本章重点关注不同类型晚点和不同强度连带晚点的传播情况，故对列车的晚点进行离散化处理，将晚点状态转化为离散的状态空间 $E = \{S_0, S_1, \cdots, S_n\}$，即列车到站时的晚点状态共有可数的 n 个状态。

2）建立状态转移概率矩阵

统计各状态之间转换的频数，建立相应的 $n \times n$ 的频数矩阵 f。f 为马尔可夫链状态集的大小，由下列公式计算相应的转移频率矩阵：

$$p_{ij} = \frac{f_{ij}}{\sum_{j=0}^{n} f_{ij}}, \quad i, j = 0, 1, 2, \cdots, n \tag{3-1}$$

式中，f_{ij} 为状态 i 转换为状态 j 的频数；p_{ij} 为状态 i 转换为状态 j 的概率。

3）根据状态转移概率矩阵分析晚点传播规律、预测后行列车状态

转移概率是基于大数定律统计得到的，体现的是列车在外部环境和调度员关于综合作用下的历史表现中的习惯性规律。根据状态转移概率矩阵可分析状态转移的概率特性，由此可推出连带晚点在车站层面传播的历史规律，同时在列车运行环境稳定的前提下，利用下列公式可预测后行列车的状态：

$$p_i(n) = p_i(0) p^{(n)} \qquad (3\text{-}2)$$

式中，$p_i(0)$ 为该马尔可夫链的初始分布；$p^{(n)}$ 为马尔可夫链的 n 步转移概率矩阵；$p_i(n)$ 为预测列车所处状态的概率分布。

图 3-2 展现了本章的逻辑结构图。综上，本章借助转移概率矩阵，不仅可探寻晚点传播的历史一般性规律，还可实现对后行列车到站时晚点类型或连带晚点时长所处区间概率上的预测。

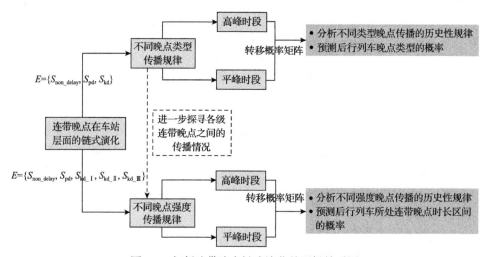

图 3-2   解析连带晚点链式演化的逻辑关系图

3.2   列车连带晚点传播的马尔可夫模型

马尔可夫链广泛应用于具有随机过程系统的分析和建模中。列车出发和到达时间序列视为一个随机过程，利用马尔可夫链可预测单线铁路中连续的列车状态变化，估计晚点传播概率。晚点随时间和空间的演变过程视为非平稳马尔可夫链，定义列车在连续车站内的到达/出发晚点为随机变量，并分类为"早、小、大"状态，预测晚点概率分布，预测准确率提高 71%。以上研究均取得良好效果，但未能单独考虑连带晚点对传播过程的影响。

本节利用马尔可夫链与状态概率转移矩阵分析连带晚点横向传播规律。马尔可夫链将时间序列看作一个随机过程，进而对事物通过计算得到不同状态的初始概率与状态转换概率，确定事物变化趋势。列车到站过程可描述为马尔可夫链 $X = \{x_1, x_2, \cdots, x_n\}$，其中 $x_n \in I, n = 1, 2, 3, \cdots$。$n$ 步状态转移概率的计算公式为

$$p_{ij}^{(n)}(k) = p\{X(k+n) = j | X(k) = i\} \tag{3-3}$$

式中，k 表示时刻；i、j 表示晚点状态。式(3-3)表明晚点传播的马尔可夫链在时刻 k 处于晚点状态 i，再经过 n 个到站间隔后转移到晚点状态 j 的概率。

$$p_{ij}^{(n)}(k) = \sum_{m_1 \in I} \cdots \sum_{m_{n-1} \in I} p_{im_1}(k) p_{m_1 m_2}(k) \cdots p_{m_{n-1} j}(k) \tag{3-4}$$

$$p^{(n)}(k) = p^{(n)} \tag{3-5}$$

式(3-4)说明列车在 n 个到站间隔后的晚点状态完全是由其 1 个到站间隔后的晚点状态决定的。式(3-5)表示 n 个到站间隔后的晚点状态概率矩阵是 1 个到站间隔后的晚点状态概率矩阵的 n 次方。

针对列车的连带晚点横向传播问题，所使用的马尔可夫链的构成要素有：列车在某时刻的晚点状态、晚点状态转移矩阵和列车在下一时刻的晚点状态。若已知列车在任意状态间的转移概率，就可以确定整条晚点传播的马尔可夫链。

$$p_{ij} = \frac{f_{ij}}{\sum_{j=0}^{n} f_{ij}}, \quad i, j = 0, 1, 2, \cdots, n \tag{3-6}$$

$$P = \begin{bmatrix} p_{11} & p_{12} & \cdots & p_{1j} \\ p_{21} & p_{22} & \cdots & p_{2j} \\ \vdots & \vdots & & \vdots \\ p_{i1} & p_{i2} & \cdots & p_{ij} \end{bmatrix} \tag{3-7}$$

列车到站状态的状态转移概率的计算公式如式(3-6)所示，f_{ij} 表示列车在站内由到站状态 i 转变为状态 j 的概率，$\sum_{j=0}^{n} f_{ij}$ 表示列车在站内的到站状态转移集合。

在相邻两个车站间，p_{ij} 表示为列车从第 i 个车站出发晚点状态到第 j 个车站的到达晚点状态的转移。因此对于相邻的两个车站，式(3-6)构成了整个晚点传播链。在一个车站内的列车到站状态分类的基础上，式(3-6)也可描述某一列车的不同到站状态到后行第一列车的不同到站状态的转移，构成车站层面的晚点传播链。

特别地，若为齐次马尔可夫链，则模型具有唯一的平稳分布，判定方法如式(3-8)：

$$\begin{cases} \pi_j = \sum_{i \in I} \pi_i p_{ij} \\ \sum_{j \in I} \pi_j = 1 \\ \pi_j \geqslant 0 \end{cases} \qquad (3-8)$$

3.3　基于晚点类型的晚点传播分析

本章的原始数据来源于厦深高速铁路深圳北至饶平区段，数据的时间跨度为 2015 年 3 月至 2016 年 11 月，共 1048575 条原始数据。当前我国列车调度指挥系统内的计时精度为分钟级别，故所得原始数据以整分钟为单位记录，内容包括到达车次(DDCC)、到达车站(NODE)、图定到达时间和实际到达时间(TDDDSJ 和 DDSJ)、图定出发时间和实际出发时间(TDCFSJ 和 CFSJ)，以及经停股道的信息(TRACK_NAME)，格式如表 3-2 所示。

表 3-2　原始数据示例

DDCC	NODE	DDSJ	CFSJ	TDDDSJ	TDCFSJ	TRACK_NAME
5	深圳北	2016/11/3 16:03	2016/11/3 16:03	2016/11/3 16:10	2016/11/3 16:10	7 道
D2330	深圳北	2016/11/3 16:13	2016/11/3 16:13	2016/11/3 15:46	2016/11/3 15:46	2 道
D2325	潮阳	2016/11/3 14:06	2016/11/3 14:10	2016/11/3 13:50	2016/11/3 13:52	6 道
D2325	普宁	2016/11/3 14:25	2016/11/3 14:27	2016/11/3 14:08	2016/11/3 14:10	5 道
D2325	葵潭	2016/11/3 14:38	2016/11/3 14:38	2016/11/3 14:23	2016/11/3 14:23	1 道

本节的研究对象为厦深高铁上行方向高速旅客列车，为方便后续研究，首先对原始数据进行以下处理：

(1)删除重复数据。

(2)删除到达车次(表 3-2 所示的 DDCC)为数字、0C*、0D*、0G*、0DJ*、DJ*、J*的记录(*代表任意多个字符)，即删除非旅客列车。

(3)提取厦深高铁上行方向的数据，即到达车次(表 3-2 所示的 DDCC)末尾为偶数的数据。

(4)删除或修正异常数据。原始数据并不存在数据缺失情况，但存在部分不符合常理的数据，如区间的运行时间和车站的停站时间为负值或者远小于平均运行时间和平均停站时间。例如原始数据中，2016 年 6 月 8 日，C6810 次列车在深圳北站的图定到达时间为 16:42,而图定出发时间为 16:22;2015 年 7 月 20 日,D2350 次列车在潮汕站的图定到达时间为 9:48,而图定出发时间为 9:52。同时包含明显记录错误的数据,例如 C6808 次列车在深圳坪山站的图定到站时间均为 9:59,只有 2015 年 9 月 13 日这一天的图定到站时间是 10:04,因此将该日期 C6808 次列车的图定到站时间修正为 9:59。

(5)删除跨线数据。深圳北为多线衔接站,北向连接广深港高铁,东接厦深线,故原始数据深圳北站中包含了非厦深线中的列车运行数据,做删除处理。

3.3.1 划分晚点状态集

本节重点关注不同类型晚点在车站层面的传播情况,故将到达时间差人为地划分为不发生晚点、发生初始晚点和发生连带晚点三种类型。因此列车晚点传播链的状态集为 $E = \{S_{\text{non\_delay}}, S_{\text{pd}}, S_{\text{kd}}\}$,分别对应非晚点、初始晚点和连带晚点。本节认为若列车的到站时间差小于或等于 0,则该列车的晚点状态为非晚点 $S_{\text{non\_delay}}$;若列车的到站时间差大于 0,但不满足连带晚点的判定准则,则认为该列车的到站晚点状态为初始晚点 S_{pd};若列车的到站时间差大于 0,且满足上述连带晚点的判定准则,则认为该列车的晚点状态为连带晚点 S_{kd}。

为了能更加直观形象地表现晚点传播链的状态转移过程,本节借助状态传递图分析列车状态之间的关系。状态传递图是将马尔可夫链所具有的所有状态一一标出,并用箭头连线将各状态连接起来,箭头所指的状态,就是箭尾所连状态一步能到达的状态。

图 3-3 中的状态空间为 $E = \{S_{\text{non\_delay}}, S_{\text{pd}}, S_{\text{kd}}\}$,包含三个状态,可以看出,除 $S_{\text{non\_delay}}$ 不可达状态 S_{kd} 外,其余状态之间都是可达的,但 $S_{\text{non\_delay}}$ 可经 S_{pd} 两步到达状态 S_{kd},反映出连带晚点是由初始晚点的横向传播所致;箭头指向 S_{pd},表明该列车状态不受到前行列车的干扰,而是受到新的随机干扰。

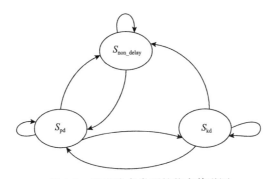

图 3-3 基于晚点类型的状态传递图

表 3-3 示出了 2015 年 3 月 27 日上午 9 点开始，厦深高速铁路上行方向列车到达汕尾站时的晚点状态的数据示例，示例中的列车在汕尾站的晚点传播链可表示为

$$\left\{ S_{\mathrm{non\_delay}}, S_{\mathrm{pd}}, S_{\mathrm{kd}}, S_{\mathrm{kd}}, S_{\mathrm{non\_delay}}, S_{\mathrm{non\_delay}}, S_{\mathrm{non\_delay}} \right\}$$

表 3-3　汕尾站列车到站状态数据示例

DDCC	DDSJ	TDDDSJ	到站时间差/min	晚点状态
D2294	2015/3/27 9:02	2015/3/27 9:05	−3	$S_{\mathrm{non\_delay}}$
D3108	2015/3/27 9:15	2015/3/27 9:12	3	S_{pd}
D2302	2015/3/27 9:19	2015/3/27 9:17	2	S_{kd}
D2344	2015/3/27 9:24	2015/3/27 9:23	1	S_{kd}
G6304	2015/3/27 9:27	2015/3/27 9:29	−2	$S_{\mathrm{non\_delay}}$
D2308	2015/3/27 9:38	2015/3/27 9:40	−2	$S_{\mathrm{non\_delay}}$
D2346	2015/3/27 9:48	2015/3/27 9:48	0	$S_{\mathrm{non\_delay}}$

3.3.2　建立转移概率矩阵

表 3-4 统计了汕尾站在 9:00~11:00、15:00~17:00 两个时间段的三个状态之间的转换频数。显然在此两个时段下，列车各状态之间转换的频数不一致，除 $S_{\mathrm{non\_delay}}$-S_{kd} 之外，9:00~11:00 的频数高于 15:00~17:00。

表 3-4　汕尾站各状态转换频数

状态转换	频数(9:00~11:00)	频数(15:00~17:00)
$S_{\mathrm{non\_delay}}$-$S_{\mathrm{non\_delay}}$	3325	2788
$S_{\mathrm{non\_delay}}$-S_{pd}	1125	600
$S_{\mathrm{non\_delay}}$-S_{kd}	0	0
S_{pd}-$S_{\mathrm{non\_delay}}$	627	507
S_{pd}-S_{pd}	245	123
S_{pd}-S_{kd}	743	147
S_{kd}-$S_{\mathrm{non\_delay}}$	509	97
S_{kd}-S_{pd}	245	54
S_{kd}-S_{kd}	830	57

将表 3-4 转换为 3×3 频数矩阵 f。矩阵的行向量表示从某一状态出发到其他状态(包括自身)的频数，由式(3-6)可求得汕尾站两个时间段的一步转移概率矩阵，如下所示。

9:00~11:00 的频数矩阵 f 和一步转移概率矩阵 p：

$$f(9) = \begin{bmatrix} 3325 & 1125 & 0 \\ 627 & 245 & 743 \\ 509 & 245 & 830 \end{bmatrix}$$

$$p^{(1)}(9) = \begin{bmatrix} 0.747 & 0.253 & 0 \\ 0.388 & 0.152 & 0.460 \\ 0.321 & 0.155 & 0.524 \end{bmatrix}, \quad E = \left\{ S_{\text{non\_delay}}, S_{\text{pd}}, S_{\text{kd}} \right\} \tag{3-9}$$

15:00~17:00 的频数矩阵 f 和一步转移概率矩阵 p：

$$f(15) = \begin{bmatrix} 2788 & 600 & 0 \\ 507 & 123 & 147 \\ 97 & 54 & 57 \end{bmatrix}$$

$$p^{(1)}(15) = \begin{bmatrix} 0.823 & 0.177 & 0 \\ 0.652 & 0.158 & 0.189 \\ 0.466 & 0.260 & 0.274 \end{bmatrix}, \quad E = \left\{ S_{\text{non\_delay}}, S_{\text{pd}}, S_{\text{kd}} \right\} \tag{3-10}$$

同理，可计算厦深高铁上行方向其他 11 个车站在 9:00~11:00 和 15:00~17:00 两个时段的一步转移矩阵，深圳北至惠东四个车站的一步转移矩阵如下所示。

深圳北站：

$$p^{(1)}(9) = \begin{bmatrix} 0.933 & 0.067 & 0 \\ 0.713 & 0.119 & 0.168 \\ 0.539 & 0.071 & 0.390 \end{bmatrix}, \quad p^{(1)}(15) = \begin{bmatrix} 0.907 & 0.093 & 0 \\ 0.727 & 0.188 & 0.084 \\ 0.635 & 0.135 & 0.230 \end{bmatrix}$$

深圳坪山站：

$$p^{(1)}(9) = \begin{bmatrix} 0.902 & 0.098 & 0 \\ 0.495 & 0.065 & 0.440 \\ 0.430 & 0.042 & 0.529 \end{bmatrix}, \quad p^{(1)}(15) = \begin{bmatrix} 0.922 & 0.008 & 0 \\ 0.649 & 0.084 & 0.267 \\ 0.804 & 0.043 & 0.152 \end{bmatrix}$$

惠州南站：

$$p^{(1)}(9) = \begin{bmatrix} 0.861 & 0.139 & 0 \\ 0.495 & 0.139 & 0.367 \\ 0.303 & 0.089 & 0.608 \end{bmatrix}, \quad p^{(1)}(15) = \begin{bmatrix} 0.902 & 0.099 & 0 \\ 0.753 & 0.098 & 0.150 \\ 0.654 & 0.118 & 0.228 \end{bmatrix}$$

惠东站：

$$p^{(1)}(9) = \begin{bmatrix} 0.738 & 0.262 & 0 \\ 0.508 & 0.143 & 0.349 \\ 0.320 & 0.169 & 0.511 \end{bmatrix}, \quad p^{(1)}(15) = \begin{bmatrix} 0.754 & 0.245 & 0 \\ 0.702 & 0.199 & 0.098 \\ 0.510 & 0.262 & 0.228 \end{bmatrix}$$

3.3.3　不同时段的高速列车晚点传播分析

本节选择汕尾站作为分析对象具有研究价值，同时以 9:00～11:00 为高峰时段、15:00～17:00 为平峰时段，分析在不同时段内列车晚点传播情况。3.3.2 节计算了汕尾站 9:00～11:00 和 15:00～17:00 时段的一步转移概率矩阵 $p^{(1)}(9)$ 和 $p^{(1)}(15)$，如式(3-9)和式(3-10)所示。为了能更直观形象地展示不同时段列车晚点传播链的状态转移过程，帮助分析不同类型晚点之间的传播情况，本节绘制了概率转移图，如图 3-4 所示。概率转移图是在状态传递图的状态之间的连线上再标出相应的一步转移概率。

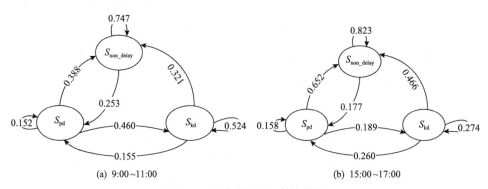

图 3-4　不同时段的概率转移图

分析图 3-4(a)列车在 9:00～11:00 时段的概率转移图和一步转移矩阵 $p^{(1)}(9)$，发现在 9:00～11:00 时段，列车几乎不可能由非晚点转换为连带晚点；而列车由初始晚点状态转换为连带晚点的概率为 46%；连带晚点仍保持连带晚点状态的概率高达 52.4%。说明三种状态相比，连带晚点传播概率更大，更具有传播性。分析图 3-4(b)列车在 15:00～17:00 时段的概率转移图和一步转移矩阵 $p^{(1)}(15)$，发现在 15:00～

17:00 时段，无论列车何种状态，都更倾向于转换为非晚点（图 3-4(b) 中箭头指向 $S_{\text{non\_delay}}$ 的概率相对而言都是最高的），其中晚点状态由非晚点转换为非晚点的概率高达约 82%，表明整体上列车的晚点状态在 15:00～17:00 时段不容易传播；列车晚点状态由初始晚点转换为连带晚点的概率约为 19%，由连带晚点状态经一个到站间隔后仍保持连带晚点的概率提升了 7%，说明与初始晚点相比，连带晚点在平峰时段也更具有传播性。

对比观察图 3-4(a) 和 (b) 可以看出，在 9:00～11:00 时段箭头指向 S_{kd} 的概率分别是 0.460 和 0.524，在 15:00～17:00 时段箭头指向 S_{kd} 的概率分别是 0.189 和 0.274，表明无论在哪个时段，连带晚点比初始晚点更具有传播性，但高峰时段晚点状态普遍更容易传播。

另外，借助状态转移概率矩阵，可预测后行列车的状态。若某一列车在 15:40 到达汕尾站时，发生了初始晚点，即初始分布为 $p=\{0,1,0\}$，那么后行第一列列车的状态分布为 $p^{(1)}=\{0.652,0.158,0.189\}$，也就是说，后行第一列列车发生初始晚点的概率是 0.158，发生连带晚点的概率是 0.189，更大概率是不发生晚点。

$p^{(1)}(9)$ 和 $p^{(1)}(15)$ 两个矩阵差异较大，可以认为是两个不同的一步转移矩阵。高速列车在汕尾站的晚点传播链，其一步转移概率矩阵与绝对时刻相关，不具备时齐性，反映了不同时段内列车间晚点传播速度具有差异性，连带晚点在高峰时段传播速度更快。

3.3.4 高峰时段的高速列车晚点传播分析

3.3.3 节结果表明，与 15:00～17:00 平峰时段相比，在 9:00～11:00 高峰时段列车的晚点状态更容易传播。为更进一步研究 9:00～11:00 高峰时段的晚点传播情况，本节计算了汕尾站 9:00～10:00 和 10:00～11:00 两个时段的三个晚点状态之间的一步转移概率矩阵，如下所示。

9:00～10:00 时段的一步转移概率矩阵：

$$p^{(1)}(9') = \begin{bmatrix} 0.745 & 0.255 & 0 \\ 0.414 & 0.166 & 0.420 \\ 0.393 & 0.155 & 0.452 \end{bmatrix}, \quad E = \left\{ S_{\text{non\_delay}}, S_{\text{pd}}, S_{\text{kd}} \right\}$$

10:00～11:00 时段的一步转移概率矩阵：

$$p^{(1)}(10') = \begin{bmatrix} 0.747 & 0.253 & 0 \\ 0.407 & 0.147 & 0.446 \\ 0.321 & 0.178 & 0.501 \end{bmatrix}, \quad E = \left\{ S_{\text{non\_delay}}, S_{\text{pd}}, S_{\text{kd}} \right\}$$

对比 $p^{(1)}(9')$、$p^{(1)}(10')$ 和 $p^{(1)}(9)$ 三个一步状态转移矩阵，发现各状态之间的状态概率差距不大，在平均绝对误差 MAE=0.028 范围内，可接受三个转移矩阵一致。

$$\text{MAE} = \frac{\sum \max\{|p_{ij}^{(1)}(9') - p_{ij}^{(1)}(10')|, |p_{ij}^{(1)}(9') - p_{ij}^{(1)}(9)|, |p_{ij}^{(1)}(10') - p_{ij}^{(1)}(9)|\}}{9} = 0.028$$

故本节在分析 9:00～11:00 时段的连带晚点传播情况时，将其列车晚点传播链视为齐次马尔可夫链，有

$$p^{(1)} = p^{(1)}(9) = \begin{bmatrix} 0.747 & 0.253 & 0 \\ 0.388 & 0.152 & 0.460 \\ 0.321 & 0.155 & 0.524 \end{bmatrix}, \quad E = \left\{ S_{\text{non\_delay}}, S_{\text{pd}}, S_{\text{kd}} \right\}$$

由式(3-6)可求得 9:00～11:00 时段列车晚点传播的二步转移概率矩阵，为

$$p^{(2)} = p^2 = \begin{bmatrix} 0.654 & 0.227 & 0.119 \\ 0.496 & 0.192 & 0.312 \\ 0.468 & 0.186 & 0.347 \end{bmatrix}, \quad E = \left\{ S_{\text{non\_delay}}, S_{\text{pd}}, S_{\text{kd}} \right\}$$

由式(3-8)可知，高峰时段列车晚点传播的齐次马尔可夫链具有遍历性，存在唯一的平稳分布，计算得到 $\pi_j = \{0.583, 0.212, 0.205\}$。现依次假设列车在汕尾的晚点传播链的初始状态向量，分别为 $p=\{1,0,0\}$、$p=\{0,1,0\}$ 和 $p=\{0,0,1\}$，利用式(3-2)可预测 n 个到站间隔后，列车各种晚点状态的概率，结果如图 3-5 所示。

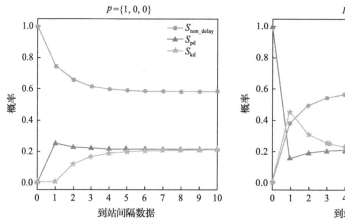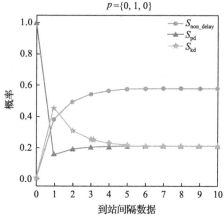

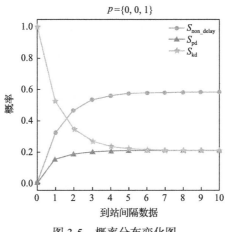

图 3-5 概率分布变化图

当初始状态向量 $p=\{1,0,0\}$ 时，即当前列车非晚点到达汕尾站，随着到站间隔数的增加，非晚点状态的概率逐渐下降至稳定在 0.583，初始晚点状态和连带晚点状态的概率逐渐提升并分别稳定在 0.212 和 0.205。连带晚点的概率始终小于其他两个晚点概率。

当初始状态向量 $p=\{0,1,0\}$ 时，当前列车发生初始晚点，后行第一列列车更容易受到干扰，产生连带晚点，后行第二列列车发生连带晚点的概率也较高。随着到站间隔数的增加，非晚点状态的概率逐步提升至稳定，初始晚点状态的概率骤降然后缓慢提升至稳定，而连带晚点状态的概率在第一个到站间隔最高随后缓慢下降至稳定。

当初始状态向量 $p=\{0,0,1\}$ 时，即当前列车发生连带晚点，那么后行第一列列车大概率会受到干扰，发生连带晚点，后续列车发生连带晚点的概率也较高。随着到站间隔数的增加，非晚点状态和初始晚点状态的概率逐渐提升至稳定，分别为 0.583 和 0.218，连带晚点状态的概率逐渐下降并稳定在 0.205。

对比观察三个初始分布不同的概率变化图，发现列车晚点传播链从三种不同初始状态出发，经过六个到站间隔后，各状态的概率分别稳定在同一高度上。可以说明列车到达汕尾站不论初始状态是什么，经过六次状态传递后，该过程会存在一个稳定的状态，从长远看，初始状态的影响会随着时间增加而缩减。从某种程度上也说明了在车站层面，列车的连带晚点传播范围为六列列车。

3.4 基于晚点强度的连带晚点传播分析

3.4.1 划分晚点状态集

本节将关注不同强度的连带晚点在车站层面的传播情况，同样根据前叙章节对各车站相关晚点时长的描述,本节人为地将 (0min,5min] 的连带晚点当作是 I 级连带晚点 (S_{kd_I}),(5min,10min] 的连带晚点当作是 II 级连带晚点 (S_{kd_II}),大于 10min 以上的连带晚点认为是 III 级连带晚点 (S_{kd_III}),故列车晚点传播链的状态集如表 3-5 所示。状态集 $E = \left\{ S_{non\_delay}, S_{pd}, S_{kd\_I}, S_{kd\_II}, S_{kd\_III} \right\}$ 是在 $E = \left\{ S_{non\_delay}, S_{pd}, S_{kd} \right\}$ 的基础上对连带晚点的强度进一步的划分,因此列车状态非晚点仍然与各级连带晚点是不可达的,而各级连带晚点之间是互通的。表 3-5 示例中的传播过程为 $\left\{ S_{non\_delay}, S_{pd}, S_{kd\_I}, S_{kd\_I}, S_{non\_delay}, S_{non\_delay}, S_{non\_delay} \right\}$。

表 3-5　状态集相关信息

晚点状态	到达时间差/min	晚点类型	状态空间集
S_{non_delay}	≤ 0	非晚点	非晚点
S_{pd}	> 0	初始晚点	初始晚点
S_{kd_I}	1,2,3,4,5	连带晚点	I 级连带晚点
S_{kd_II}	6,7,8,9,10	连带晚点	II 级连带晚点
S_{kd_III}	>10	连带晚点	III 级连带晚点

3.4.2　不同时段的高速列车连带晚点传播分析

以 9:00~11:00、15:00~17:00 为两个代表时段,以汕尾站为代表车站,分析列车在不同时段、不同强度的连带晚点传播情况。通过式 (3-1) 可计算两个时段的列车晚点状态的一步转移矩阵,如下所示。

9:00~11:00 时段的一步转移矩阵:

$$p^{(1)}(9) = \begin{bmatrix} 0.747 & 0.253 & 0 & 0 & 0 \\ 0.388 & 0.152 & 0.367 & 0.087 & 0.007 \\ 0.444 & 0.199 & 0.300 & 0.055 & 0.002 \\ 0.110 & 0.080 & 0.239 & 0.539 & 0.032 \\ 0.067 & 0.058 & 0.010 & 0.144 & 0.721 \end{bmatrix}, \quad E = \left\{ S_{non\_delay}, S_{pd}, S_{kd\_I}, S_{kd\_II}, S_{kd\_III} \right\}$$

分析一步转移矩阵 $p^{(1)}(9)$,发现在 9:00~11:00 时段,列车状态连带晚点 I 级,几乎不会加重成 III 级连带晚点;II 级连带晚点和 III 级连带晚点大概率仍然是保持原状态。可知,随着连带晚点强度的增加,连带晚点传播的可能性也在增加。

15:00~17:00 时段的一步转移矩阵:

$$p^{(1)}(15) = \begin{bmatrix} 0.823 & 0.177 & 0 & 0 & 0 \\ 0.653 & 0.158 & 0.131 & 0.045 & 0.013 \\ 0.585 & 0.301 & 0.098 & 0.016 & 0 \\ 0.348 & 0.283 & 0.196 & 0.152 & 0.022 \\ 0.231 & 0.103 & 0 & 0.051 & 0.615 \end{bmatrix}, \quad E = \left\{ S_{\text{non\_delay}}, S_{\text{pd}}, S_{\text{kd\_I}}, S_{\text{kd\_II}}, S_{\text{kd\_III}} \right\}$$

分析一步转移矩阵 $p^{(1)}(15)$，发现在 15:00～17:00 时段，列车当前晚点状态 Ⅰ 级连带晚点几乎不可能转换为Ⅲ级连带晚点；Ⅱ级连带晚点相较而言更可能转换为Ⅰ级连带晚点；Ⅲ级连带晚点大概率是保持原状态，由Ⅲ级连带晚点转换为Ⅰ级连带晚点几乎不可能发生，三种级别的连带晚点转化为非晚点状态的概率也在减小（0.585>0.348>0.231）。由此可知，随着连带晚点强度的增加，其传播的可能性也在增加。

对比汕尾站的 $p^{(1)}(9)$ 和 $p^{(1)}(15)$ 两个一步转移矩阵，在高峰时段 9:00～11:00，Ⅰ级连带晚点干扰后行列车并发生连带晚点的概率是 0.357，Ⅱ级连带晚点干扰后行列车的概率是 0.81，Ⅲ级连带晚点干扰后行列车的概率是 0.875；而在 15:00～17:00 时段，Ⅰ级、Ⅱ级和Ⅲ级连带晚点干扰后行列火车的概率分别是 0.114、0.37 和 0.666。分析表明，与平峰时段相比，高峰时段的各级连带晚点更具有传播性，传播速度更快。

另外，借助状态转移概率矩阵，可预测后行列车的状态，若某一列车在 9:30 到达汕尾站时，发生了一个 6min 的连带晚点，即初始分布为 $p=\{0,0,0,1,0\}$，那么后行第一列列车的状态分布为 $p^{(1)} = \{0.11, 0.08, 0.239, 0.539, 0.032\}$。也就是说，后行第一列列车发生 (0min,5min] 区间的连带晚点概率是 0.239，发生 (5min,10min] 区间的连带晚点的概率是 0.539，发生大于 10min 连带晚点的概率仅有 0.032。

3.4.3 高峰时段的高速列车连带晚点传播分析

为更进一步研究 9:00～11:00 高峰时段不同强度的连带晚点的传播情况，本节计算了汕尾站在该时段列车到站的二步转移概率矩阵，如下所示。

二步转移概率矩阵：

$$p^{(2)}(9) = \begin{bmatrix} 0.678 & 0.213 & 0.089 & 0.017 & 0.002 \\ 0.468 & 0.225 & 0.218 & 0.082 & 0.007 \\ 0.532 & 0.219 & 0.165 & 0.079 & 0.005 \\ 0.282 & 0.136 & 0.207 & 0.332 & 0.043 \\ 0.106 & 0.135 & 0.010 & 0.192 & 0.558 \end{bmatrix}, \quad E = \left\{ S_{\text{non\_delay}}, S_{\text{pd}}, S_{\text{kd\_I}}, S_{\text{kd\_II}}, S_{\text{kd\_III}} \right\}$$

二步转移概率矩阵 $p^{(2)}(9)$ 表示列车到达汕尾站的晚点传播链在初始时刻 9:00

处于某晚点状态，再经两个到站间隔后转移到某状态的概率。换而言之，$p^{(2)}(9)$ 可理解为列车到站后，其后行第二列列车的晚点状态的概率。若当前列车到站发生了Ⅰ级连带晚点，其后行第二列列车约 25%的概率会受其干扰并产生连带晚点，连带晚点升级的概率约为 8%；若当前列车发生的是Ⅱ级连带晚点，其后行第二列列车可能保持Ⅱ级到站状态，其次是连带晚点降级，连带晚点升级的概率近 4%；若当前列车发生的是Ⅲ级连带晚点，其后行第二列列车也发生Ⅲ级连带晚点的概率超过 50%，其后行列车很难不被干扰。

除此之外，列车晚点传播链的二步转移概率均大于 0，则该马尔可夫链存在一个唯一的平稳分布，则表明无论列车晚点状态的初始分布如何，经过足够的到站间隔数后，该马尔可夫链各状态的分布会呈现平稳，即不同强度的连带晚点会有确定的干扰范围。

第4章 高速列车晚点程度分级理论

4.1 列车晚点静态分级模型

4.1.1 高速列车晚点分级指标

对高速列车晚点程度进行分级的实质，是量化高速列车晚点的影响范围和影响结果。对潜在的安全运行风险进行评估，需要构建一个全面、科学、合理的列车晚点分级评价指标体系，保证各指标满足广泛性、相对独立性、合理性和易于获得的原则，要求各指标既能够客观敏感地反映列车晚点的真实状态，又能够相互补充、相互配合，从各个方面刻画晚点的情况。在以往的研究中，有些学者从定性的角度来衡量晚点程度，如采用专家打分法对晚点程度进行量化，这些方法主观性较强，缺少对列车的实绩运行数据的分析；也有一些学者只选择了单一的特征变量，如晚点列车数、晚点时长等，无法实现从全面系统的角度反映晚点状况和演化规律。

结合已有的文献和武广线实绩运行情况，本节将从三个维度选取晚点程度分级的评价指标，组成晚点程度分级指标体系，如图 4-1 所示。第一个维度是晚点列车的自身状态，用列车发生首次晚点的时间来描述；第二个维度是晚点列车对

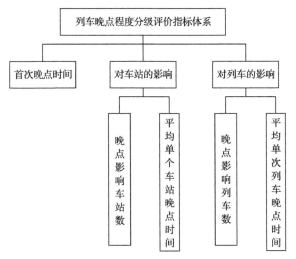

图 4-1 列车晚点程度分级评价指标体系

车站造成的影响，具体包括晚点影响车站数和平均单个车站晚点时间；第三个维度是对列车的影响，具体包括晚点影响列车数和平均单次列车晚点时间。

(1)首次晚点时间 t_1。由于受到外界干扰或者其他列车的干扰导致首次出现晚点的列车在车站的到达晚点时间。该指标在一定程度上表现了列车自身晚点情况以及干扰对列车正常运行秩序的影响，首次晚点时间越长，对后续车站、后行列车的影响就可能越大。

(2)晚点影响车站数 s_1。将列车晚点的阈值设置为 1min，计算列车到达车站的晚点时间超过阈值的车站数量总和，可以用于评估列车晚点的纵向传播。

(3)平均单个车站晚点时间 t_2。列车在各个车站晚点时间之和与晚点影响车站数的比值。该指标能够衡量晚点列车对各个车站的晚点平均影响程度，平均晚点时间越长，说明晚点事件就越严重。

(4)晚点影响列车数 s_2。列车受到外界干扰后除了引发当前列车晚点，还可能会导致后续列车发生晚点，即连带晚点列车。本章中，晚点影响列车数包括受到初始干扰的列车及后行连带晚点列车。该指标能够评估列车晚点的横向传播，数值越大，说明受影响的列车数越多，晚点波及的范围越广。

(5)平均单次列车晚点时间 t_3。晚点影响列车在车站的晚点总时间与晚点列车数的比值。平均单次列车晚点时间越长，说明晚点程度越重。

根据原始数据，计算每列车的上述五个晚点分级评价指标，示例如表 4-1 所示。

表 4-1　列车晚点分级指标计算结果示例

日期	车次	t_1 /min	s_1	t_2 /min	s_2	t_3 /min
2016/1/1	D902	2	13	2.92	4	3
2016/1/1	G1002	2	11	4	3	2.21
2016/1/10	D902	6	11	5.73	4	6.4
2016/1/31	G1008	12	13	13.92	10	6.72

由于选取的指标属性不同，各指标的单位和取值存在差异，不宜直接用于聚类算法。因此，为保证后续模型和算法的运用，需要在建模前对这些指标进行去量纲化，即尽可能消除指标间的差异，同时最大限度地保留指标的内部信息。

研究发现，标准化的去量纲方法处理后的晚点分级指标数据其特征参数分布更加集中。因此，本节选择标准化的方法对原数据进行去量纲化的处理，示例如表 4-2 所示(与表 4-1 对应)。

表 4-2 标准化方法去量纲的列车晚点分级指标示例

日期	车次	标准化结果				
		t_1	s_1	t_2	s_2	t_3
2016/1/1	D902	−0.15206	1.288124	−0.18119	0.236107	0.611879
2016/1/1	G1002	−0.15206	0.771122	−0.076017	0.026739	−0.226271
2016/1/10	D902	0.296538	0.771122	0.092459	0.236107	0.244946
2016/1/31	G1008	0.969435	1.288124	0.890042	1.49231	0.280934

4.1.2 高速列车晚点聚类分级模型

1. 聚类方法的选取

k 均值聚类算法[18]是一种简单、高效、易于操作的聚类分析方法。这种方法针对分类簇数要求较少的数据分析具有更好的效果，并在石油化工、生物医药、环境科学、交通运输等领域的研究中都得到了广泛的应用。事实上，由于行车间隔和列车运行速度等方面的差异，城市轨道交通和高速铁路在运行控制方面存在一些不同，但也在列车间隔控制、停车点防护等方面有很多相同点。因此，借鉴已有的研究成果，本节选择 k 均值聚类算法来实现高速列车晚点等级的划分。

下面对 k 均值聚类算法的原理进行阐述，其整个算法的实现过程主要分为以下五个步骤(具体流程如图 4-2 所示)。

步骤 1：输入数据集 $D = \{x_i \mid x_i = (x_{i1}, x_{i2}, x_{i3}, \cdots, x_{id}), i = 1, 2, 3, \cdots, n\}$，其中 $x_i = (x_{i1}, x_{i2}, x_{i3}, \cdots, x_{id})$ 为 d 维向量。

步骤 2：确定初始质心，在 D 中随机选择 K 个样本点作为初始质心，令为 $U = \{u_j \mid u_j = (u_{j1}, u_{j2}, u_{j3}, \cdots, u_{jd}), j = 1, 2, 3, \cdots, k\}$，其中 $u_j = (u_{j1}, u_{j2}, u_{j3}, \cdots, u_{jd})$ 也为 d 维向量。

步骤 3：确定初始划分，$C = \{C_1, C_2, C_3, \cdots, C_k\}$，其中 $C_k \neq \varnothing$。

步骤 4：计算距离并更新质心，计算样本点 x_i 与各质心 u_j 的欧几里得距离，

$d_{ij} = \sqrt{\sum_{l=1}^{d} (x_{il} - u_{jl})^2}$，将 x_i 标记为最小的 d_{ij} 所对应的类别 λ_i，同时更新簇划分，

$C_{\lambda_i} = C_{\lambda_i} \bigcup \{x_i\}$，计算新簇中的样本均值，将其作为新的质心，$u_j' = \dfrac{1}{|c_j|} \sum_{x_i \in c_j} x_i$。

步骤 5：判断迭代结束，比较 u_j 与 u_j' 是否相等，不相等则返回步骤 4，否则停止计算，得到最终的簇划分 $C' = \{C_1', C_2', C_3', \cdots, C_k'\}$。

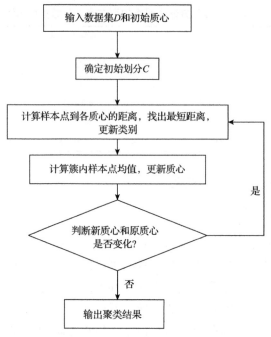

图 4-2　k 均值聚类算法流程图

2. 最佳聚类簇数的选取方法

在进行 k 均值聚类分析的时候，需要预先设定一个 k 值，k 值的选取将直接影响后续聚类的效果。因此，要对不同 k 值情况下的聚类效果进行评价和比选。聚类算法作为一种事先一般没有明确的类别标签的无监督的分类方式，为了对其效果进行科学合理的评价，常采用外部评价法、内部评价法和相对评价法，它们的基本思想如图 4-3 所示。

鉴于高速列车晚点等级划分的外部信息不可用，本节选择内部评价法（手肘法）和相对评价法（轮廓系数、卡林斯基-哈拉巴斯指数和戴维森-堡丁指数）相结合，通过分别比较在选择不同簇数的情况下聚类效果的优劣来选择相对最佳的簇数。

1）手肘法

手肘法是一种基于数据集内部特定性——误差平方和（SSE）的聚类结果评价方法，可以用于最佳簇数的选择。SSE 会随着 k 值的变化而不断变化，当 k 值小于真实的聚类簇数时，随着 k 增大，SSE 将会以较快的速度下降，直到达到最理想的聚类簇数；当 k 值超过真实的聚类簇数时，SSE 则会随着 k 值的增大而减缓下降速度并逐步趋于一个平缓值。值得注意的是，在变化的过程中存在一种极端情况，即当 $k=n$ 时，即每一个数据点分别对应一个类，此时 SSE 达到最小值，

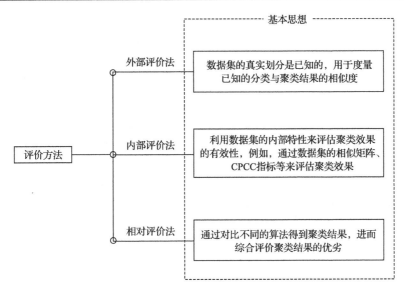

图 4-3 常用的聚类评价方法及其基本思想

但这却不是想要得到的结果。由于 SSE 和 k 的关系图类似一个手肘的形状,肘部位置即寻找的点,因此这种方法被称为手肘法。

误差平方和 SSE 的计算公式如下:

$$SSE = \sum_{i=1}^{k} \sum_{p \in C_i} \left| p - \overline{c_i} \right|^2 \tag{4-1}$$

式中, C_i 为第 i 个簇; p 为簇 C_i 中的样本点; $\overline{c_i}$ 为簇 C_i 中所有样本均值。

2)轮廓系数

轮廓系数(silhouette coefficient,SC)是通过比较簇内与簇间数据的不相似程度,实现对聚类效果优劣的评估,簇内数据不相似度越小、簇间不相似度越大的聚类算法计算出来的结果越优。SC 的计算公式表示为

$$SC(i) = \frac{b(i) - a(i)}{\max\left\{a(i), b(i)\right\}} \tag{4-2}$$

式中, $a(i)$ 代表样本 i 到簇内其他样本的平均距离; $b(i)$ 表示样本 i 到其他簇样本的平均距离。SC(i) 的取值在–1 到 1 之间,结果越靠近 1,说明簇内越紧密,聚类效果好;反之结果越靠近–1,说明聚类效果越差;结果为 0 则表示样本 i 在两个簇的边界上。

3)卡林斯基-哈拉巴斯指数

卡林斯基-哈拉巴斯指数(Calinski-Harabaz index,CHI)是通过计算簇内各点与

簇中心距离的平方和来度量簇内的紧密度，计算各簇中心与数据集中心点距离平方和来度量数据集的分离度，CHI 等于分离度与紧密度的比值。CHI 的计算公式表示为

$$\text{CHI} = \frac{\dfrac{\text{Tr}(S_B)}{K-1}}{\dfrac{\text{Tr}(S_W)}{n-K}} \tag{4-3}$$

式中，n 表示聚类的簇数；K 表示当前簇；$\text{Tr}(S_W)$ 表示簇内离差矩阵的迹；$\text{Tr}(S_B)$ 表示簇间列差矩阵离差矩阵的迹。

$\text{Tr}(S_W)$ 的计算公式如下：

$$\text{Tr}(S_W) = \sum_{i=1}^{K}\sum_{j=1}^{n} d\left(x_j, v_i\right) \tag{4-4}$$

$\text{Tr}(S_B)$ 的计算公式如下：

$$\text{Tr}(S_B) = \sum_{i=1}^{K} d\left(v_i, \overline{v}\right) \tag{4-5}$$

式中，v_i 表示各簇中心；$\overline{v}$ 表示数据集中心点。计算得到的 CHI 数值越大，说明聚类效果越好。

4) 戴维森-堡丁指数

戴维森-堡丁指数（Davies-Bouldin index，DBI）是反映类间平均相似性的指标，计算得到的值越小，表明聚类效果越好，最小值可为 0。计算公式如下：

$$\text{DBI}(k) = \frac{1}{k} \sum_{i,j=1, i\neq j}^{k} \max \frac{s_i + s_j}{d_{ij}} \tag{4-6}$$

式中，s_i 表示类 i 中所有样本到该类中心的平均距离；d_{ij} 表示类 i 与类 j 中心的距离。

3. 高速列车晚点静态分级结果

1) 最佳聚类簇数的选择结果

基于式(4-1)，绘制出如图 4-4 所示的手肘图。结果显示，运用手肘法，获得的最佳聚类簇数 k 的取值可能为 4、5、6。

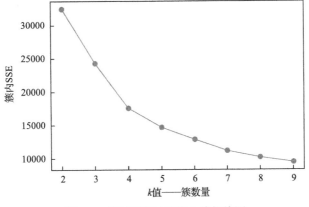

图 4-4　基于手肘法确定 k 值折线图

基于式(4-2)～式(4-6)，分别选择相对评价法中的 SC、CHI 和 DBI 进行判定，可以得到不同 k 值对应的系数表，如表 4-3 所示。

表 4-3　相对评价法对高速列车晚点数据的最佳聚类簇数的判定

聚类簇数	评价指数		
	SC	CHI	DBI
2	**0.707847763**＊	3810.508942	1.019492622
3	0.419464943	4959.326302	0.943673844
4	0.434634291	**5101.495331**＊	**0.909366194**＊
5	0.430475804	4659.237552	0.935165392
6	0.304924419	4443.94057	0.968025353
7	0.287533239	4406.690929	1.108612448
8	0.289216731	4262.153808	1.122639372
9	0.292571602	4159.381886	1.088962762
10	0.297905557	4006.005665	1.114953346
最佳聚类簇数	2 和 4	4	4

注：＊表示相应的指标中最优异的指标。

由表 4-3 可以看出，运用轮廓系数指标评价时 $k=2$ 最佳，其他两种评价指标都是 $k=4$ 最佳。虽然 $k=2$ 时平均轮廓系数最大，但根据图 4-4 可知，此时 SSE 过大，因此 $k=2$ 并不适合作为最佳聚类簇数。

综合以上论述，列车晚点的最佳聚类簇数确定为四簇，即拟将高速列车晚点程度划分为 A、B、C、D 共四个等级。

2)基于 k 均值算法的高速列车晚点聚类分级结果

当 $k=4$ 时，基于 k 均值聚类算法，就计算获得的去量纲化的列车首次晚点时间、晚点影响车站数、平均单个车站晚点时间、晚点影响列车数和平均单次列车晚点时间这五个晚点分级指标数据（表 4-2）。对 2016 年 1～3 月武广线上运行的全部高速列车晚点数据进行聚类，样本总量为 10265。根据聚类结果，获得高速列车晚点的聚类结果 A、B、C、D，其组成结构如图 4-5 所示，并计算得到各类的聚类中心及其之间的距离，如表 4-4、表 4-5 所示。

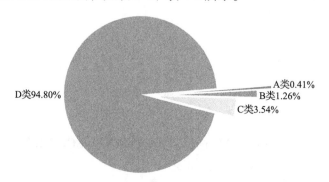

图 4-5　高速列车晚点分类情况

表 4-4　各列车晚点分类的聚类中心

指标	A 类	B 类	C 类	D 类
t_1	11.922705	1.829248	0.231335	−0.122764
s_1	0.623407	1.050987	−0.006386	−0.041811
t_2	10.521271	2.936512	0.535621	−0.162053
s_2	1.975849	3.246265	2.235645	−0.159262
t_3	3.909906	5.805223	2.156852	−0.174291

表 4-5　各列车晚点分类的聚类中心之间的距离

聚类	A 类	B 类	C 类	D 类
A 类	—	12.817	15.507	16.760
B 类	12.817	—	4.875	5.625
C 类	15.507	4.875	—	6.489
D 类	16.760	5.625	6.489	—

3）高速列车晚点聚类分级结果的可视化

经过对列车晚点分级指标的科学选择，已经得到了五个指标，并经过聚类分析获得了较为合理的列车晚点分级结果，从计算机运行和数据挖掘的角度而言，不必再做进一步处理。结合高速列车运行智慧化、数据化的发展方向，为方便相关工作人员明确列车晚点等级，有必要进一步对列车晚点聚类结果进行可视化展示。

对表 4-4 进行分析可以发现，在本节所选取的五个列车晚点分级指标中，列车首次晚点时间 (t_1)、平均单个车站晚点时间 (t_2) 和平均单次列车晚点时间 (t_3) 是对列车晚点分级的影响程度由大到小的最主要的三个评价指标。这种数据分析结果是符合高速铁路调度的实际工作要求的：在铁路行车调度工作中，列车首次晚点时间是衡量该列车晚点程度的最直观的指标，首次晚点时间越长，则说明列车晚点越严重；其次是列车晚点对沿线车站的影响程度，行车调度工作必须以全线的安全稳定运行为重点目标；最后是列车晚点对后行列车的影响程度，需要尽可能地保障高速铁路客运的服务质量。因此，本节以 4.1.1 节中计算获得的这三个主要指标 (表 4-1) 组成三个维度，来实现对列车晚点聚类结果的可视化。

在很多领域的实际工作中，需要进行风险等级的划分。例如，在气象学中，依据气象灾害可能造成的危害程度、紧急程度和发展态势，将气象预警信号的级别分为风险很高、风险高、风险较高和风险低四级，另根据《国家突发公共事件总体应急预案》的要求，将事故响应等级分为特别重大事故、重大事故、较大事故和一般事故四类。一般情况下，根据事故的由重至轻，分别用红色、橙色、黄色和蓝色来表示。

在本节中，为了确保行车调度人员的准确判断，从列车首次晚点时间、平均单个车站晚点时间和平均单次列车晚点时间三个维度出发，也采用红色 (极高风险)、橙色 (高风险)、黄色 (中风险) 和蓝色 (低风险) 对列车晚点的聚类分析结果进行可视化展示，如图 4-6 所示。

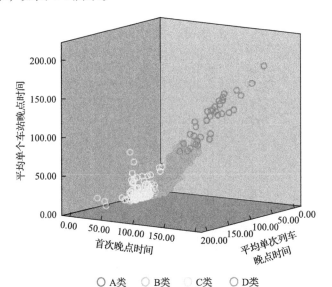

○ A类　　○ B类　　○ C类　　○ D类

图 4-6　列车晚点 k 均值聚类分析的可视化展示

由图 4-6 可知，各类晚点列车在三个维度上的分布存在明显的差异，例如 A 类晚点列车与 B、C、D 类晚点列车在平均单个车站晚点时间上差异显著。由于在三维绘图的过程中，数据点在空间内相互叠加，出现了上层数据覆盖下层数据的情况，导致可视化结果的不清晰，易对行车调度人员对列车晚点情况做出判断造成障碍。因此，有必要分别将四类晚点列车数据拆离，获得更加直观的可视化展示结果，如图 4-7 所示。另外，对四类晚点列车的首次晚点时间、平均单个车站晚点时间和平均单次列车晚点时间的情况在二维空间进行展示，如图 4-8 所示。

4. 高速列车晚点静态分级结果分析与分级规则

1)高速列车晚点静态分级结果分析

结合图 4-5～图 4-8 可以发现，四类晚点列车具有如下特点。

A 类列车：首次晚点时间、平均单个车站晚点时间最长，这表明受 A 类列车的晚点对沿线各车站和后行其他列车的影响最大，通常为初始晚点列车。在行车调度工作中，有必要将出现 A 类列车晚点的状况视为极高风险，这类列车极易对沿线各站的运输组织造成严重干扰。

B 类列车：平均单个车站晚点时间短于 A 类列车，但其平均单次列车晚点时间最长，这表明利用沿线各车站现有的运输组织能力，可以疏解 B 类列车的晚点，但仍会对后行列车造成较大影响。在行车调度工作中，应当将 B 类列车晚点状况的发生视为高风险。

C 类列车：平均单个车站晚点时间和平均单次列车晚点时间较短，但其首次晚点时间普遍长于 D 类列车，这表明 C 类列车晚点的原因主要是受 A、B 两类列车影响。在行车调度工作中，应当将 C 类列车晚点状况的发生视为中风险。

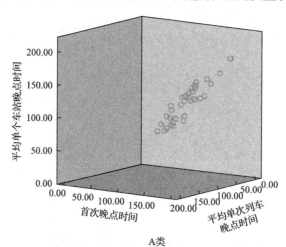

A类

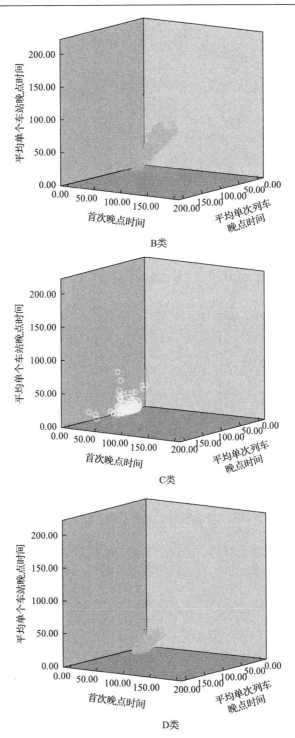

图 4-7 四类列车晚点 k 均值聚类分析可视化展示

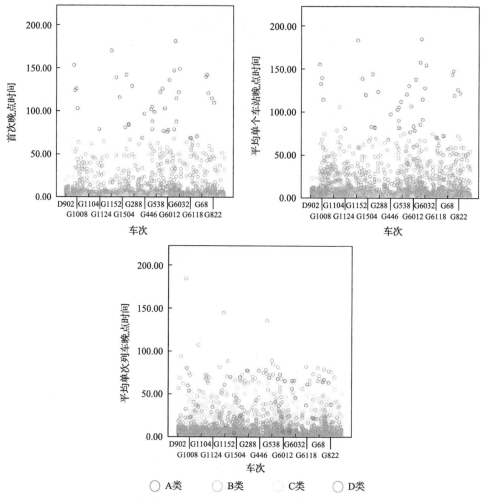

图 4-8　不同分级指标的列车晚点 k 均值聚类分析可视化展示

D 类列车：首次晚点时间、平均单个车站晚点时间和平均单次列车晚点时间均为最短，这表明 D 类列车的晚点程度很低。在行车调度工作中，可以将 D 类列车视为低风险。

总的来说，在本节选取的数据集中，低风险、中风险、高风险和极高风险的晚点列车数分别为 9731 列、363 列、129 列和 42 列。值得关注的是，晚点等级为高风险的列车数可能多于中风险的列车数，需要采取更加有效的行车组织模式来降低列车晚点对车站和后行列车的影响。

2) 高速列车晚点静态分级规则

根据列车晚点数据的聚类结果，可以有针对性地制定高速列车晚点分级规则。对于铁路行车调度工作而言，在制定列车晚点分级规则时，不仅需要考虑数据聚类结果对晚点列车的分类，还需要考虑实际工作情况，使不同等级的晚点既要有明确的分隔，又不显得特别突兀。

根据以上研究，已经发现了影响列车晚点分级的三个主要指标。针对不同类别的晚点列车，就首次晚点时间(t_1)、平均单个车站晚点时间(t_2)和平均单次列车晚点时间(t_3)进行描述性统计分析，结果如表 4-6 所示。

表 4-6　各类晚点列车的三个主要分级指标的描述性统计结果

晚点分类	指标	极小值	极大值	均值	标准差	方差	峰度	偏度
A 类	t_1	1	181	93.40	39.19	1536.17	0.018	−0.132
	t_2	67.18	184.18	102.70	31.98	1022.90	−0.421	0.729
	t_3	5.07	79.99	44.18	21.19	449.22	−0.986	−0.158
B 类	t_1	1	65	17.93	18.54	343.68	0.832	0.732
	t_2	1	66.29	28.21	19.06	363.10	1.151	1.116
	t_3	2.13	184.18	36.20	22.35	499.33	1.545	1.740
C 类	t_1	1	19	6.87	4.05	16.42	0.807	0.868
	t_2	1	33.92	11.33	6.68	44.62	1.976	1.231
	t_3	1	81	10.98	8.75	76.64	2.578	2.257
D 类	t_1	1	5	1.92	1.03	1.07	0.750	1.119
	t_2	1	10.77	2.70	1.51	2.29	2.761	1.436
	t_3	1	20.88	3.35	2.30	5.28	3.464	2.991

对表 4-6 进行综合分析，分别对比各类晚点列车的分级指标，可以发现：①A 类晚点列车的极大值和均值最大，B 类次之，C 类再次，D 类最小；②A 类晚点列车的标准差和方差最大，这表明 A 类晚点列车的各分级指标数据的分布具有跨度较大且相对离散的特点；③A、B、C、D 类晚点列车的各分级指标的峰度和偏度呈整体递增趋势，其中，A 类晚点列车的分级指标数据存在负峰度和负偏度，这再次印证了 A 类晚点列车的指标数据拒绝正态分布，而呈扁平化，D 类晚点列车甚至存在峰度和偏度大于 3 的分级指标，这表明 D 类晚点列车的晚点程度较轻。

从以上描述性统计结果中基本可以推断出，A、B、C、D 类晚点列车的晚点程度依次减轻，可以对应地设定晚点等级：Ⅰ级(极高风险)、Ⅱ级(高风险)、Ⅲ级(中风险)、Ⅳ级(低风险)。

进一步结合晚点列车的实绩运行数据和聚类分析可视化展示结果，制定合理的列车晚点分级规则：

(1) 从列车首次晚点时间 (t_1) 来看，$t_1 \geqslant 70$ 的晚点列车可被划分为 I 级晚点列车，$20 \leqslant t_1 < 70$ 的晚点列车可被划分为 II 级晚点列车，$6 \leqslant t_1 < 20$ 的晚点列车可被划分为 III 级晚点列车，$0 < t_1 < 6$ 的晚点列车可被划分为 IV 级晚点列车。

(2) 从平均单个车站晚点时间 (t_2) 来看，$t_2 \geqslant 67$ 的列车可被划分为 I 级晚点列车，$35 \leqslant t_2 < 67$ 的列车可被划分为 II 级晚点列车，$11 \leqslant t_2 < 35$ 的列车可被划分为 III 级晚点列车，$0 < t_2 < 11$ 的列车可被划分为 IV 级晚点列车。

(3) 从平均单次列车晚点时间 (t_3) 来看，$t_3 \geqslant 25$ 的列车可被划分为 II 级晚点列车，$20 \leqslant t_3 < 25$ 的列车可被划分为 III 级晚点列车，$0 < t_3 < 20$ 的列车可被划分为 IV 级晚点列车。

将以上划分规则进行整理，如表 4-7 所示，可以为铁路行车调度工作中处理晚点列车提供一定的参考。

表 4-7 列车晚点分级规则的划分

列车晚点等级	风险程度	分级规则
I 级	极高风险	$t_1 \geqslant 70$ 或 $t_2 \geqslant 67$
II 级	高风险	$20 \leqslant t_1 < 70$ 或 $35 \leqslant t_2 < 67$ 或 $t_3 \geqslant 25$
III 级	中风险	$6 \leqslant t_1 < 20$ 或 $11 \leqslant t_2 < 35$ 或 $20 \leqslant t_3 < 25$
IV 级	低风险	$0 < t_1 < 6$ 或 $0 < t_2 < 11$ 或 $0 < t_3 < 20$

根据该列车晚点静态分级的规则，对全部列车的晚点等级进行划分，结果示例如表 4-8 所示。

表 4-8 高速列车晚点静态分级结果示例

车次	列车首次晚点时间 (t_1)	平均单个车站晚点时间 (t_2)	平均单次列车晚点时间 (t_3)	列车晚点等级
D902	2	3	12	IV 级
D902	3	4	8	IV 级
D902	4	4	9	IV 级
D902	4	4	10	IV 级
D902	3	3	7	IV 级
D902	4	4	8	IV 级
D902	6	6	7	III 级
D902	6	6	7	III 级
D902	11	11	7	III 级
D902	5	5	7	IV 级

续表

车次	列车首次晚点时间（t_1）	平均单个车站晚点时间（t_2）	平均单次列车晚点时间（t_3）	列车晚点等级
D902	5	5	7	IV级
D902	7	7	7	IV级
D902	11	11	6	III级
D902	6	6	7	III级
D902	22	22	8	II级
D902	7	7	8	III级
D902	3	3	8	IV级
D902	4	4	9	IV级
D902	6	6	9	IV级
D902	4	4	9	IV级
D902	4	4	8	IV级
D902	6	6	9	IV级
D902	3	3	9	IV级
D902	4	4	8	IV级
D902	4	4	8	IV级

4.2 列车晚点动态分级模型

4.2.1 高速列车晚点动态分析的马尔可夫模型

为了明确列车在运行过程中的晚点等级的变化情况，以及车站在不同时段内晚点响应的变化情况，本节对按站序的列车晚点等级和按时序的车站晚点响应进行动态分析。基于马尔可夫链建立的高速列车晚点动态分析模型如下。

1. 马尔可夫链的状态集

设 $\{X(t), t \in T\}$ 为一随机的马尔可夫过程，在模型中分别对应晚点列车运行过程和车站晚点响应调整的过程；设 E 为状态集，在模型中分别对应按站序的列车晚点等级的传播链的状态集和按时序的车站晚点响应的传播链的状态集。

对于 $\forall n \in N^*$，$t_1 < t_2 < \cdots < t_n < t \in T$，$i_1 < i_2 < \cdots < i_n < i \in E$，$X(t)$ 的条件概率分布满足式 (4-7)：

$$P\{X(t) = i | X(t_n) = i_n, X(t_{n-1}) = i_{n-1}, \cdots, X(t_1) = i_1\}$$
$$=P\{X(t) = i | X(t_n) = i_n\}$$

(4-7)

在式(4-7)中，$t_1, t_2, \cdots, t_{n-1}$ 表示为"过去"状态，t_n 表示为"现在"状态，t 表示为"未来"状态。通过上述的过程可以发现，在时刻 $t_1, t_2, \cdots, t_n$ 及其所处状态 $\{X(t_1), X(t_2), \cdots, X(t_n)\}$ 已知的条件下，下一过程 $X(t)$ 的状态只与前一过程 $X(t_n)$ 的状态有关，而与 $t_1, t_2, \cdots, t_{n-1}$ 无关。

根据状态集的特点，可将马尔可夫链区分为多种不同的类型。例如，若状态集为可列集，如 $\{1, 2, 3, \cdots, 100\}$，则称之为可列状态的马尔可夫链；若状态集为有限集，则称之为有限状态的马尔可夫链。

在各种类型的马尔可夫链中，存在一种比较特殊的类型，它在马尔可夫链 $\{X(n), \ n = 0, 1, 2, \cdots\}$ 的基础上，除去了时刻的影响，其下一状态仅与目前的状态相关，因此称之为齐次马尔可夫链，如式(4-8)所示：

$$P(X(k+1) = j | X(k) = i) = p_{ij}$$

(4-8)

在式(4-8)中，$\forall k \in T$，p_{ij} 表示从 i 状态转移到 j 状态的转移概率。

2. 马尔可夫状态转移概率

计算各状态转移概率，是运用马尔可夫链建模解决实际问题的重要前提，它表示马尔可夫链从当前某个状态转移到另一状态的概率。设一个状态集为 $E = \{i, j, \cdots\}$ 的马尔可夫链 $\{X(m), m = 0, 1, 2, \cdots\}$，计算条件概率：

$$p_{ij}^{(1)}(k) = p\{X(k+1) = j | X(k) = i\}$$

(4-9)

$$p_{ij}^{(n)}(k) = p\{X(k+n) = j | X(k) = i\}$$

(4-10)

式(4-9)表示马尔可夫链在 k 时刻处于 i 状态，经过一步转移到 j 状态的一步转移概率，在模型中分别对应从晚点列车从某一车站直接到达另一车站时，由某种晚点等级转换为另一种晚点等级的过程和在受到晚点列车影响的情况下，车站从某一时段直接到另一时段时，由某种晚点响应调整为另一种晚点响应的过程。

同理，式(4-10)表示马尔可夫链在 k 时刻处于 i 状态，经过 n 步转移到 j 状态的 n 步转移概率，在模型中分别对应晚点列车从某一车站经过 n 个车站到达另一车站的时间，由某一晚点等级转换为另一晚点等级的过程及在受到晚点列车影响的情况下车站从某一时段经过 n 个时段到另一时段时，由某种晚点响应调整为另一种晚点响应的过程。

从条件概率的公式可以看出，n 步转移概率 $p_{ij}^{(n)}(t)$ 除了与 i, j 状态有关外，还与时刻起点 k 有关。状态转移概率具有如下的性质：

$$p_{ij}^{(n)} \geq 0, \quad \forall i, j \in E \tag{4-11}$$

$$\sum_{j \in E} p_{ij}^{(n)} = 1, \quad \forall i \in E \tag{4-12}$$

由 n 步转移概率构成的矩阵为 n 步转移概率矩阵。其中马尔可夫链的一步转移矩阵可表示为

$$p^{(1)}(k) = \begin{bmatrix} p_{11}^{(1)}(k) & p_{12}^{(1)}(k) & \cdots & p_{1j}^{(1)}(k) & \cdots \\ p_{21}^{(1)}(k) & p_{22}^{(1)}(k) & \cdots & p_{2j}^{(1)}(k) & \cdots \\ \vdots & \vdots & & \vdots & \\ p_{i1}^{(1)}(k) & p_{i2}^{(1)}(k) & \cdots & p_{ij}^{(1)}(k) & \cdots \\ \vdots & \vdots & \vdots & \vdots & \end{bmatrix}, \quad E = \{i, j, \cdots\} \tag{4-13}$$

值得注意的是，当该马尔可夫链为齐次马尔可夫链时，有 $p^{(1)}(k) = p^{(1)} = p$，因此齐次马尔可夫链的一步转移矩阵可表示为

$$p = \begin{bmatrix} p_{11} & p_{12} & \cdots & p_{1j} & \cdots \\ p_{21} & p_{22} & \cdots & p_{2j} & \cdots \\ \vdots & \vdots & & \vdots & \\ p_{i1} & p_{i2} & \cdots & p_{ij} & \\ \vdots & \vdots & \vdots & \vdots & \end{bmatrix}, \quad E = \{i, j, \cdots\} \tag{4-14}$$

英国数学家 Chapman 和苏联数学家 Kolmogorov 提出了著名的 C-K 方程，证明了齐次马尔可夫链的 n 步转移矩阵 $p^{(n)}$ 是一步转移矩阵的 n 次方。因此，本节模型中的 n 步转移矩阵 $p^{(n)}$ 可以用式 (4-15) 来进行计算。

$$p^{(n)} = p^n \tag{4-15}$$

3. 马尔可夫初始分布

初始分布是马尔可夫链在初始时刻 t_0 处于某状态的概率。设一个有限状态集

为 E 的马尔可夫链 $\{X(m)=0,1,2,\cdots\}$，$\{p_i(0),i\in E\}$ 为该马尔可夫链的初始概率，表示为

$$p_i(0)=p\{X(0)=i\}, \quad i\in E \tag{4-16}$$

对于 $\forall i\in E$，均满足

$$p_i(0)\geqslant 0, \quad \sum_{i\in E}p_i(0)=1 \tag{4-17}$$

经过 n 步转移后，t_n 时刻马尔可夫链的状态分布 $p_i(n)$，可按如下公式计算：

$$p_i(n)=p_i(0)p^{(n)} \tag{4-18}$$

且对 $\forall i\in E$，均有

$$p_i(0)\geqslant 0, \quad \sum_{i\in E}p_i(n)=1 \tag{4-19}$$

式 (4-18) 中，$p^{(n)}$ 为马尔可夫链的 n 步概率转移矩阵。

4.2.2 按站序的列车晚点等级动态分析

1. 列车晚点等级的状态集的确定

在上文中，已经明确了高速列车晚点静态分级的规则，并按照列车晚点的风险程度，将列车晚点等级划分为Ⅰ级、Ⅱ级、Ⅲ级和Ⅳ级。因此，本节将马尔可夫链的状态集人为地划分为 R_1、R_2、R_3、R_4 四种列车晚点状态，分别对应Ⅰ级、Ⅱ级、Ⅲ级和Ⅳ级四种晚点等级，即按站序的列车晚点等级的传播链的状态集 $R=\{R_1,R_2,R_3,R_4\}$。

本节以列车在某一车站的实际到达晚点时间记为该列车对这一车站的首次晚点时间 (t_1)，以从某一车站到达的晚点列车对其后续车站造成的平均晚点时间记为该列车在这一车站影响的平均单个车站晚点时间 (t_2)，以某一车站到达的晚点列车对其后行列车造成的平均晚点时间记为该列车在这一车站影响的平均单次列车晚点时间 (t_3)，根据上一节中制定的高速列车晚点分级规则，划分各列车在某一车站的晚点状态。

本节应用 2016 年 1～3 月广州北站至英德西站区间内运行的晚点列车的实绩数据，通过计算列车晚点等级的状态转移概率来明确列车晚点等级的变化情况，既达到了验证模型可靠性的目的，又避免了无意义的重复计算。根据列车晚点分级规则，确定列车晚点状态，示例如表 4-9 所示。

表 4-9 列车晚点状态数据示例

日期	车次	出发车站	列车晚点等级	列车晚点状态
2016/1/1	D902	广州北	IV级	R_4
2016/1/1	D902	清远	IV级	R_4
2016/1/1	D902	英德西	IV级	R_4
2016/1/2	D902	广州北	IV级	R_4
2016/1/2	D902	清远	IV级	R_4
2016/1/2	D902	英德西	IV级	R_4

2. 列车晚点等级的状态转移概率计算

在计算转移概率矩阵之前，需要统计各晚点分级状态之间转换的频数，并获得 $n \times n$ 的频数矩阵 f，其中 n 为马尔可夫链离散状态集的大小，由式(4-20)可进一步求解得到相应的转移频率矩阵。

$$p_{ij} = \frac{f_{ij}}{\sum_{j=0}^{n} f_{ij}}, \quad i, j = 0, 1, 2, \cdots, n \tag{4-20}$$

1) 基于 2016 年 1～3 月列车运行实绩数据的研究

首先，基于 2016 年 1～3 月的列车运行实绩数据(样本量为 8146 条)，从整体上对列车晚点等级的状态转移概率进行计算。在表 4-10 中，分别统计了列车在广州北—清远、广州北—英德西站间的运行过程中的晚点等级状态之间的转换频数。显然，在这两个区间内，列车晚点等级状态之间转换的频数不一致。

表 4-10 各车站间列车晚点等级状态转换频数

状态转换	频数(广州北—清远)	频数(清远—英德西)	频数(广州北—英德西)
R_1 - R_1	42	44	42
R_1 - R_2	0	0	0
R_1 - R_3	0	0	0
R_1 - R_4	0	0	0
R_2 - R_1	2	5	7
R_2 - R_2	256	339	249
R_2 - R_3	53	5	50
R_2 - R_4	114	2	119
R_3 - R_1	0	0	0

状态转换	频数(广州北—清远)	频数(清远—英德西)	频数(广州北—英德西)
$R_3 - R_2$	55	20	68
$R_3 - R_3$	440	949	420
$R_3 - R_4$	88	327	95
$R_4 - R_1$	0	0	0
$R_4 - R_2$	40	2	44
$R_4 - R_3$	803	53	537
$R_4 - R_4$	6253	6400	6515

根据表 4-10 中的统计结果，可以获得广州北—清远站间列车晚点等级状态的 4×4 频数转换矩阵 $f(1)$，其中，矩阵的行向量表示从某一状态出发到其他状态 (包括自身)的频数，由式(4-9)可进一步得到对应的一步转移概率矩阵 $p^{(1)}(1)$：

$$f(1) = \begin{bmatrix} 42 & 0 & 0 & 0 \\ 2 & 256 & 53 & 114 \\ 0 & 55 & 440 & 88 \\ 0 & 40 & 803 & 6253 \end{bmatrix}$$

$$p^{(1)}(1) = \begin{bmatrix} 1.000 & 0.000 & 0.000 & 0.000 \\ 0.005 & 0.602 & 0.125 & 0.268 \\ 0.000 & 0.094 & 0.755 & 0.151 \\ 0.000 & 0.006 & 0.113 & 0.881 \end{bmatrix}, \quad R = \{R_1, R_2, R_3, R_4\}$$

同理可以获得清远—英德西站列车晚点等级状态的 4×4 频数转换矩阵 $f(2)$、广州北—英德西站 $f'(1)$ 和对应的一步转移概率矩阵 $p^{(1)}(2)$、$p'^{(1)}(1)$：

$$f(2) = \begin{bmatrix} 44 & 0 & 0 & 0 \\ 5 & 339 & 5 & 2 \\ 0 & 20 & 949 & 327 \\ 0 & 2 & 53 & 6400 \end{bmatrix}$$

$$p^{(1)}(2) = \begin{bmatrix} 1.000 & 0.000 & 0.000 & 0.000 \\ 0.014 & 0.966 & 0.014 & 0.006 \\ 0.000 & 0.015 & 0.723 & 0.252 \\ 0.000 & 0.001 & 0.008 & 0.991 \end{bmatrix}, \quad R = \{R_1, R_2, R_3, R_4\}$$

$$f'(1) = \begin{bmatrix} 42 & 0 & 0 & 0 \\ 7 & 249 & 50 & 119 \\ 0 & 68 & 420 & 95 \\ 0 & 44 & 537 & 6515 \end{bmatrix}$$

$$p'^{(1)}(1) = \begin{bmatrix} 1.000 & 0.000 & 0.000 & 0.000 \\ 0.016 & 0.586 & 0.118 & 0.280 \\ 0.000 & 0.117 & 0.720 & 0.163 \\ 0.000 & 0.006 & 0.076 & 0.918 \end{bmatrix}, \quad R = \{R_1, R_2, R_3, R_4\}$$

同理，也可计算其他任意两车站之间的一步转移概率矩阵。

一步转移概率矩阵 $p^{(1)}$ 表示列车在车站 1 处于某一晚点状态，再经一站的间隔运行到达车站 2 后转移到某一晚点状态的概率。例如，在 $p^{(1)}(1)$ 中的第 2 行第 4 列，代表列车从广州北站到清远站运行，晚点状态由 R_2 转为 R_4 的概率为 26.8%。

通过平均绝对误差的值（式(4-21)）来衡量以上三个一步转移概率矩阵 $p^{(1)}(1)$、$p^{(1)}(2)$ 和 $p'^{(1)}(1)$ 的状态转移的概率之间的差距。计算得到 $\mathrm{MAE}_p = 0.18$，说明列车在不同车站间的晚点状态转移的概率相差不大。

$$\mathrm{MAE} = \frac{1}{16} \sum \max \left(\left| p_{ij}^{(1)}(1) - p_{ij}^{(1)}(2) \right| + \left| p_{ij}^{(1)}(2) - p_{ij}'^{(1)}(1) \right| + \left| p_{ij}^{(1)}(1) - p_{ij}'^{(1)}(1) \right| \right) \quad (4\text{-}21)$$

因此，可以将按站序的列车晚点等级的传播链视为齐次马尔可夫链，进一步运用式(4-15)来计算二步转移概率矩阵，即列车在车站 1 处于某一晚点状态，再经两站的间隔运行到达车站 3 后转移到某一晚点状态的概率。计算得到广州北—英德西站的二步转移概率矩阵：

$$p^{(2)}(1) = \left[p^{(1)}(1) \right]^2 = \begin{bmatrix} 1.000 & 0.000 & 0.000 & 0.000 \\ 0.007 & 0.376 & 0.200 & 0.417 \\ 0.000 & 0.129 & 0.598 & 0.273 \\ 0.000 & 0.019 & 0.186 & 0.795 \end{bmatrix}, \quad R = \{R_1, R_2, R_3, R_4\}$$

同理，可以继续计算三步转移概率矩阵：

$$p^{(3)}(1) = \left[p^{(1)}(1) \right]^3 = \begin{bmatrix} 1.000 & 0.000 & 0.000 & 0.000 \\ 0.009 & 0.248 & 0.245 & 0.499 \\ 0.000 & 0.136 & 0.498 & 0.366 \\ 0.000 & 0.033 & 0.233 & 0.734 \end{bmatrix}, \quad R = \{R_1, R_2, R_3, R_4\}$$

2) 基于 2016 年春运期间列车运行实绩数据的研究

根据我国特殊的国情，受到求学、务工等人员返乡潮的影响，在以春节为中心的前后 40 天内，会出现全国范围内的大规模人口流动，即每年的春运期。在这一时期，全国客运量激增，突发事件发生的概率较平时大大增加，这对高速铁路的列车安全正点运行和晚点列车调整恢复带来了更大的压力。因此，本节特别针对 2016 年春运期间（1 月 24 日～3 月 3 日）的列车运行实绩数据（样本量为 3433 条），对列车晚点等级的状态转移概率进行计算，寻找与整体上的列车晚点等级的动态变化情况的差异。

统计春运期间列车在广州北—清远站的运行过程中的晚点等级状态之间的转换频数，如表 4-11 所示。

表 4-11　春运期间在广州北—清远站间列车晚点等级状态转换频数

状态转换	频数（广州北—清远）
$R_1 - R_1$	23
$R_1 - R_2$	0
$R_1 - R_3$	0
$R_1 - R_4$	0
$R_2 - R_1$	0
$R_2 - R_2$	63
$R_2 - R_3$	16
$R_2 - R_4$	42
$R_3 - R_1$	0
$R_3 - R_2$	22
$R_3 - R_3$	209
$R_3 - R_4$	37
$R_4 - R_1$	0
$R_4 - R_2$	15
$R_4 - R_3$	378
$R_4 - R_4$	2628

从表 4-11 中可以获得春运期间广州北—清远站列车晚点等级状态的 4×4 频数转换矩阵 $f_s(1)$，并根据式（4-9）得到对应的一步转移概率矩阵 $p_s^{(1)}(1)$。上述基于 2016 年 1～3 月列车运行实绩数据的研究发现，按站序的列车晚点等级的传播链可以被视为一个马尔可夫链，且上述研究的时间范围包括了春运期间的数据，因此可以将春运期间按站序的列车晚点等级的传播链也视为齐次马尔可夫链，进一步运用式（4-15）来计算二步、三步转移概率矩阵：

$$f_s(1) = \begin{bmatrix} 23 & 0 & 0 & 0 \\ 0 & 63 & 16 & 42 \\ 0 & 22 & 209 & 37 \\ 0 & 15 & 378 & 2628 \end{bmatrix}$$

$$p_s^{(1)}(1) = \begin{bmatrix} 1.000 & 0.000 & 0.000 & 0.000 \\ 0.000 & 0.521 & 0.132 & 0.347 \\ 0.000 & 0.082 & 0.780 & 0.138 \\ 0.000 & 0.005 & 0.125 & 0.870 \end{bmatrix}, \quad R = \{R_1, R_2, R_3, R_4\}$$

$$p_s^{(2)}(1) = \begin{bmatrix} 1.000 & 0.000 & 0.000 & 0.000 \\ 0.000 & 0.284 & 0.215 & 0.501 \\ 0.000 & 0.107 & 0.637 & 0.256 \\ 0.000 & 0.017 & 0.207 & 0.776 \end{bmatrix}, \quad R = \{R_1, R_2, R_3, R_4\}$$

$$p_s^{(3)}(1) = \begin{bmatrix} 1.000 & 0.000 & 0.000 & 0.000 \\ 0.000 & 0.168 & 0.268 & 0.564 \\ 0.000 & 0.109 & 0.543 & 0.348 \\ 0.000 & 0.030 & 0.261 & 0.709 \end{bmatrix}, \quad R = \{R_1, R_2, R_3, R_4\}$$

3. 列车晚点等级的状态转移概率分析

本小节对转移概率的研究范围为 2016 年 1～3 月武广高铁广州北—英德西站的晚点列车的运行实绩数据，分析结果仅代表研究范围内的行车调度工作结果，但可以为全国高速列车晚点的动态变化提供理论参考。

(1)从整体上研究转移概率矩阵 $p^{(1)}(1)$、$p^{(2)}(1)$ 和 $p^{(3)}(1)$。从广州北站出发的 I 级晚点列车经过三个站间区间的运行调整，晚点等级仍难以降低，这说明 I 级晚点列车的晚点程度非常严重，需要采用更加强有力的手段进行调整；II 级晚点列车经过三个站间区间的运行调整，转为 III 级和 IV 级晚点列车的概率分别从 12.5%和 26.8%提高到了 24.5%和 49.9%，但也不能忽视 II 级晚点列车仍有低于 0.1%的概率转为 I 级晚点列车；III 级晚点列车经过三个站间区间的运行调整，转为 IV 级晚点列车的概率也有较大提高，从 15.1%提高到了 36.6%，但由于行车调度人员对 III 级晚点列车调整的重视程度不够高等原因，使 III 级晚点列车转为 II 级的概率提高了 4.2 个百分点；IV 级晚点列车经过三个站间区间的运行，仍有超过 70%的概率保持 IV 级晚点。

(2)就广州北—清远站和清远—英德西站的一步转移概率矩阵 $p^{(1)}(1)$、$p^{(1)}(2)$

进行对比。在这两个站间区间内，Ⅰ级晚点列车都没有得到很好的疏解；对于从广州北站出发的Ⅱ级晚点列车，在到达清远站后，晚点等级降低的概率为 39.3%，而从清远站出发的Ⅱ级晚点列车，到达英德西站后，晚点降低概率仅为 2%，这表明清远站至英德西站之间的区间通过能力可能低于广州北站至清远站之间的区间通过能力；在这两个站间区间内，Ⅲ、Ⅳ级晚点列车都得到了很好的疏解，晚点等级降低的概率都有提高。

(3) 从整体上研究转移概率矩阵 $p_s^{(1)}(1)$、$p_s^{(2)}(1)$ 和 $p_s^{(3)}(1)$。春运期间，经过三个站间的区间运行，Ⅰ级晚点列车的晚点等级仍无法降低，Ⅱ、Ⅲ、Ⅳ级晚点列车的晚点等级降低的概率在按站序运行的过程中均有所提高。例如，广州北站出发的Ⅱ级晚点列车经过站间的运行调整，到清远站、英德西站和韶关站的晚点等级降低至Ⅳ级的概率逐站变化为 34.7%、50.1% 和 56.4%。同时，也应当注意，随着列车的运行，列车晚点等级降低的概率的增量在不断减少，这表明，列车在运行过程中，晚点等级降低的概率存在一个上限。

(4) 对比分析 1～3 月整体的三步转移概率矩阵和春运期间的三步转移概率矩阵 $p^{(3)}(1)$ 和 $p_s^{(3)}(1)$。对于Ⅱ、Ⅲ级晚点列车，春运期间晚点等级降低的概率小于整体晚点等级降低的概率。例如在春运期间，从广州北站出发的Ⅲ级晚点列车经过三个站间区间的运行，到达韶关站时的晚点等级降低为Ⅳ级的概率为 34.8%，但从整体上来看，从广州北站到韶关站的列车晚点等级从Ⅲ级转为Ⅳ级的概率为 36.6%，比春运期间多 1.8 个百分点。对于Ⅳ级晚点列车，春运期间晚点等级升高至Ⅲ级的概率更大，为 26.1%，相比于整体的动态分析结果多 2.8 个百分点。

(5) 可以继续计算 $p^{(n)}(1)$，获得广州北站出发的列车经过 n 个车站后的晚点状态转移概率。据此，可以实现列车晚点等级预测的效果，为车站行车调度人员根据列车在到达本站前的晚点等级，做出列车到达本站的晚点等级的有效的预判，提前做好晚点列车疏解的准备工作。

4.2.3　按时序的车站晚点响应动态分析

1. 车站晚点响应状态集的确定

如 3.2.2 节所述，确定列车晚点等级的传播链的状态集为 $R = \{R_1, R_2, R_3, R_4\}$。不同等级的晚点列车会对车站造成不同程度的影响，车站需启动不同的应急响应模式，及时利用车站通过能力进行晚点列车的调整和滞留旅客秩序的维护。根据铁路车站工作组织实际和列车晚点对旅客满意度和换乘的影响调查结果，本节按照从车站出发的Ⅳ级晚点列车数占出发晚点列车总数的比例，拟将武广高速铁路车站的晚点预警响应级别由高到低设定为Ⅰ、Ⅱ、Ⅲ、Ⅳ共四级，如表 4-12 所示，并对应四种不同的车站晚点状态，按时序的车站晚点程度的传播链的状态集为

$S = \{S_1, S_2, S_3, S_4\}$。

表4-12 车站晚点程度及晚点状态划分规则

晚点预警响应级别	晚点程度	划分规则	车站晚点状态
Ⅰ	特别严重	2h内从车站出发的Ⅳ级晚点列车数占比低于出发晚点列车总数的60%	S_1
Ⅱ	严重	2h内从车站出发的Ⅳ级晚点列车数占比不超过出发晚点列车总数的75%，不低于60%	S_2
Ⅲ	较重	2h内从车站出发的Ⅳ级晚点列车数占比不超过出发晚点列车总数的90%，且不低于75%	S_3
Ⅳ	一般	2h内从车站出发的Ⅳ级晚点列车数占比超过出发晚点列车总数的90%	S_4

本节以广州北站为例，进行单个车站的列车晚点等级动态分析。按照列车的实际出发时刻，以2h为一个时段，应用本节所建立的高速列车晚点动态分析的马尔可夫模型，研究广州北站划分为7:00~9:00、9:00~11:00、11:00~13:00、13:00~15:00、15:00~17:00、17:00~19:00、19:00~21:00共7个时段(用$T_1 \sim T_7$表示)的车站层面的晚点等级。确定各时段从广州北站出发的列车晚点等级和对应的车站晚点状态，示例如表4-13。

表4-13 车站晚点状态数据示例

时段	日期	出发列车总数	Ⅰ级晚点列车数	Ⅱ级晚点列车数	Ⅲ级晚点列车数	Ⅳ级晚点列车数	车站晚点状态
T_1	2016/1/1	17	0	1	0	16	S_4
	2016/1/2	16	0	1	0	15	S_4
	......						
	2016/3/31	17	0	2	0	15	S_3
T_2	2016/1/1	15	0	0	0	15	S_4
	2016/1/2	15	0	0	0	15	S_4
	......						
	2016/3/31	15	0	0	0	15	S_4
T_3	2016/1/1	15	0	0	0	15	S_2
	2016/1/2	15	0	0	2	13	S_3
	......						
	2016/3/31	13	0	0	0	13	S_4

......

2. 车站晚点响应的状态转移概率计算

根据 2016 年 1～3 月广州北站在 T_1、T_2、T_3 时段内发出的晚点列车的运行实绩数据(样本量为 3848 条),对车站晚点响应的状态转移概率进行计算。在表 4-14 中,分别统计 $T_1 \sim T_2$、$T_2 \sim T_3$ 和 $T_1 \sim T_3$ 时段的车站晚点状态的频数转换情况。显然,在这两个时段间,车站的不同晚点状态的转换频数并不一致。

表 4-14　各时段车站晚点状态转换频数

状态转换	频数($T_1 \sim T_2$)	频数($T_2 \sim T_3$)	频数($T_1 \sim T_3$)
S_1 - S_1	3	6	1
S_1 - S_2	0	1	0
S_1 - S_3	1	0	0
S_1 - S_4	0	4	3
S_2 - S_1	3	0	1
S_2 - S_2	0	0	0
S_2 - S_3	0	0	0
S_2 - S_4	1	1	3
S_3 - S_1	2	0	2
S_3 - S_2	1	0	1
S_3 - S_3	2	1	3
S_3 - S_4	13	7	12
S_4 - S_1	3	1	3
S_4 - S_2	0	2	2
S_4 - S_3	5	4	2
S_4 - S_4	57	64	58

根据表 4-14 中 $T_1 \sim T_2$ 时段的状态转换频数,获得广州北站晚点状态的 4×4 频数矩阵 $g(1)$,矩阵的行向量表示从某一状态出发到其他状态(包括自身)的频数,可以进一步根据式(4-9)计算 $T_1 \sim T_2$ 时段的一步转移概率矩阵 $q^{(1)}(1)$。

$$g(1) = \begin{bmatrix} 3 & 0 & 1 & 0 \\ 3 & 0 & 0 & 1 \\ 2 & 1 & 2 & 13 \\ 3 & 0 & 5 & 57 \end{bmatrix}$$

$$q^{(1)}(1) = \begin{bmatrix} 0.750 & 0.000 & 0.250 & 0.000 \\ 0.750 & 0.000 & 0.000 & 0.250 \\ 0.111 & 0.056 & 0.111 & 0.722 \\ 0.046 & 0.000 & 0.077 & 0.877 \end{bmatrix}, \quad S = \{S_1, S_2, S_3, S_4\}$$

同理，可以根据 $T_2 \sim T_3$、$T_1 \sim T_3$ 时段的车站晚点状态转换频数，获得 4×4 频数矩阵 $g(2)$、$g'(1)$ 和对应的一步转移概率矩阵 $q^{(1)}(2)$ 和 $q'^{(1)}(1)$：

$$g(2) = \begin{bmatrix} 6 & 1 & 0 & 4 \\ 0 & 0 & 0 & 1 \\ 0 & 0 & 1 & 7 \\ 1 & 2 & 4 & 64 \end{bmatrix}$$

$$q^{(1)}(2) = \begin{bmatrix} 0.545 & 0.091 & 0.000 & 0.364 \\ 0.000 & 0.000 & 0.000 & 1.000 \\ 0.000 & 0.000 & 0.125 & 0.875 \\ 0.014 & 0.028 & 0.056 & 0.902 \end{bmatrix}, \quad R = \{S_1, S_2, S_3, S_4\}$$

$$g'(1) = \begin{bmatrix} 1 & 0 & 0 & 3 \\ 1 & 0 & 0 & 3 \\ 2 & 1 & 3 & 12 \\ 3 & 2 & 2 & 58 \end{bmatrix}$$

$$q'^{(1)}(1) = \begin{bmatrix} 0.250 & 0.000 & 0.000 & 0.750 \\ 0.250 & 0.000 & 0.000 & 0.750 \\ 0.111 & 0.056 & 0.167 & 0.667 \\ 0.046 & 0.031 & 0.031 & 0.892 \end{bmatrix}, \quad R = \{S_1, S_2, S_3, S_4\}$$

根据式 (4-21) 计算以上三个一步转移概率矩阵 $q^{(1)}(1)$、$q^{(1)}(2)$ 和 $q'^{(1)}(1)$ 的平均绝对误差 $\mathrm{MAE}_q = 0.22$，这表明车站在不同时段的晚点状态转移的概率相差不大，因此可以将按时序的车站晚点等级的传播链视为齐次马尔可夫链，用式 (4-15) 计算二步转移概率矩阵 $q^{(2)}(1)$ 和三步概率转移矩阵 $q^{(3)}(1)$：

$$q^{(2)}(1) = \left[q^{(1)}(1) \right]^2 = \begin{bmatrix} 0.590 & 0.014 & 0.215 & 0.181 \\ 0.574 & 0.000 & 0.207 & 0.219 \\ 0.171 & 0.006 & 0.096 & 0.727 \\ 0.083 & 0.004 & 0.088 & 0.825 \end{bmatrix}, \quad R = \{S_1, S_2, S_3, S_4\}$$

$$q^{(3)}(1) = \left[q^{(1)}(1) \right]^3 = \begin{bmatrix} 0.485 & 0.012 & 0.185 & 0.317 \\ 0.464 & 0.012 & 0.183 & 0.342 \\ 0.177 & 0.005 & 0.109 & 0.708 \\ 0.113 & 0.005 & 0.094 & 0.788 \end{bmatrix}, \quad R = \{S_1, S_2, S_3, S_4\}$$

3. 车站晚点响应的状态转移概率分析

本节基于 2016 年 1~3 月广州北站出发晚点列车的运行实绩数据，设定了衡量车站晚点程度的规则(表 4-11)，对于转移概率的研究范围为广州北站在 7:00~9:00、9:00~11:00 和 11:00~13:00 的晚点状态，该分析结果仅代表研究范围内的行车调度工作结果，但可以为全国高速铁路车站晚点的动态变化提供理论参考。

(1)从整体上研究转移概率矩阵 $q^{(1)}(1)$、$q^{(2)}(1)$ 和 $q^{(3)}(1)$。若广州北站在 T_1 时段启动晚点 Ⅰ 级响应，经过调整，到 T_4 时段，车站保持晚点 Ⅰ 级响应的概率将从75%降低到48.5%，调整为Ⅳ级响应的概率从 0 提高至 31.7%；若广州北站在 T_1 时段启动晚点 Ⅱ 级响应，到 T_4 时段，车站晚点响应级别调整为Ⅳ级的概率有所上升，但需要注意的是，响应级别上升至 Ⅰ 级的概率虽在随时间不断降低，但仍超过40%；若广州北站在 T_1 时段启动晚点 Ⅲ 级响应，到 T_4 时段，车站晚点响应级别调整为Ⅳ级的概率超过 70%，且这一概率始终保持较高水平；若广州北站在 T_1 时段启动晚点Ⅳ级响应，由于车站处置不及时等原因，到 T_4 时段，车站晚点响应级别上升的概率在增加。

(2)就 $T_1 \sim T_2$、$T_2 \sim T_3$ 两个时段间的一步转移概率矩阵 $q^{(1)}(1)$、$q^{(1)}(2)$ 进行对比。广州北站在 T_1 和 T_2 时段的晚点响应级别相同的前提下，从 $T_2 \sim T_3$ 时段比 $T_1 \sim T_2$ 时段降低晚点响应级别的概率更高，特别是在 $T_2 \sim T_3$ 时段内，车站晚点Ⅲ级响应下调到Ⅳ级响应的概率高达 87.5%。这表明，相比于 $T_1 \sim T_2$ 时段的早高峰时段，在 $T_2 \sim T_3$ 时段内从广州北站调整出发晚点列车的富余空间更大。

(3)可以继续计算 $q^{(n)}(1)$，可以获得广州北站的晚点响应级别经过 n 个时段后的晚点状态转移概率。据此，可以实现根据车站的初始晚点响应级别，对车站全天内晚点程度进行预测的效果，为车站行车调度人员和站内工作人员选择合适的时段及时完成晚点列车的疏解工作、做好站内旅客秩序维护工作做出提前预判和响应。

第5章 高速铁路到发线冲突智能检测理论

5.1 到发线运用冲突产生机理及判定准则

5.1.1 到发线运用冲突产生机理

高速铁路车站通过安排接发车进路并合理使用到发线完成列车的接发作业。接发车进路由接车进路和发车进路两部分构成，其中列车经进站信号机由高速铁路车站咽喉驶入到发线所走行的路径被称为接车进路，列车经出站信号机由车站咽喉驶出站界标止所走行的路径被称为发车进路。由运输资源的有限性和独占性可知，在同一时刻不同列车不能同时占用同一个道岔或到发线，即一个道岔或到发线在特定时刻仅允许一列列车使用；由列车占用资源的唯一性可知，列车只可以选用一条接车(或发车)进路，中途不能更改其占用。在高速铁路车站，当明确了列车的接发车方案后，列车将要使用的道岔和到发线也被确定下来。综上可知，到发线运用冲突问题可视为列车接发车进路的冲突问题进行处理。

实际上，当同一轨道区段同时被两列列车请求占用时，其时间上的冲突可用图 5-1 表示。

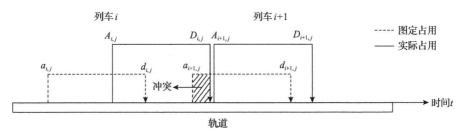

图 5-1 到发线运用冲突示意图

如图 5-1 所示，假定在对轨道进行占用时，前行列车的预定时间窗口是 $[a_{i,j}, d_{i,j}]$，后行列车的预定时间窗口是 $[a_{i+1,j}, d_{i+1,j}]$，其中 $a_{i,j}$、$a_{i+1,j}$ 是前后两列车的图定占用开始时刻；$d_{i,j}$、$d_{i+1,j}$ 是前后两列车的图定占用结束时刻(已包含必要的最小安全间隔时间 $I_{\min}$)。由于列车 i 在运行过程中受到干扰，产生了延误，导致实际占用轨道的时间窗口变成了 $[A_{i,j}, D_{i,j}]$，此时 $D_{i,j} > a_{i+1,j}$，显然 $[A_{i,j}, D_{i,j}] \bigcap$ $[a_{i+1,j}, d_{i+1,j}] \neq \varnothing$，两列车在请求占用同一轨道区段时发生了冲突，到发线运用冲突就此发生，冲突时间即为重叠部分$[a_{i+1,j}, D_{i,j}]$。为避免冲突发生，列车$i+1$实际占用轨道的时间窗口需要后移至列车i实际结束占用时刻$D_{i,j}$之后。

通过以上分析可知，前车结束占用时间的推迟（$D_{i,j}$后移）与后车计划开始占用时间的提前（$a_{i+1,j}$前移）都将使得冲突时间延长，冲突加剧。

5.1.2 到发线运用冲突判定准则

高速铁路列车对到发线的占用需满足相应的时间标准，否则便会发生冲突。根据研究需要，将先后两列同向列车接车进路处发生的冲突视为到发线的到达时间冲突，发车进路处的冲突视为到发线的出发时间冲突。将不同方向列车因咽喉区进路存在相同轨道区段产生的冲突视为到发线到发时间冲突和发到时间冲突。

依据前一小节到发线运用冲突的产生机理，首先对同向列车到发线到达时间冲突与出发时间冲突的判定方法进行分析。

如图 5-2 所示，其中，黑色实线代表列车运行图上列车的实际运行线，蓝色虚线代表计划运行线，红色虚线表示按照一定规则更新后的计划运行线，绿色实线表示列车L_{i+1}的图定停站时间；$A_{i,j}$、$a_{i,j}$分别表示列车L_i在j站的实际、图定占用接车进路(到达车站)的时刻；$D_{i,j}$、$d_{i,j}$分别表示列车L_i在j站的实际、图定占用发车进路(离开车站)的时刻。对于在$j-1$站至$j+1$站区段的运行列车组(L_i和L_{i+1})，在$j-1$站，列车L_i受到干扰产生出发晚点，因前后两列车需保持最小安全间隔$I_{\min}$，故列车L_{i+1}受列车L_i的影响也发生出发晚点，实际出发时间为

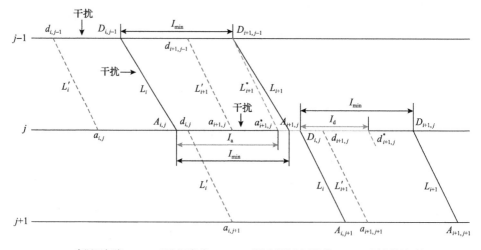

图 5-2　到达时间冲突与出发时间冲突示意图

$D_{i+1,j-1}$。列车 L_i 在区间 $j-1$ 站至 j 站运行期间和在 j 站停站期间均再次受到干扰导致实际到达 j 站的时刻延迟至 $A_{i,j}$、实际出发时刻延迟至 $D_{i,j}$。

此时按照运行图规定的列车 L_{i+1} 在区间 $j-1$ 站至 j 站的计划运行时间,对列车计划运行线进行更新,如图 5-2 中红色虚线所示,更新后列车 L_{i+1} 在 j 站的计划到达时刻变更为 $a_{i+1,j}^*$,$a_{i+1,j}^* = D_{i+1,j-1} + \left(a_{i+1,j} - d_{i+1,j-1} \right)$。由于列车 L_{i+1} 更新后的计划到达时刻 $a_{i+1,j}^*$ 与列车 L_i 在 j 站的实际到达时刻 $A_{i,j}$ 间的时间间隔 I_a 不满足最小安全间隔的要求($I_a < I_{\min}$),便发生了到达时间冲突,所以列车 L_{i+1} 需在 $A_{i,j} + I_{\min}$ 后开始占用接车进路。

若后行列车 L_{i+1} 依据规定时间在 $j-1$ 站至 j 站之间运行,并在 j 站按规定时间停站,则列车 L_{i+1} 的计划出发时刻更新为 $d_{i+1,j}^*$,$d_{i+1,j}^* = D_{i+1,j-1} + \left(a_{i+1,j} - d_{i+1,j-1} \right) + \left(d_{i+1,j} - a_{i+1,j} \right)$。由于 $d_{i+1,j}^*$ 与前行列车 L_i 的实际出发时刻 $D_{i,j}$ 间的时间间隔 I_d 不满足最小安全间隔的要求($I_d < I_{\min}$),会发生出发时间冲突,故列车 L_{i+1} 需在满足最小安全间隔时间 $I_{\min}$ 后,在时刻 $D_{i,j} + I_{\min}$ 后开始占用发车进路。

1)到达时间冲突

以 j 站为例,后行列车 L_{i+1} 与其前车 L_i 间发生到达时间冲突的判定准则为

$$a_{i+1,j}^* - A_{i,j} < I_{\min} \tag{5-1}$$

式中,$I_{\min}$ 为前后两列车的最小安全间隔时间,min;$a_{i+1,j}^*$ 为列车 L_{i+1} 在 j 站更新后的计划到达时刻;$A_{i,j}$ 为列车 L_i 在 j 站的实际到达时刻。

2)出发时间冲突

同样以 j 站为例,后行列车 L_{i+1} 与其前车 L_i 间发生出发时间冲突的判定准则为

$$d_{i+1,j}^* - D_{i,j} < I_{\min} \tag{5-2}$$

式中,$I_{\min}$ 为前后两列车的最小安全间隔时间,min;$d_{i+1,j}^*$ 为列车 L_{i+1} 在 j 站更新后的计划出发时刻;$D_{i,j}$ 为列车 L_i 在 j 站的实际出发时刻。

当进行反向接发车作业时,不同方向列车可能因接发车进路存在重合轨道区段而发生冲突,主要包括到发线到发时间冲突与发到时间冲突,下面对到发线到发时间冲突与发到时间冲突进行分析。在图 5-3 中,黑色实线代表列车的实际运行线,蓝色虚线代表计划运行线,粉色虚线表示按照一定规则更新前后的计划运行线重合,橙黄色虚线代表实际运行线与更新前后的计划运行线重合。列车 L_k 为

运行列车组 L_i 和 L_{i+1} 的对向列车，$A''_{k,j}$、$a''_{k,j}$ 分别表示列车 L_k 在 j 站的实际、图定占用接车进路(到达车站)时刻；$D''_{k,j}$、$d''_{k,j}$ 分别表示列车 L_k 在 j 站的实际、图定占用发车进路(离开车站)时刻。

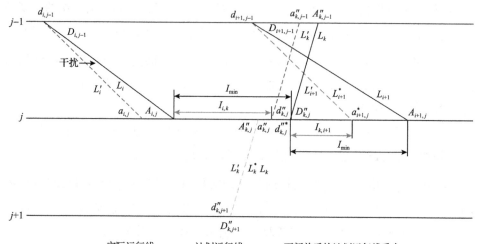

图 5-3　不同方向列车的到发线冲突示意图

已知，列车 L_i 与其对向列车 L_k 在 j 站的进路存在相同的轨道区段，列车 L_i 在区间 $j-1$ 站至 j 站运行期间受到干扰导致实际到达 j 站的时刻延迟至 $A_{i,j}$。对向列车 L_k 在 $j+1$ 站正点出发，按照更新规则，对向列车在 j 站的计划出发时刻为 $d''^{*}_{k,j}$，

$$d''^{*}_{k,j} = D''_{k,j+1} + \left(a''_{k,j} - d''_{k,j+1}\right) + \left(d''_{k,j} - a''_{k,j}\right)$$

，此时，对向列车 L_k 的计划出发时刻 $d''^{*}_{k,j}$ 与列车 L_i 的实际到达时刻 $A_{i,j}$ 的时间间隔 $I_{i,k}$ 不满足最小安全间隔的要求 $(I_{i,k} < I_{min})$，会发生到发时间冲突，故列车 L_k 需在满足最小安全间隔时间 I_{min} 后占用发车进路，实际出发时刻为 $D''_{k,j}$。

对向列车 L_k 与列车 L_{i+1} 在 j 站的进路存在相同的轨道区段，列车 L_{i+1} 正点从 $j-1$ 站出发，以更新后的计划到达时刻 $a^{*}_{i+1,j}$ 到达 j 站，其中，$a^{*}_{i+1,j} = D_{i+1,j-1} + \left(a_{i+1,j} - d_{i+1,j-1}\right)$，对向列车 L_k 的实际出发时刻 $D''_{k,j}$ 与列车 L_{i+1} 更新后的计划到达时刻 $a^{*}_{i+1,j}$ 的时间间隔 $I_{k,i+1}$ 不满足最小安全间隔的要求 $(I_{k,i+1} < I_{min})$，会发生发到时间冲突，列车 L_{i+1} 需在满足最小安全间隔时间 I_{min} 后占用接车进路。

当相向行驶的两列车在车站的进路存在相同轨道区段时，判定准则如下。

3)到发时间冲突

以 j 站为例，列车 L_i 与其对向列车 L_k 间发生到发时间冲突的判定准则为

$$d_{k,j}''^* - A_{i,j} < I_{\min} \tag{5-3}$$

式中，$I_{\min}$ 为前后两列车的最小安全间隔时间，min；$d_{k,j}''^*$ 为对向列车 L_k 在 j 站更新后的计划出发时刻；$A_{i,j}$ 为列车 L_i 在 j 站的实际到达时刻。

4）发到时间冲突

同样以 j 站为例，对向列车 L_k 与列车 L_{i+1} 间发生发到时间冲突的判定准则为

$$a_{i+1,j}^* - D_{k,j}'' < I_{\min} \tag{5-4}$$

式中，$I_{\min}$ 为前后两列车的最小安全间隔时间，min；$a_{i+1,j}^*$ 为列车 L_{i+1} 在 j 站更新后的计划到达时刻；$D_{k,j}''$ 为对向列车 L_k 在 j 站的实际出发时刻。

5.2 到发线运用冲突与列车晚点的互馈模型

5.2.1 基于隐马尔可夫的到发线冲突与列车晚点关系

1. 数据预处理

本节重点研究同向列车到发线到达冲突的不同状态在车站层面的转移情况，以及不同冲突状态下列车到站出现非晚点、初始晚点和连带晚点三种类型晚点的情况。本节将隐马尔可夫模型(hidden Markov model，HMM)的隐状态人为地划分为到发线冲突状态 State_c 和无到发线冲突状态 State_d，观测状态分为到站非晚点(0)、初始晚点(1)和连带晚点(2)三种类型的晚点，即到发线冲突与列车晚点的关系模型中，隐状态的集合为 $Q = \{\text{State\_c}, \text{State\_d}\}$，观测状态集合为 $V = \{0,1,2\}$，到发线冲突与列车晚点的 HMM 如图 5-4 所示。图 5-4 中，π_c 表示到发线冲突初始状态为冲突状态 State_c 的概率、π_d 表示到发线冲突初始状态为无冲突状态

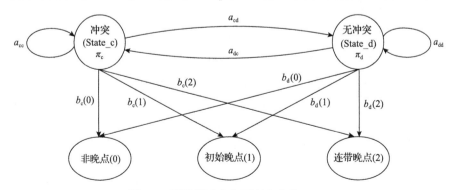

图 5-4　到发线冲突与列车晚点的 HMM

State_d 的概率；a_{cc}、a_{cd}、a_{dc} 与 a_{dd} 分别代表冲突状态转移到冲突状态、冲突状态转移到无冲突状态、无冲突状态转移到冲突状态与无冲突状态转移到无冲突状态的转移概率；$b_c(0)$、$b_c(1)$ 与 $b_c(2)$ 分别表示列车处于冲突状态下列车到站发生非晚点、初始晚点与连带晚点的观测概率，$b_d(0)$、$b_d(1)$ 与 $b_d(2)$ 分别表示列车处于无冲突状态下列车到站发生非晚点、初始晚点与连带晚点的观测概率。

　　本节主要探究到发线不同冲突状态之间的转移情况及不同状态下的列车晚点情况，属于 HMM 的模型参数学习问题。由于前文已经对各站的到发线冲突进行了判定并进行了标记，故本节直接利用前文到发线冲突数据的处理成果，结合对晚点数据的处理及标记，使用监督学习方法，以极大似然估计法为基础对模型的参数进行估计。以衡山西站为例，在进行数据处理时，首先，对车站冲突状态进行标记；其次，根据前车状态确定当前列车的状态转移情况；最后，依据非晚点、初始晚点、连带晚点的判定方法对列车所处晚点状态进行区分。表 5-1 展示了经数据预处理之后衡山西站到发线冲突状态及相应状态下列车的晚点情况。表中，State_d_c 表示从冲突状态中的 State_d 转移到 State_c，其他冲突状态转移符号的含义与之类似。

表 5-1　衡山西站到发线冲突状态与列车晚点状态统计

日期	车次	实际到达时间	实际出发时间	图定到达时间	图定出发时间	股道号	时间段	冲突状态	冲突状态转移	晚点状态
2015/3/24	G636	8:57	8:57	8:57	8:57	Ⅱ道	8:00～10:00	State_d	—	0
2015/3/24	G1102	9:06	9:08	9:07	9:09	4道	8:00～10:00	State_d	State_d_d	0
2015/3/24	G6102	9:18	9:18	9:17	9:17	Ⅱ道	8:00～10:00	State_d	State_d_d	1
2015/3/24	G832	9:23	9:23	9:23	9:23	Ⅱ道	8:00～10:00	State_d	State_d_d	0
2015/3/24	G6132	9:27	9:27	9:27	9:27	Ⅱ道	8:00～10:00	State_d	State_d_d	0

2. 模型三要素计算

　　通过前文可知，各车站中衡山西站的到发线运用冲突情况严重，故本节选取衡山西站作为研究对象。本节依据大数定律对衡山西站的模型参数进行估计。大数定律是指在数据量足够大时，将冲突状态转移及晚点发生的频率视为其概率。本节所使用的是衡山西站 2015 年 3 月 24 日至 2016 年 11 月 10 日的数据，经数据预处理后，共有 62961 条数据，数据量满足研究需要，能够保证研究的准确性。

　　HMM 模型三要素中的概率将按照如下规则进行估计。

　　1)转移概率的估计

　　将样本中时刻 t 处于状态 i 下一时刻转移到状态 j 的频数记为 A_{ij}，则状态转移概率 a_{ij} 的估计可用式(5-5)表示。

$$\hat{a}_{ij} = \frac{A_{ij}}{\sum\limits_{j=1}^{N} A_{ij}}, \quad i = 1, 2, \cdots, N; \quad j = 1, 2, \cdots, N \tag{5-5}$$

2）观测概率的估计

将样本中状态为 j 观测为 k 的频数记为 B_{jk}，则相应观测概率 $b_j(k)$ 的估计可用式（5-6）表示。

$$\hat{b}_j(k) = \frac{B_{jk}}{\sum\limits_{k=1}^{M} B_{jk}}, \quad j = 1, 2, \cdots, N; \quad k = 1, 2, \cdots, M \tag{5-6}$$

3）初始状态概率的估计

将全部样本中初始状态为 i 的频数记为 f_i，则相应初始状态概率的估计 $\hat{\pi}_i$ 可用式（5-7）表示。

$$\hat{\pi}_i = \frac{f_i}{\sum\limits_{i=1}^{N} f_i}, \quad i = 1, 2, \cdots, N \tag{5-7}$$

本节对样本依据日期进行划分，各个样本中的第一个冲突状态（State_c 或者 State_d）即为该样本的初始状态。

对衡山西站共计 597 份样本数据进行统计，其中 22 份冲突初始状态为 State_c，575 份冲突初始状态为 State_d，即初始状态概率 $\pi_{hsx} = (\pi_c, \pi_d)$ 为（0.037，0.963）。表 5-2 与表 5-3 统计了全部样本中衡山西站冲突状态转移及不同状态对应观测晚点状态的频数及频率。

表 5-2　衡山西站冲突状态转移频数及频率

状态转移	频数	频率
State_c_c	7202	0.353
State_c_d	13227	0.647
State_d_c	13372	0.319
State_d_d	28563	0.681

表 5-3　衡山西站冲突状态对应观测晚点状态的频数及频率

冲突状态	晚点状态	频数	频率
	0	5569	0.270
State_c	1	430	0.021
	2	14597	0.709

续表

冲突状态	晚点状态	频数	频率
	0	12936	0.305
State_d	1	17388	0.410
	2	12041	0.284

根据统计可以得到衡山西站的状态转移频数矩阵 $f_{A_{\text{hsx}}}$ 与相应的概率矩阵 A_{hsx}：

$$f_{A_{\text{hsx}}} = \begin{bmatrix} 7202 & 13227 \\ 13372 & 28563 \end{bmatrix} \tag{5-8}$$

$$A_{\text{hsx}} = \begin{bmatrix} 0.353 & 0.647 \\ 0.319 & 0.681 \end{bmatrix}, \quad Q = \{\text{State\_c}, \text{State\_d}\}$$

衡山西站不同冲突状态对应晚点状态的频数矩阵 $f_{B_{\text{hsx}}}$ 及晚点状态的观测概率矩阵 B_{hsx}：

$$f_{B_{\text{hsx}}} = \begin{bmatrix} 5569 & 430 & 14597 \\ 12936 & 17388 & 12041 \end{bmatrix} \tag{5-9}$$

$$B_{\text{hsx}} = \begin{bmatrix} 0.270 & 0.021 & 0.709 \\ 0.305 & 0.410 & 0.284 \end{bmatrix}, \quad V = \{0, 1, 2\}$$

根据衡山西站初始状态概率分布 π_{hsx}、状态转移概率矩阵 A_{hsx} 和观测晚点状态概率矩阵 B_{hsx}，可确定衡山西站的 HMM，如图 5-5 所示。

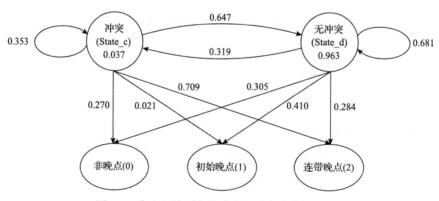

图 5-5 衡山西站到发线冲突与列车晚点的 HMM

由图 5-5 可知，在衡山西站，每天最先到站的两列车在对到发线进行占用时基本不会发生到发线到达时间冲突，仅有 3.7% 的列车会在初始占用时发生冲突。当列车没有发生冲突时，其后行列车更倾向于保持无冲突状态，但若发生到发线冲突，此冲突有 35.3% 的可能转移至下一列车，致使其发生冲突。另外，在衡山西站，当列车发生冲突时，该列车将有 73% 的概率发生晚点且倾向于发生连带晚点，此时有 27% 的列车可以正点到站，但值得注意的是，这 27% 的列车全为衡山西站的通过列车，它们与前一列车在站的间隔时间几乎均小于 5min，虽因不满足在站最小安全间隔的要求发生了冲突，但此"冲突"并未干扰列车运行，列车并未晚点。也就是说，在实际调度过程中，车站可以以稍小于最小行车间隔标准接发列车。当列车没有发生到达冲突时，列车分别有 30.5%、41.0% 和 28.4% 的可能性处于非晚点状态、初始晚点状态和连带晚点状态。可以看出，列车无冲突情况下，也可以观测到晚点状态，这是由于虽然列车的前行列车到站晚点，但列车自身因受到运行干扰发生晚点而与前车之间并未发生冲突，故此时列车未发生冲突却观测到了晚点。对比两种冲突状态下的观测概率可得：在到发线冲突状态下列车的连带晚点更易传播，在不发生冲突时，列车到站正点率更高。在一定程度上，列车发生冲突是列车晚点的充分非必要条件，列车晚点是列车发生冲突的外在表现。

3. 不同时段到发线冲突与列车晚点的互馈模型

同一车站不同时段的行车量、办理列车数均存在差异。为了研究不同时段到发线冲突的转移情况及其对列车晚点的影响，本节选用衡山西站 14:00~16:00、22:00~24:00 两个时段为研究对象进行分析。在 14:00~16:00 时段，各站行车量均较多，在 22:00~24:00 时段，各车站行车量均较少，具有代表性，可视为车站的高峰时段和平峰时段。

在衡山西站，高峰时段 14:00~16:00 共计有 597 份样本数据，共计 10244 条列车运行数据，其中 108 份冲突初始状态为 State_c，489 份冲突初始状态为 State_d，即初始状态概率 $\pi_{\mathrm{hsx_{gf}}} = (\pi_c, \pi_d)$ 为 (0.181, 0.819)；平峰时段 22:00~24:00 共计有 591 份样本数据，共计 2316 条列车运行数据，其中 52 份冲突初始状态为 State_c，539 份冲突初始状态为 State_d，即初始状态概率 $\pi_{\mathrm{hsx_{pf}}} = (\pi_c, \pi_d)$ 为 (0.088, 0.912)。对衡山西站高峰时段 14:00~16:00 和平峰时段 22:00~24:00 样本中冲突状态转移及不同状态对应的观测晚点状态的频数及频率进行统计，得到衡山西站高峰时段 14:00~16:00、平峰时段 22:00~24:00 的初始概率分布、状态转移概率矩阵与观测晚点状态概率矩阵，由此可得衡山西站高峰及平峰时段的 HMM，如图 5-6 所示。

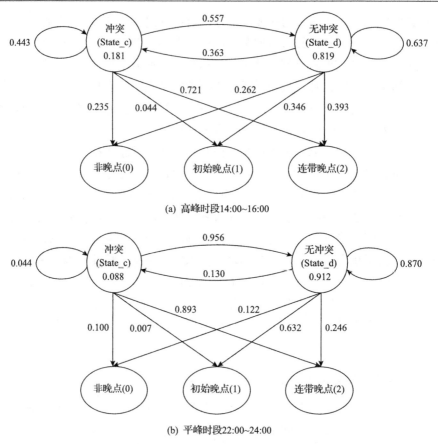

(a) 高峰时段14:00~16:00

(b) 平峰时段22:00~24:00

图 5-6　衡山西站高峰、平峰时段到发线冲突与列车晚点的 HMM

由图 5-6 可知，在衡山西站的高峰时段和平峰时段，时段内最先到站的两列车之间均倾向于不发生冲突，但高峰时段初始状态为冲突状态的概率比平峰时段高约 10%。在高峰时段 14:00～16:00，列车发生冲突时，其后行列车有 55.7%的概率转移至无冲突状态，当列车处于无冲突状态时，其后行列车也更倾向于保持无冲突的状态；当列车处于冲突状态时，列车发生连带晚点的可能性最高，为 72.1%，当列车处于无冲突状态时，连带晚点的发生率降至 39.3%，相比无冲突状态，列车发生冲突时，到站正点率更低，且更易发生连带晚点，晚点情况较为紧张，到发线冲突将更有利于晚点的产生及传播。在平峰时段 22:00～24:00，不论列车的冲突状态如何，其后行列车都倾向于处于无到发线冲突的状态，这是由于平峰时段到站列车少，冲突相对更易消解；相较于无冲突状态，列车发生冲突时连带晚点的发生率有了显著提高，列车将有 89.3%的可能性发生连带晚点。

对比衡山西站的高峰时段和平峰时段，不难发现在高峰时段，列车处于冲突、无冲突状态时，其后行列车发生冲突的概率分别提高了 39.9%、23.3%。这是因为在高峰时段，列车到站更密集，列车受到随机干扰发生冲突的可能性更大，当列车发生冲突时，更易干扰后行列车，冲突更易在列车间转移。在平峰时段，列车晚点可能性稍高于高峰时段，这可能是平峰时段行车量较少、样本量不足带来的误差。

5.2.2 基于冲突强度的到发线冲突转移分析

1. 定冲突状态集

通过上一节到发线冲突与列车晚点关系的研究，初步掌握到发线冲突状态间的转移情况及其与列车晚点之间的关系，但冲突具体强度并未涉及，故本节将研究重点聚焦至冲突强度上，分析不同冲突强度下到发线冲突的转移情况。图 5-7 展示了列车发生不同冲突时长的概率变化情况，即不同冲突时长下列车数量的占比变化情况。

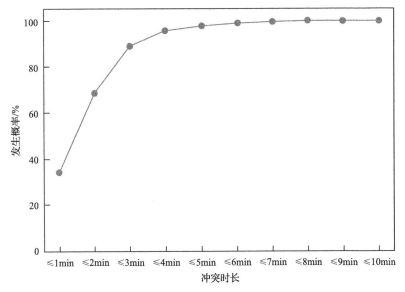

图 5-7 衡山西站不同冲突时长下列车数量的占比变化情况

由图 5-7 可知，冲突列车的冲突时长在 (0min,1min)、(0min,2min) 范围内的概率分别为 34.11%、68.60%，此时有近 70% 的冲突列车的冲突时长在 (0min,2min)。依据"三七原则"的思想，将冲突列车中 70% 的冲突视为一般冲突，剩余 30% 的冲突视为较严重的冲突，此时冲突时长在 (0min,2min) 的冲突即为一般冲突，冲突时长 >2min 的冲突即为较严重的冲突。在冲突时长 >2min 时，将其中超过一个安全间隔 (5min) 的冲突视为更高级别的冲突，即冲突时长在 (2min,5min) 的冲突为较严重冲突，冲突时长 >5min 的冲突为严重冲突。综上所述，基于"三七原则"

的思想，按照各冲突时长范围下冲突列车数量的占比大小，本节将冲突强度划分为三个等级，冲突时长 (0min, 2min) 视为Ⅰ级冲突，冲突时长 (2min, 5min) 视为Ⅱ级冲突，冲突时长 > 5min 视为Ⅲ级冲突，冲突状态集如表 5-4 所示。

表 5-4   冲突状态集

冲突状态	代表含义	冲突时长/min
State_d	无冲突	≤0
State_c Ⅰ	Ⅰ级冲突	1,2
State_c Ⅱ	Ⅱ级冲突	3,4,5
State_c Ⅲ	Ⅲ级冲突	>5

2. 不同时段到发线冲突转移分析

对衡山西站 14:00～16:00、22:00～24:00 两个时段不同强度到发线冲突的转移情况进行分析，通过统计、计算得到这两个时段的冲突状态一步转移矩阵，其中冲突状态集 $Q = \{\text{State\_d}, \text{State\_cI}, \text{State\_cII}, \text{State\_cIII}\}$。

高峰时段（14:00～16:00）：

$$N^{(1)}(14) = \begin{bmatrix} 3889 & 1479 & 698 & 36 \\ 1750 & 585 & 256 & 22 \\ 534 & 433 & 402 & 28 \\ 22 & 26 & 39 & 45 \end{bmatrix}$$

$$P^{(1)}(14) = \begin{bmatrix} 0.637 & 0.242 & 0.114 & 0.006 \\ 0.670 & 0.224 & 0.098 & 0.008 \\ 0.382 & 0.310 & 0.288 & 0.020 \\ 0.167 & 0.197 & 0.295 & 0.341 \end{bmatrix}$$

平峰时段（22:00～24:00）：

$$N^{(1)}(22) = \begin{bmatrix} 1797 & 194 & 74 & 1 \\ 122 & 4 & 3 & 0 \\ 116 & 1 & 2 & 0 \\ 1 & 0 & 1 & 0 \end{bmatrix}$$

$$P^{(1)}(22) = \begin{bmatrix} 0.8698 & 0.0939 & 0.0358 & 0.0005 \\ 0.9457 & 0.0310 & 0.0233 & 0 \\ 0.9748 & 0.0084 & 0.0168 & 0 \\ 0.5 & 0 & 0.5 & 0 \end{bmatrix}$$

　　根据高峰及平峰时段的一步概率转移矩阵，为了直观展示冲突状态的转移过程，绘制不同时段的概率转移图，如图5-8所示。

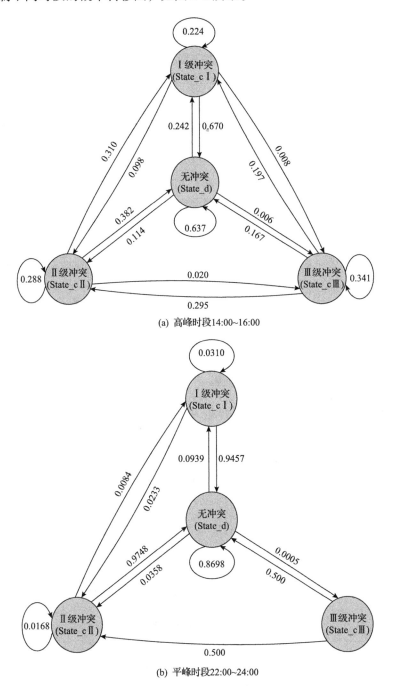

(a) 高峰时段14:00~16:00

(b) 平峰时段22:00~24:00

图5-8　高峰时段与平峰时段概率转移图

由图 5-8(a)可知，在衡山西站的高峰时段 14:00～16:00，当列车处于无冲突状态时，其后行列车有近 64%的概率也不会发生冲突；当列车发生 I 级到发线冲突时，经过一个到站间隔后，其后行列车将有约 33%的概率会受其影响，其中，有 22.4%的概率会继续保持这种状态，9.8%的概率会加重成为 II 级冲突，几乎不会转移至 III 级冲突；当列车发生 II 级冲突时，后行列车有 69.2%的可能性降至 I 级冲突甚至消解为无冲突状态，但加重至 III 级冲突的概率相比 I 级冲突有所上升；当列车发生 III 级冲突时，后行列车仅有 16.7%的可能不受其影响，仍发生 III 级冲突的概率在三种冲突中最高，为 34.1%。随着冲突强度的降低，后行列车不发生冲突的可能性在逐步升高(16.7%<38.2%<67.0%)。

由图 5-8(b)可知，在平峰时段 22:00～24:00，当列车处于无冲突状态时，其后行列车有近 87%的可能性继续保持这种状态；当列车发生 I 级到发线冲突时，其后行列车有 94.57%的可能性不受其影响，处于无冲突状态；当列车发生 II 级冲突时，此冲突有 97.48%的概率被消解，不会干扰到后行列车；发生 III 级冲突的列车频数较少，不能够代表 III 级冲突在平峰时段的真实情况，在此不做分析。通过上述分析可得，在平峰时段不论列车处于何种冲突状态，后行列车都更倾向于处于无冲突状态，后行列车所受影响较小。

对比图 5-8(a)和图 5-8(b)，相较于高峰时段，平峰时段的列车无论发生哪类冲突状态，后行列车都有更大的可能性不受其影响，处于无冲突状态。也就是说，冲突不易在平峰时段转移，高峰时段更有利于冲突的蔓延。

3. 高峰时段到发线冲突转移分析

通过上一节的分析可知，高峰时段 14:00～16:00 冲突更易转移，故本节重点研究衡山西站高峰时段到发线冲突转移的具体情况。本节对分别对 14:00～15:00、15:00～16:00 时段各状态的一步转移概率矩阵进行计算，其中 14:00～15:00 时段的一步转移概率矩阵记为 $P^{(1)}(14')$，15:00～16:00 时段的一步转移概率矩阵记为 $P^{(1)}(15')$，得到如下结果：

$$P^{(1)}(14') = \begin{bmatrix} 0.612 & 0.256 & 0.127 & 0.004 \\ 0.677 & 0.215 & 0.102 & 0.005 \\ 0.466 & 0.286 & 0.234 & 0.014 \\ 0.127 & 0.143 & 0.206 & 0.524 \end{bmatrix} \tag{5-10}$$

$$P^{(1)}(15') = \begin{bmatrix} 0.663 & 0.228 & 0.101 & 0.008 \\ 0.662 & 0.232 & 0.094 & 0.011 \\ 0.308 & 0.331 & 0.335 & 0.026 \\ 0.203 & 0.246 & 0.377 & 0.174 \end{bmatrix} \tag{5-11}$$

分别计算 $P^{(1)}(14')$、$P^{(1)}(15')$ 与 $P^{(1)}(14)$ 的平均绝对误差，平均绝对误差（MAE）的值越小说明概率转移矩阵之间的差异越小。$\mathrm{MAE}\left(P^{(1)}(14'),P^{(1)}(15')\right)=$ 0.073，$\mathrm{MAE}\left(P^{(1)}(14'),P^{(1)}(14)\right)=0.038$，$\mathrm{MAE}\left(P^{(1)}(15'),P^{(1)}(14)\right)=0.035$，$P^{(1)}(14')$、$P^{(1)}(15')$ 与 $P^{(1)}(14)$ 在平均绝对误差 0.073 范围内，可视为三个矩阵基本一致，故将高峰时段 14:00~16:00 时段的到发线冲突转移视为齐次马尔可夫链。齐次马尔可夫链的 n 步转移概率矩阵 $P^{(n)}=P\cdot P^{(n-1)}=P^n$，已知

$$P^{(1)}(14)=\begin{bmatrix} 0.637 & 0.242 & 0.114 & 0.006 \\ 0.670 & 0.224 & 0.098 & 0.008 \\ 0.382 & 0.310 & 0.288 & 0.020 \\ 0.167 & 0.197 & 0.295 & 0.341 \end{bmatrix} \tag{5-12}$$

可得 14:00~16:00 时段的二步、三步转移概率矩阵 $P^{(2)}(14)$ 和 $P^{(3)}(14)$：

$$P^{(2)}(14)=P^{(1)}(14)\cdot P^{(1)}(14)=\begin{bmatrix} 0.613 & 0.245 & 0.131 & 0.010 \\ 0.616 & 0.244 & 0.129 & 0.011 \\ 0.565 & 0.255 & 0.163 & 0.017 \\ 0.408 & 0.243 & 0.224 & 0.125 \end{bmatrix} \tag{5-13}$$

$$P^{(3)}(14)=P^{(2)}(14)\cdot P^{(1)}(14)=\begin{bmatrix} 0.607 & 0.246 & 0.135 & 0.012 \\ 0.607 & 0.246 & 0.135 & 0.012 \\ 0.596 & 0.248 & 0.142 & 0.015 \\ 0.529 & 0.247 & 0.172 & 0.051 \end{bmatrix} \tag{5-14}$$

二步转移概率矩阵 $P^{(2)}(14)$ 中的元素可理解为某冲突状态经过两个到站间隔后转移到某冲突状态的概率，或列车到站后其后行第二列车处于某冲突状态的概率。三步转移概率矩阵 $P^{(3)}(14)$ 中的元素含义亦可按照此方式进行理解。观察 $P^{(1)}(14)$、$P^{(2)}(14)$ 和 $P^{(3)}(14)$ 中由各状态转移至Ⅲ级冲突的概率可知，无冲突状态、Ⅰ级冲突、Ⅱ级冲突、Ⅲ级冲突转移至Ⅲ级冲突的可能性在逐步增大，说明Ⅲ级冲突的影响力更强。对比 $P^{(1)}(14)$、$P^{(2)}(14)$ 和 $P^{(3)}(14)$ 可知，当列车到站未发生冲突时，其后行第一列车、第二列车、第三列车大概率会保持这种状态；当列车发生Ⅰ级冲突时，其后行第一列车、第二列车、第三列车仍然会以较大概率处于无冲突状态；当列车到站发生Ⅱ级冲突时，随着到站间隔数的增加，后行列车转移至无冲突状态的概率逐步上升（3.82%<56.5%<59.6%），转移至Ⅰ级、Ⅱ级和Ⅲ级冲突的概率均呈下降趋势，说明随着到站间隔的增加，冲突被逐步消解，对后行列车的影响在逐渐减弱；在列车发生Ⅲ级冲突时，随着到站间隔数的增加，

Ⅲ级冲突转化为Ⅰ级冲突（19.7%＜24.3%＜24.7%），甚至消解至无冲突状态的可能性均在增加（16.7%＜40.8%＜52.9%），但转移至Ⅱ级冲突及Ⅲ级冲突的可能性均在下降，说明Ⅲ级冲突的影响效力在下降，Ⅲ级冲突更倾向于消解为无冲突状态或Ⅰ级冲突状态。

通过研究发现，高峰时段冲突状态转移的齐次马尔可夫链的稳态概率为 $(0.605, 0.246, 0.136, 0.013)$，现假设列车在初始时刻处于无冲突、Ⅰ级冲突、Ⅱ级冲突和Ⅲ级冲突状态，即初始状态向量分别为 $\pi = (1,0,0,0)$，$\pi = (0,1,0,0)$，$\pi = (0,0,1,0)$ 和 $\pi = (0,0,0,1)$。图 5-9 展示了经过若干到站间隔后，后行列车处于各冲突状态的概率。

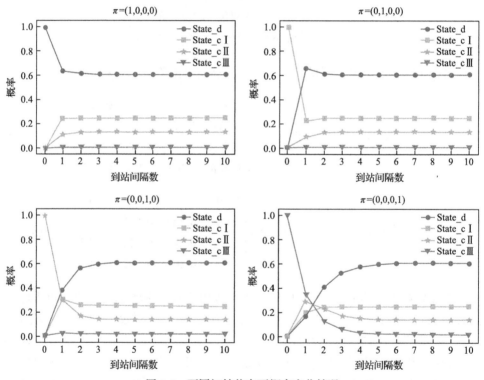

图 5-9　不同初始状态下概率变化情况

由图 5-9 可知，当列车发生Ⅲ级冲突时，后行第一列车保持Ⅲ级冲突的可能性最大，说明Ⅲ级冲突的影响力强。值得注意的是，无论列车处于何种初始状态，经过 5 个到站间隔后，到站列车处于无冲突、Ⅰ级冲突、Ⅱ级冲突与Ⅲ级冲突的概率会稳定在 60.5%、24.6%、13.6% 与 1.3%，这表明在衡山西站随着到站间隔数的增加，列车初始状态对后行列车的影响在逐渐变弱，列车冲突的影响范围为其后续的 5 列列车。

5.3 高速铁路列车运行冲突预测模型

5.3.1 模型特征向量选择

由前文可知，到发线运用冲突的转移过程为一马尔可夫过程，故在选择到发线运用冲突预测模型的特征向量时，重点考虑当前列车对预测列车的影响。依据前文对于到发线运用冲突产生机理的分析，本节基于已有列车运行实绩数据，提取五个参数作为特征空间，对预测列车的到发线运用冲突时长(Y)进行预测，模型的特征向量与输出变量如下。

1) 当前列车的实际到达时刻($X1$)

不同时间段列车运行密度、冗余时间分布、列车晚点情况等存在差异，故本节将列车到达车站的时刻作为模型的一个输入，并将时刻的时间格式表达转化为数值型表达，如将时刻"8:30"转化为数值 8.5。

2) 当前列车的到达晚点($X2$)

若当前列车受到运行干扰发生到达晚点，那么该列车占用接车进路的时间就要推迟，晚点时间越长，占用接车进路的时间窗(包含最小安全间隔时间)越向后推移，会有更大可能与后行列车(预测列车)发生冲突。因此当前列车的到达晚点时间也是影响冲突时长的一个重要因素。

3) 预测列车后方站出发晚点($X3$)

预测列车在后方站的出发状态将对预测列车在当前站的到站状态产生影响，若预测列车在后方站发生晚点，则其占用当前站接车进路的时间窗很大概率会后移，不易发生冲突，但若预测列车提前出发(出发晚点为负值)，则其占用接车进路的时间窗大概率会前移，更易与当前列车产生时间上的重叠，发生冲突。因此预测列车后方站出发晚点也应作为重点考虑的因素。

4) 预测列车后方站至当前站的图定区间运行时间($X4$)

当列车在正常情况下按照列车运行计划行车时，预测列车后方站至当前站的图定区间运行时间越长，其区间冗余时间越充足，更不易发生冲突。预测列车后方站至当前站的图定运行时间为预测列车图定到达当前站时刻与图定离开后方站时刻的差值。

5) 后方站图定发车间隔($X5$)

后方站图定发车间隔是后方站列车计划发车的间隔时间，发车间隔越小，列车的行车密度越大，当前列车更易影响后行列车(预测列车)，后方站图定发车间隔可通过计算后方站预测列车图定出发时刻与其前车(当前列车)图定出发时刻之间的差值求得。

输出变量(Y)为预测列车的冲突时长，时长为 0 说明预测列车没有发生冲突。

对武广高速铁路上行方向衡阳东站至衡山西站区间的数据进行处理并提取相应特征，共得到 63557 条列车运行样本数据，衡山西站到发线冲突时长预测模型的部分建模数据如表 5-5 所示。

表 5-5　衡山西站到发线冲突时长预测模型部分建模数据示例

车次	日期	$X1$	$X2$	$X3$	$X4$	$X5$	Y
G1002	2015/3/24	9.50	−1	0	10	11	0
G74	2015/11/17	11.72	4	1	8	12	4
G554	2015/12/4	17.10	3	0	10	6	2
G6020	2016/3/5	17.05	7	2	10	8	2
G6030	2016/8/22	12.28	7	3	8	8	3
G80	2016/11/1	14.33	2	−1	11	7	1

为了直观展示衡山西站冲突时长预测模型建模数据的分布情况，绘制模型自变量和因变量的数据分布直方图，如图 5-10 所示。由图可知，除了列车的实际到达时刻外，其余变量的分布均呈现右偏态，其中，模型的输出变量冲突时长的分布可看成是连续的，故本节的冲突时长预测模型实际上为回归模型。

5.3.2　冲突预测模型

集成学习(ensemble)通过构建并结合多个个体学习器完成学习任务。根据学习器之间是否有关联，集成学习方法大致分为 Bagging 和 Boosting 两类。Bagging 中由于个体学习器之间没有强关联，个体学习器可在同一时间进行生成，典型算法为随机森林(random forest)；Boosting 中个体学习器之间则存在强关联，此时个体学习器的生成需要以前一学习器的结果为基础，经典算法为 AdaBoost、梯度提升回归树和 XGBoost。由于冲突时长预测问题实质上为回归问题，而 AdaBoost 主要应用于二分类问题，故为实现对冲突时长的精准预测，选取随机森林模型、梯度提升回归树模型及 XGBoost 模型作为备选模型对冲突时长的预测问题进行研究。

1. 随机森林模型

集成学习的工作原理是生成多个个体学习器(模型)，各自独立地学习并作出预测，最后通过某种策略对这些预测进行结合来得出最终的结果，因此优于单独模型做出的预测。在随机森林中个体学习器为决策树，众多的决策树融合成森林实现对结果的预测。

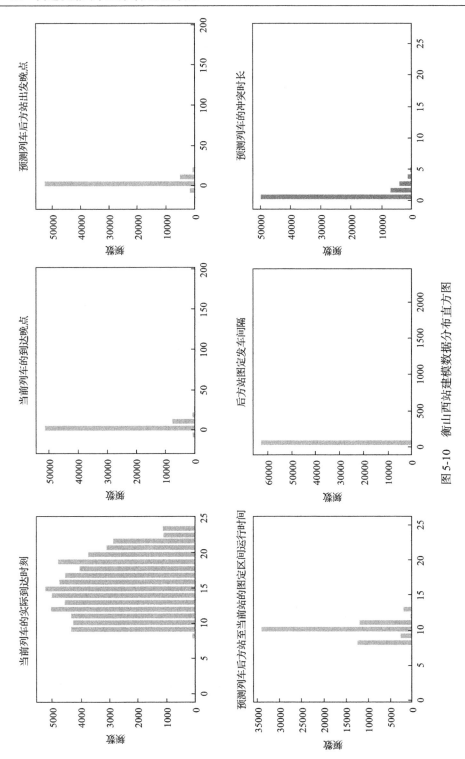

图 5-10 衡山西站建模数据分布直方图

1）Bagging

Bagging（bootstrap aggregating）作为并行式集成学习方法的著名代表，以自助采样（bootstrap sampling）法为基础对样本数据进行抽取。

自助采样是指从原始训练样本集X中有放回地重复随机抽取n个样本产生新的训练样本，新训练样本中的数据可能有重复的，将此抽样过程重复m次，就得到了m个训练样本。每抽一次，任何一个样本没抽中的概率为$(1-1/n)$，一共抽了n次，所以任何一个样本没进入新样本的概率为$(1-1/n)^n$，在统计意义上，就意味着大概有$(1-1/n)^n$的样本没被抽取，可作为验证集。当$n \to \infty$时，$(1-1/n)^n = 1/e$，为 36.8%。以此 36.8%的数据作为验证集的方式叫做包外估计（out of bag estimate）。

Bagging 基于每个新训练集对基学习器（模型）进行训练，在最后预测时整合这m个基学习器（模型）的结果，便能得到最终结果。整合时，对分类问题使用简单投票法，对回归问题使用简单平均法。

2）决策树

决策树（decision tree）是一种非参数的有监督学习方法，可以从带有特征和标签的数据集中总结出决策规则，并对决策规则应用树状图结构进行展示，每个节点代表着一个属性。据该属性的划分，进入该节点的儿子节点，直至叶子节点，每个叶子节点都表征一定的类别，被用来解决分类与回归问题。

决策树需重点关注两个问题，即如何分枝（找准特征）和树何时停止生长。针对如何分枝的问题，定义了衡量分枝质量的指标不纯度，衡量分类树的不纯度用基尼系数或信息熵，回归树用 MSE 均方误差。

（1）信息熵与基尼系数。

假设样本集合X中，第k类样本个数占总样本个数的比例为$p_k (k = 1, 2, \cdots, l)$，那么$X$的信息熵 $\mathrm{Ent}(X)$ 和基尼系数 $\mathrm{Gini}(X)$ 就可表示为

$$\mathrm{Ent}(X) = -\sum_{k=1}^{l} p_k \log_2 p_k \tag{5-15}$$

$$\mathrm{Gini}(X) = \sum_{k=1}^{l} p_k (1 - p_k) = 1 - \sum_{k=1}^{l} p_k^{\,2} \tag{5-16}$$

X 的信息熵和基尼系数越小，说明其此次分枝的不纯度就越小，此次分枝的质量越高。

（2）MSE 均方误差。

回归树选择最优切分特征和切分点的标准是使得切分后各个子节点的不纯度加权和最小，各个子节点的不纯度加权和可用式（5-17）表示：

$$G(x_i, v_{ij}) = \frac{n_{\mathrm{left}}}{N} H(X_{\mathrm{left}}) + \frac{n_{\mathrm{right}}}{N} H(X_{\mathrm{right}}) \tag{5-17}$$

式中，x_i 为第 i 个切分特征；v_{ij} 为第 i 个切分特征的切分；N 为样本量；n_{left}、n_{right} 为以 v_{ij} 为界线划分的左、右节点的样本量；$H(X)$ 为不纯度函数。

回归树不纯度函数 MSE 均方误差见式(5-18)：

$$H(X) = \frac{1}{N} \sum_{i \in N} (y_i - \bar{y})^2 \tag{5-18}$$

式中，$H(X)$ 为均方误差；X 为样本集；N 为样本量；$\bar{y}$ 为节点的目标变量的平均。

决策树生长流程如图 5-11 所示，每次分枝时，决策树对所有的特征进行不纯度计算，选取不纯度最低的特征进行分枝，分枝后，再次对被分枝的不同取值下，计算每个特征的不纯度，继续选取不纯度最低的特征进行分枝。

图 5-11　决策树生长流程图

随着分枝的进行，树整体的不纯度会不断降低，由于决策树的目标是极小化不纯度，因此分枝将会在没有特征可被使用或者不纯度达到最小的时候停止。最后，为了避免过拟合，还要进行剪枝，取消那些可能会导致验证集误差上升的节点。

3）随机森林

随机森林实际上是一种特殊的 bagging 方法，决策树便是 bagging 中的基学习器（模型）。首先，用自助法生成 m 个训练集，接着对每个训练集进行决策树的构建，在节点分裂的时候，并不会去重点关注能使不纯度达到最小的特征，而是会从随机抽取的一部分特征里面寻找最优解，应用于节点，进行分裂。随机森林的方法由于有了 bagging，也就是集成的思想在，实际上相当于对于样本和特征都进行了随机采样，模型的泛化能力通过个体学习器之间的更大差异得以进一步提升。随机森林解决回归任务的流程如图 5-12 所示。

2. 梯度提升回归树模型

1）Boosting

Boosting 算法是一个迭代的过程，每次新的训练的目的在于去对上次的结果进行改进，将弱学习器训练成强学习器。Boosting 算法根据初始训练集对学习器进行训练，按照训练结果调整样本分布，增加做错的训练样本的权重，使得上个学习器判断错误的样本在之后的训练当中被重视，后面的学习器将以调整后的样本分布为基础进行训练，当学习器数量达到特定值时便停止训练，最后，结合全部学习器的训练结果，这是一个不断训练、学习、提升的过程。Boosting 算法的训练过程如图 5-13 所示。

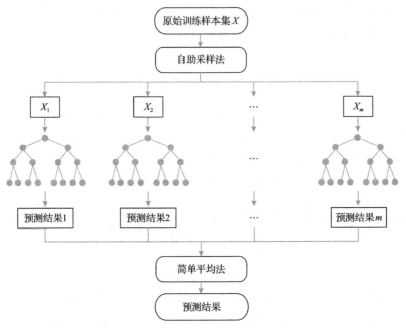

图 5-12   随机森林解决回归任务流程图

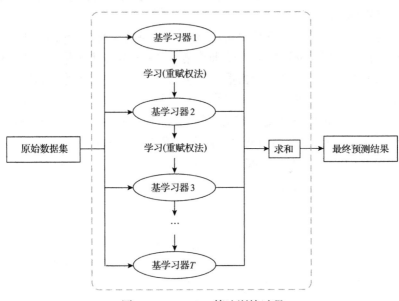

图 5-13   Boosting 算法训练过程

2) 梯度提升决策树

梯度提升决策树(gradient boosting decision tree，GBDT)是集成学习 boosting

算法的经典模型。GBDT 使用前向分步算法，其基学习器是决策回归树，通过将所有决策树的预测值累加起来得出最终的预测值。GBDT 每一棵决策树通过学习之前所有树累加结果的残差，达到使损失函数降低的目的，即每一棵树基于梯度下降法拟合前面树预测结果与真实值之间的残差，使模型全部树的预测值之和不断向真实值逼近。GBDT 回归算法的基本思路如下。

(1) 输入原始数据集 (训练样本集) $D = \{(x_1, y_1), (x_2, y_2), \cdots, (x_m, y_m)\}$，最大迭代次数，即回归树的个数为 T，损失函数为 $L(y, \hat{y}) = \dfrac{1}{2}(y - \hat{y})^2$，其中，$y_i$ 和 y 为标签的真实值，$\hat{y}$ 为预测值。

(2) 建立初始弱学习器模型 $f_0(x) = \underset{c}{\arg\min} \sum_{1}^{m} L(y_i, c)$，其中，$c$ 为使损失函数最小化时的变量取值。

(3) 训练模型，开始迭代，当迭代轮数 $t = 1, 2, \cdots, T$ 时

第一步：对样本 $i = 1, 2, \cdots, m$ 计算负梯度 $r_{ti} = -\left[\dfrac{\partial L(y_i, f(x_i))}{\partial f(x_i)} \right]_{f(x) = f_{t-1}(x)}$。

第二步：利用 (x_i, r_{ti}) $(i = 1, 2, \cdots, m)$ 拟合回归树，生成第 t 棵回归树，其对应叶子节点区域为 R_{tj}，$j = 1, 2, \cdots, J$，J 是该回归树的叶子节点数。

第三步：对叶子节点区域 $j = 1, 2, \cdots, J$，计算最佳拟合值 $c_{tj} = \underset{c}{\arg\min}$ $\sum_{x_i \in R_{tj}} L(y_i, f_{t-1}(x_i) + c)$。

第四步：对学习器进行更新 $f_t(x) = f_{t-1}(x) + \sum_{j=1}^{J} c_{tj} I(x \in R_{tj})$。

综上可知，在 GBDT 模型的训练过程中，第一步得到负梯度 (或泰勒展开的一阶导数)，第二步进行第一个优化求解，基于残差拟合一棵回归树并得到 J 个叶子节点区域，第三步进行第二个优化求解，对节点区域做一次线性搜索，得到每个叶子节点的最优值，第四步通过学习器的更新得到当前迭代轮数的强学习器。

(4) 得到强学习器的表达式：

$$f(x) = f_T(x) = f_0(x) + \sum_{t=1}^{T} \sum_{j=1}^{J} c_{tj} I(x \in R_{tj}) \tag{5-19}$$

3. XGBoost 模型

XGBoost (extreme gradient boosting) 能够使提升树突破其计算极限，从而达到提升计算速度和模型性能的目的。XGBoost 对传统的梯度提升算法进行了改进，

使得 XGBoost 在分类与回归问题上都有更好的表现。XGBoost 模型通过在损失函数中考虑正则项控制模型复杂度，以避免过拟合现象的发生。在模型训练前对各特征内部进行预排序以确定候选切割点，支持多线程并行化处理，训练速度快。但 XGBoost 模型预排序空间占用较大，计算机需具备高内存。

XGBoost 基于梯度提升回归树的损失函数 $L\left(y, f_{t-1}(x) + h_t(x)\right)$，将正则化项 $\Omega(h_t) = \gamma J + \dfrac{\lambda}{2} \displaystyle\sum_{j=1}^{J} c_{tj}^2$ 考虑进去，其中，$h_t(x)$ 为第 t 轮构建的决策树，λ 和 γ 为正则化系数，其余符号与 GBDT 算法原理中的符号含义相同。不同于 GBDT 模型，XGBoost 模型在求解时直接基于损失函数的二阶泰勒展开，最终损失函数的形式可用 $L_t = \displaystyle\sum_{j=1}^{J} \left[G_{tj} c_{tj} + \dfrac{1}{2}\left(H_{tj} + \lambda\right) c_{tj}^2 \right] + \gamma J$ 表示，其中，$G_{tj} = \displaystyle\sum_{x_i \in R_{tj}} g_{ti}$，$g_{ti} = \dfrac{\partial L\left(y_i, f_{t-1}(x_i)\right)}{\partial f_{t-1}(x_i)}$，$H_{tj} = \displaystyle\sum_{x_i \in R_{tj}} h_{ti}$，$h_{ti} = \dfrac{\partial^2 L\left(y_i, f_{t-1}(x_i)\right)}{\partial f_{t-1}^2(x_i)}$。

XGBoost 模型的算法原理如下：

(1) 输入原始数据集 $I = \left\{ (x_1, y_1), (x_2, y_2), \cdots, (x_m, y_m) \right\}$，最大迭代次数为 T，损失函数为 L，正则化系数为 λ 和 γ。

(2) 训练模型，开始迭代，当迭代轮数 $t = 1, 2, \cdots, T$ 时，计算第 i 个样本 $(i = 1, 2, \cdots, m)$ 在当前轮数损失函数 L 基于 $f_{t-1}(x_i)$ 的一阶导数 g_{ti} 和二阶导数 h_{ti}，求出全部样本的一阶导数和 $G_t = \displaystyle\sum_{i=1}^{m} g_{ti}$ 与二阶导数和 $H_t = \displaystyle\sum_{i=1}^{m} h_{ti}$。

(3) 由当前节点开始对决策树进行分裂，默认分数 $\text{score} = 0$，G、H 为当前需要分裂的节点的一阶导数之和、二阶导数之和，记特征序号 $k = 1, 2, \cdots, K$。

第一步，初始化：

$$G_L = 0, H_L = 0$$

第二步，对样本特征 k 依据从小到大的次序进行排列，按照顺序取出第 i 个样本，计算该样本进入左子树后，左右子树的一阶导数和、二阶导数和：

$$G_L = G_L + g_{ti}, \quad G_R = G - G_L$$
$$H_L = H_L + h_{ti}, \quad H_R = H - H_L$$

第三步，尝试更大的分数：

$$\text{score} = \max\left(\text{score}, \frac{1}{2}\frac{G_L^2}{H_L + \lambda} + \frac{1}{2}\frac{G_R^2}{H_R + \lambda} - \frac{1}{2}\frac{(G_L + G_R)^2}{H_L + H_R + \lambda} - \gamma \right)$$

（4）选取能够使得分数达到最大的划分特征及特征值对子树进行分裂。

（5）当最大分数为 0 时决策树建立过程完成，求出全部叶子区域的 c_{tj}，得到弱学习器 $h_t(x)$，并对强学习器 $f_t(x)$ 进行更新，进入下一轮弱学习器的迭代中；当最大分数还未达到 0 时，转到步骤（3）继续尝试对决策树进行分裂。

5.3.3　模型对比及评估

1. 评价指标

本节主要选取 MAE、MSE、R^2 和 Accuracy($\leqslant i$ min) 共四个指标对模型的精度进行评价，各指标的计算公式如下。

1）平均绝对误差 MAE

$$\text{MAE} = \frac{1}{n}\sum_{i=1}^{n}\left|y_i - \hat{y}_i\right| \tag{5-20}$$

式中，n 是样本数量；y_i 是冲突时长的实际观测值；$\hat{y}_i$ 是冲突时长的预测值。

2）均方误差 MSE

$$\text{MSE} = \frac{1}{n}\sum_{i=1}^{n}(y_i - \hat{y}_i)^2 \tag{5-21}$$

式中，n 是样本数量；y_i 是冲突时长的实际观测值；$\hat{y}$ 是冲突时长的预测值。MAE和 MSE 的值越小，说明预测模型拥有越好的精度。

3）确定系数 R^2

$$R^2 = \frac{\text{SSR}}{\text{SST}} = \frac{\displaystyle\sum_{i=1}^{n}(\hat{y} - \overline{y}_i)}{\displaystyle\sum_{i=1}^{n}(y_i - \overline{y}_i)} \tag{5-22}$$

式中，SSR 是回归平方和；SST 是总平方和，确定系数主要用于评价模型的拟合优度，确定系数越接近 1 说明模型的拟合越好。

4）预测精度 Accuracy($\leqslant i$ min)

$$\text{Accuracy}(\leqslant i\,\text{min}) = \frac{n_{\text{lessthan}_i}}{n_{\text{total}}} \times 100\% \tag{5-23}$$

式中，n_{total} 是总样本数量；n_{lessthan_i} 是样本中预测冲突时长与实际冲突时长之间差值小于等于 i min 的样本的数量；Accuracy($\leqslant i$ min) 主要用于评价模型预测值与真实值之间的偏差，反映模型在不同大小误差下的预测精度。

2. 模型对比

上一节基于随机森林模型（RF）、梯度提升决策树模型（GBDT）和 XGBoost 模型（XGBoost）分别建立了冲突时长的预测模型，为测试模型的预测性能，本节使用剩余的 30%的数据集对模型效果进行评估，利用上一节给出的四个指标对模型在测试集上的泛化能力和预测能力进行衡量。模型 RF、GBDT 和 XGBoost 在测试集上的表现见表 5-6。

表 5-6　模型指标对比

模型	MAE	MSE	R^2	Accuracy ($\leq$1min)/%	Accuracy ($\leq$2min)/%	Accuracy ($\leq$3min)/%	Accuracy ($\leq$4min)/%	Accuracy ($\leq$5min)/%
RF	0.197969	0.416766	0.757434	94.98	98.06	99.11	99.49	99.73
GBDT	0.169475	0.390731	0.768578	95.61	98.06	99.06	99.44	99.69
XGBoost	0.166469	0.376380	0.774289	95.63	98.14	99.05	99.47	99.66

由表 5-6 可知，在衡山西站，XGBoost 模型与 GBDT 模型的 MAE 值差距并不大，但 XGBoost 模型在三个模型中具有最小的 MAE、MSE，其中 MAE 仅为 0.166469，MSE 为 0.376380，XGBoost 模型表现更为优秀。另外，XGBoost 模型在衡山西站拥有最大的确定系数 R^2，为 0.774289，拟合效果在三个模型中最好；此外，由表 5-6 还可知，RF 模型在允许误差为 1min 和 2min 时表现较差，但在允许误差 3min、4min 和 5min 时预测精度最高，GBDT 模型整体预测效果略微低于 XGBoost 模型，XGBoost 模型在允许误差 1min 内和 2min 内时，表现出最佳的预测精度。值得注意的是，三种模型在各允许误差下的预测精度都较高且差距并不大；综合对比指标 MAE、MSE、R^2 和 Accuracy($\leq i$min)不难发现，XGBoost 模型更加适合在衡山西站进行到发线冲突时长的预测工作，故选取 XGBoost 模型作为到发线冲突时长的预测模型。

3. 模型评估

为评估 XGBoost 模型的预测性能，使用 XGBoost 模型对衡山西站测试集中的 19068 条数据进行预测，并对预测残差、预测精度等进行统计分析，结果如图 5-14 所示。

图 5-14(a)展示了预测值与真实值的残差分布，预测模型的残差基本集中在 0min，模型预测效果佳；由图 5-14(b)可以看出，当模型允许的绝对误差在 1min 之内时，模型的预测精度为 95.63%，在 2min 之内时，预测精度达到 98.14%，模型拥有高预测精度。

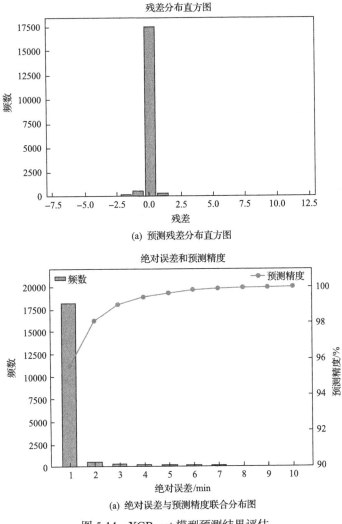

(a) 预测残差分布直方图

(a) 绝对误差与预测精度联合分布图

图 5-14 XGBoost 模型预测结果评估

表 5-7 为 XGBoost 模型在训练集与测试集上指标的取值情况，由表可知，在训练集与测试集上 XGBoost 模型 MAE 与 MSE 的取值均小于 0.4，模型预测效果好，能准确对衡山西站到发线运用冲突时长进行预测，能够实现对到发线冲突的自动检测。

表 5-7 XGBoost 模型训练集与测试集指标对比

评价指标	训练集	测试集
平均绝对误差（MAE）	0.146224	0.166469
均方误差（MSE）	0.373980	0.376380
确定系数（R^2）	0.778982	0.774289

第6章　高速列车晚点网络化传播理论

6.1　考虑潜在进路冲突的多线衔接站列车到达晚点预测

6.1.1　问题描述

　　列车到达多线衔接站时，可能因为在之前车站运行时的晚点未被完全恢复而继续保持晚点；也可能在之前车站运行时未发生晚点但是在进站前受到多线衔接站上的前行晚点列车的影响而产生晚点。因此，本节所研究的问题为：预测到达多线衔接站的列车在到站时的到达晚点时长。

　　列车到达多线衔接站时的晚点一方面极大地依赖于在先前车站的晚点状态，另一方面也受到站内的前行列车的影响。多线衔接站连接数条线路，站内的相邻列车可能使用平行进路到达(离开)车站，因此，考虑前行列车对待预测列车的影响时应该从潜在进路冲突的角度出发，考虑与待预测列车有潜在运行冲突的前行列车对待预测列车的影响。所以，本章的研究目标为：考虑待预测列车在到达多线衔接站之前的晚点状态、与待预测列车有潜在进路冲突的前行列车的影响，以及待预测列车的运行环境，基于混合神经网络算法提出一种新的到达晚点预测模型用于多线衔接站的到达晚点预测。

6.1.2　影响因素分析

　　1. 到达(出发)进路与进路冲突

　　在高铁网络中，车站通常可以根据所连接的高铁线路的数量分为两类。图 6-1 显示了两类站点的示例。第一类是单线车站，即图 6-1 中的 A、B、C、O、M、N、Y 站，仅由一条铁路穿过。另一类是多线衔接站，它至少连接两条铁路线路，即图 6-1 的车站 O。在多线衔接站上，有始发站和终点站属于同一条铁路线的正线列车，也有始发站和终点站属于不同线路的跨线列车。在图 6-1 中，车站 A、M、O、N 和 B 属于同一条铁路线，而车站 D、Y、O 和 C 属于另一条铁路线。O 站是多线衔接站，它是两条铁路线的交叉站。因此，跨线列车(例如，从 A 站始发，在 D 站终到的列车)和本线列车(例如，从 A 站始发，在 B 站终到的列车)都将穿过 O 站。

　　道岔是控制列车进出站的最基本单元，根据其在站场中的位置分配道岔号。因此，列车到达(出发)进路可以用道岔号加上股道号来表示。例如，在图 6-2 (a) 中，

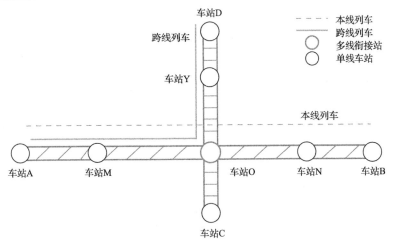

图 6-1 不同类型车站的示意图

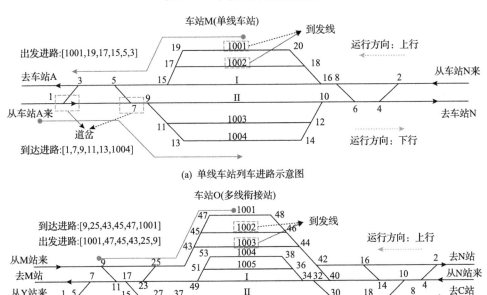

(a) 单线车站列车进路示意图

(b)多线衔接站列车进路示意图

图 6-2 列车到达与出发进路

来自 A 站的到达列车通过道岔 1、7、9、11 和 13 到达股道 1004，因此序列[1, 7, 9, 11, 13, 1004]可被视为这些列车的到达进路(也称为进站进路)。同样, 停留在 1001

号股道的列车在 A 站的出发进路(也称为出站进路、发车进路)为[1001, 19, 17, 15, 5, 3]。列车运行方向可分为上下行，当车次最后一个编号为奇数时，列车为下行列车，反之为上行列车。在图 6-2(a)中，从 N 站出发的列车到达 M 站后，以上行运行方向驶往 A 站，而从 A 站出发后，列车以下行运行方向驶往 N 站。对单线车站，只有一条铁路线穿过它们。单线车站中不同运行方向(上、下行)的列车通常只能选择特定的站线停车，因此所有列车需要按时间顺序到达/离开单线车站。换言之，具有相同运行方向的列车在到达和离开时必须通过一些共用道岔。

本节将相邻到达(出发)列车的到达(出发)进路存在共用道岔的情况定义为进路冲突，其中共同的道岔称为冲突道岔。例如，在图 6-2(a)中，上行运行方向(从车站 N 到车站 A)的列车通常只能停在股道 1001 或 1002 处。因此，来自 N 站的列车必须通过道岔 2、8、16 和 18，并按运行图所计划的顺序按时间先后到达车站。如果有一列来自 N 站的晚点列车正在进站，后行的列车必须在车站外等待，直到晚点列车通过共用道岔，因为后行列车也需要通过这些共同道岔。如果相邻列车之间没有足够的行车间隔时间，前行列车的晚点可能会导致后行列车晚点。换而言之，相邻列车间的到达进路冲突导致晚点。

在单线车站，来自相同线路，而且来自相同运行方向(上、下行)的列车不能同时到达车站。然而，在多线衔接站中，当相邻列车之间没有进路冲突(即进路中无共用道岔)时，相同运行方向(上、下行)的列车能够同时到达/离开车站，或者不需要满足最小间隔时间到达/离开车站。例如，在图 6-2(b)中，当一列来自 Y 站的上行列车到达 1010 号股道时，其到达进路为[1, 5, 15, 19, 27, 29, 31, 33, 35, 1010]，另一列来自 M 站的上行列车的到达进路为[9, 25, 43, 45, 47, 1001]，它们之间不存在进路冲突，因此可以同时到达车站。因此，当对多线衔接站上具有相同运行方向(上、下行)到达的列车按照到站时间进行排序时，相邻列车可能来自于不同的线路。同样，来自同一条线路的相邻列车不一定能够再按照相邻的顺序到达多线衔接站；换而言之，在多线衔接站，某一列车到达多线衔接站的相邻列车可能不是其来自相同线路上的相邻列车。

多线衔接站至少连接两条线路，因此，来自不同线路的相邻到达(出发)列车也可能发生潜在的进路冲突。例如，在图 6-3 中，列车 A1、A2、A3、A4 为到达列车，而列车 D1、D2、D3、D4 为出发列车。列车 A2 将停在 1003 号站线，通过到达进路[1, 5, 7, 11, 17, 23, 25, 43, 1003]，列车 D1 发车进路为[1002, 45, 43, 25, 23, 17, 11, 7]。如果列车 A2 到达车站，列车 D1 同时离开车站，它们将通过共用道岔[7, 11, 17, 23, 25, 43]，如果安排它们同时到达车站，两列车可能会发生相撞，这在实际列车运行过程中是不允许的。因此在进行图定的进路安排时，列车 A2 的到达时刻与列车 D1 的出发时刻之间会设置足够的间隔时间，以消解两列车之间的进路冲突。然而，该两列车之间仍存在潜在的进路冲突，这是因为当前行列车发生晚点时，可能会占用共用的道岔，使得后行列车的到达(出发)进路无法开放，最终导致后行列车也发生晚点。根据列车的到达和出发顺序，列车的进路冲突可分为如下四类。

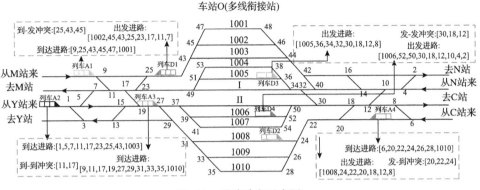

图 6-3 进路冲突示意图

(1)到-到冲突(到达进路-到达进路冲突)：两列相邻到达列车的到达进路之间有共用的道岔。例如，图 6-3 中，列车 A3 为前行到达列车，列车 A2 为后行到达列车，列车按顺序到达车站时将通过一些共用道岔。如果列车 A3 晚点且不能按时到达车站到发线，则 A2 列车可能无法按时到达车站。在该例中到-到冲突的冲突道岔为[11, 17]。

(2)到-发冲突(到达进路-出发进路冲突)：前行出发列车的出发进路和后行到达列车的到达进路之间存在共用道岔。例如，在图 6-3 中，列车 D1 为前行出发列车，列车 A1 为后行到达列车。当列车 D1 离开车站而列车 A1 到达车站时，它们将通过一些共用道岔。如果列车 D1 发生晚点且不能按时离开到发线，列车 A1 可能无法按时到达车站。该例的到-发冲突的冲突道岔为[25, 43, 45]。

(3)发-发冲突(出发进路-出发进路冲突)：相邻两列出发列车之间有共用道岔。例如，在图 6-3 中，列车 D3 为前行出发列车，列车 D4 为后行出发列车；列车 D3 与 D4 离开车站时将通过一些普通道岔(即道岔 30、18、12)。如果列车 D3 发生晚点不能准时出发，列车 D4 可能受到列车 D3 的影响也不能准时出发。

(4)发-到冲突(出发进路-到达进路冲突)：前行到达列车和后行出发列车之间有共同的道岔。例如，在图 6-3 中，列车 A4 为前行到达列车，列车 D2 为后行出发列车。它们的到达进路和出发进路之间有一些共同道岔(即道岔 20、22、24)。如果列车 A3 晚点，无法按时到达到发线，列车 D2 可能无法按时出发。

在列车正常的运行过程中，两列相邻列车之间会至少需要保持最小的行车间隔，以保障列车有序地运行。然而，当前方列车受到干扰，最终导致晚点时，如果与后行列车间隔时间不足，后行列车可能会因此受到影响而产生晚点。在单线车站，由于所有列车运行在同一条铁路线上，只有同一条铁路线路上的后行列车会受到直接影响。这种情况可以被称为晚点单线传播。然而，在多线衔接站，多条铁路线此汇聚。如果来自某条铁路线的列车晚点，其他铁路线路运行的列车与该晚点列车有着潜在运行冲突时，这些来自其他线路的列车也可能受到前行列车影响而产生晚点。这种情况被称为晚点网络传播。图 6-3 中，列车 A3 来自 M 站，列车 A2 来自 Y 站，由于到-到冲突，列车 A3 的晚点可能将影响来自 Y 站和 M 站的列车。显然，晚点网络传播比晚点单线传播更为复杂，会对铁路运营商和乘客造成更严重的危害。

既有的基于机器学习方法对多线衔接站进行晚点预测的文献[36,39,40,65]，它们既没有考虑来自不同线路的列车之间的相互影响，也没有考虑列车在多线衔接站的具体的到达进路和出发进路。它们用来处理数据的方法可以总结为：①按照列车到达车站顺序对列车进行排序；②提取相关的影响因素，如相邻列车间的相互作用关系、列车运行环境因素；③最后使用不同的方法建立晚点预测模型。这种数据处理在单线车站是正确的，但是在对多线衔接站的到达晚点进行预测时是不正确的。例如，在图 6-4(a) 中，现有研究认为，由于相邻列车之间的相互作用，前

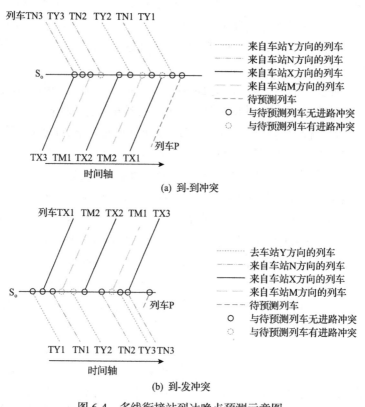

(a) 到-到冲突

(b) 到-发冲突

图 6-4　多线衔接站到达晚点预测示意图

行列车 TY1 将影响待预测列车(列车 P)。这是不正确的，因为列车 TY1 和列车 P 之间没有进路冲突，根据上述段落的分析，即使是相邻地到达多线衔接站的列车，它们之间也不会相互影响，即不存在相互作用关系。而与列车 P 相互作用的实际首列前行列车应为 TX1。

2. 列车到达晚点影响因素

本节选择了以下的影响因素，并将这些影响因素构成的集合为标记为 $E=\{E_1, E_2, E_3, E_4, E_5\}$。

E_1：待预测列车在到达多线衔接站之前的车站的到达晚点。E_1 为之前多个车站到达晚点的集合，$E_1 = \{e_{1,n}, \cdots, e_{1,2}, e_{1,1}\}$，其中 $e_{1,n}$ 为待预测列车在到达多线衔接站之前的第 n 个车站的到达晚点，单位为 min。

E_2：待预测列车在到达多线衔接站之前的车站的出发晚点。E_2 为之前多个车站出发晚点的集合，$E_2 = \{e_{2,n}, \cdots, e_{2,2}, e_{2,1}\}$，其中 $e_{2,n}$ 为待预测列车在到达多线衔接站之前的第 n 个车站的出发晚点，单位为 min。

E_3：$E_3 = \{e_3\}$，其中 e_3 表示待预测列车在图定到达多线衔接站的时段。本节将每日按小时划分为 24 个时段，即 0:00～1:00、1:00～2:00、$\cdots$、23:00～24:00，并使用 one-hot 对不同时段进行编码。

E_4：$E_4 = \{e_4\}$，其中 e_4 表示待预测列车在图定到达多线衔接站的时段的降雨量。该时段按照 e_3 进行划分，单位为 mm。

E_5：$E_5 = \{e_5\}$，其中 e_5 表示待预测列车在多线衔接站的图定停站时间，单位为 min。

以进路冲突为切入点，基于来自不同线路的列车的潜在运行冲突考虑了相关的影响因素。待预测列车在多线衔接站的到达晚点除了与其在之前车站的晚点有关，也和与其有进路冲突的前行列车的晚点状态有关系。例如，在图 6-4(a)中，TX1 是与待预测列车(列车 P)有到-到冲突的到达列车，如果 TX1 发生晚点，TX1 可能将占用待预测列车的运输资源，使得待预测列车也发生晚点。因此，本节也考虑了与待预测列车有潜在进路冲突的列车对待预测列车的影响。值得注意的是，在多线衔接站 S_0，TY1 是与待预测列车在时间上是相邻的列车，但是由于它们之间没有潜在的进路冲突，即使 TY1 发生晚点，待预测列车也不会受到影响。

就进路冲突相关的影响因素而言，与待预测列车有进路冲突的冲突类型有到-到冲突和到-发冲突。而发-到和发-发冲突是前行到达(出发)列车与后行的出发列车之间的进路冲突，其反映的是对出发列车的影响，因此在本章中不需要被考虑。本节将由潜在进路冲突引起的影响因素可以标记为特征集 $C=\{C_1, C_2, C_3, C_4, C_5, C_6, C_7\}$。其中，这些影响因素可以被分为关于具体列车进路的进路影响因素，以及反映列车之间相互作用关系的列车间相互作用影响因素。详细的影响因素定义如下。

1) 进路影响因素

C_1：$C_1 = \{c_1\}$，其中 c_1 表示待预测列车在多线衔接站的到达进路。

C_2：与待预测列车有到-到冲突的前行到达列车的到达进路。C_2 为之前多个前行到达列车到达进路的集合，$C_2 = \{c_{2,n}, \cdots, c_{2,2}, c_{2,1}\}$，其中，$c_{2,n}$ 为与待预测列车有到-到冲突的第 n 列前行到达列车的到达进路。如在图 6-4(a)中，TX1、TM2、TN2 的到达进路分别为列车 P 的 $c_{2,1}$、$c_{2,2}$、$c_{2,3}$。

C_3：与待预测列车有到-发冲突的前行到达列车的出发进路。C_3 为之前多个前行出发列车出发进路的集合，$C_3 = \{c_{3,n}, \cdots, c_{3,2}, c_{3,1}\}$，其中，$c_{3,n}$ 为与待预测列车有到-发冲突的第 n 列前行出发列车的出发进路。例如，在图 6-4(b)中，TM1、TY2、TM2 的出发进路分别为列车 P 的 $c_{3,1}$、$c_{3,2}$、$c_{3,3}$。

在铁路系统中，由于设备的联锁、运输资源的独占性，后行列车不可避免地会受到前行列车的影响，这种相邻列车间的影响被称为列车间的相互作用关系[66]。之前的晚点预测研究按照列车的到站顺序来确定列车间的相互作用关系，这种方法在对多线衔接站的到达晚点预测是不正确的。如上述分析可知，在多线衔接站，列车间的相互作用关系应由潜在的运行冲突进行确定，因此本节提取的有关列车间的相互作用关系的影响因素如下。

2) 列车间相互作用影响因素

C_4：与待预测列车有到-到冲突的前行到达列车的到达晚点。C_4 为之前多个前行到达列车到达晚点的集合，$C_4 = \{c_{4,n}, \cdots, c_{4,2}, c_{4,1}\}$。其中，$c_{4,n}$ 为与待预测列车有到-到冲突的第 n 列前行到达列车的到达晚点。在图 6-4(a)中，TX1、TM2、TN2 的到达晚点分别为列车 P 的 $c_{4,1}$、$c_{4,2}$、$c_{4,3}$。

C_5：与待预测列车有到-发冲突的前行出发列车的出发晚点。C_5 为之前多个前行出发列车出发晚点的集合，$C_5 = \{c_{5,n}, \cdots, c_{5,2}, c_{5,1}\}$。其中，$c_{5,n}$ 为与待预测列车有到-发冲突的第 n 列前行出发列车的出发晚点。例如，在图 6-4(b)中，TM1、TY2、TM2 的出发晚点分别为列车 P 的 $c_{6,1}$、$c_{6,2}$、$c_{6,3}$。

C_6：与待预测列车有到-到冲突的前行到达列车和待预测列车的行车间隔时间。C_6 为与之前多个前行到达列车行车间隔时间的集合，$C_6 = \{c_{6,n}, \cdots, c_{6,2}, c_{6,1}\}$，其中，$c_{6,n}$ 为待预测列车的图定到达时刻减去与待预测列车有到-到冲突的第 n 列前行到达列车的实际到达时刻。如在图 6-4(a)中，$c_{6,1}$ 为列车 P 的图定到达时刻减去 TX1 的实际到达时刻。

C_7：与待预测列车有到-发冲突的前行出发列车和待预测列车的行车间隔时

间。C_7 为与之前多个前行出发列车行车间隔时间的集合，$C_7 = \{c_{7,n}, \cdots, c_{7,2}, c_{7,1}\}$。其中，$c_{7,n}$ 为待预测列车的图定到达时刻减去与待预测列车有到-发冲突的第 n 列前行出发列车的实际出发时刻。如在图 6-4(b) 中，$c_{6,1}$ 为列车 P 的图定到达时刻减去 TM1 的实际出发时刻。

本节将对上述影响因素根据其数据特性进行分类。根据上述分析，确定了多线衔接站到达晚点的影响因素，其中包括已有研究考虑的影响因素与根据进路冲突确定的影响因素。

在这些影响因素中，E_1、E_2、C_4、C_5、C_6、C_7 是待预测列车在之前车站的晚点，以及待预测列车的前行列车的晚点相关的因素；因此，本节将这些变量命名为晚点相关因素 (D)。其中，E_1、E_2 是待预测列车在之前车站的晚点状态，反映的是待预测列车在不同车站之间的相互关系；而 C_4、C_5、C_6、C_7 是与待预测列车有进路冲突的前行列车的晚点相关的因素，反映的是列车间的相互作用关系。

同样，C_1、C_2、C_3 表示待预测列车的到达进路及与待预测列车有潜在进路冲突的前行列车的到达(出发)进路，因此本节将这些变量定义为进路相关因素 (R)。

E_3、E_4、E_5 反映了列车的运行环境，包括自然环境与行车环境，这些变量分别称为环境相关因素 (E')。

值得注意的是，本节的考虑的影响因素包含待预测列车在之前多个车站以及与待预测列车有进路冲突的前行多列列车的影响。既有研究假设列车运行为一个马尔可夫过程，且多考虑使用一阶马尔可夫链对晚点进行建模，但是最近的研究表明，列车间的相互作用与车站间的相互作用并不是简单的一阶马尔可夫过程，前行的车站或前行列车的数量均可能影响待预测列车，选择相邻列车与前行车站的最佳数量是有意义的。因此，本节将考虑前行列车的数量以及之前车站的数量分别视为超参数，将在模型参数调试时进行优化以得到最优的数量。

6.1.3 数据描述与模型假设

1. 数据描述

本章使用的数据来自于中国广州铁路局(现中国铁路广州局集团有限公司)的两个代表性多线衔接站，即广州南站和长沙南站。这两个多线衔接站的示意图如图 6-5 所示，数据时间跨度为 2015 年 3 月 24 日至 2016 年 11 月 10 日。

从图 6-5 可知，五条高速铁路于广州南站汇集，这五条高速铁路分别为武广高铁(其为京广高铁南部区域)、南广高铁、贵广高铁、广深高铁和广珠(城际)高铁。而长沙南站被京广高铁及沪昆高铁贯穿。虽然广州南站为京广高铁、南广高铁、贵广高铁、广珠城际和广深高铁五条高铁线路的终到站，但对于某一些列车

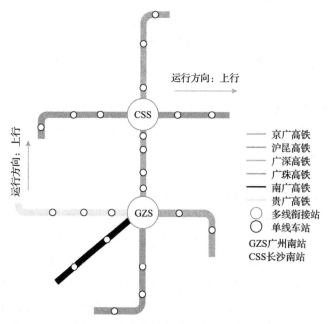

图 6-5　广州南站与长沙南站示意图

而言，它也是一个跨线站，即列车在这里通过，然后跨线运行到其他铁路线。相似地，一些列车也会在长沙南站终到。一般来说，大多数列车在同一条线路上运行，这些列车被称为本线列车；而另一些则在两条或多条铁路线上运行，这些列车被称为跨线列车。例如，一些列车可能在广深高铁始发，然后经广州南站，前往京广高铁，最终在沪昆高铁终到，这些列车即为跨线列车。在遇到干扰时，调度员通常优先考虑跨线列车的运行，且跨线列车自身也可能将晚点传播至其他的线路。

　　在建立本节的到达晚点预测模型之前，先按以下步骤对数据进行预处理。首先，本节将晚点大于 90min 的样本视为异常值，并删除这些样本。该步骤是必要的，因为这些样本数量很少，占广州南站和长沙南站全部数据的 0.2%以下。本节将建立一个混合神经网络模型对多线衔接站到达晚点进行预测，混合神经网络模型应保证有足够的样本来训练。因此如果保留大于 90min 的样本，这些样本可能不能被充分地训练。当获得足够多大于 90min 的样本时，本节提出的模型可以再考虑这些样本来重新训练模型，且 90min 的临界值可以根据后续样本量的补充而扩大，即一旦有足够的晚点超过 90min 的样本，该临界值可以被设置为更大（如120min）。

　　此外，本节也删除了没有前行冲突列车的样本，这些无冲突列车通常是每日最早到达或离开的列车，在其之前没有与之有进路冲突的列车。本节需要依据潜在进路冲突考虑相邻列车的相互作用关系，而这些样本不具备这种关系，因此将不予考虑这些样本。

经过对数据进行预处理后，最终本节得到在广州南站和长沙南站的数据样本量分别为 162609 条和 149433 条。本节使用 70% 的数据对模型进行训练和验证，这其中 70% 的数据被用于训练集，30% 的数据用于验证集；其余 30% 的数据用于测试集。换而言之，全部数据的 49% 用于模型训练，21% 的数据用作验证集来进行模型超参数优化，30% 用于模型性能测试。

根据 6.1.2 的影响因素分析，本节将其分为晚点相关影响因素、环境相关影响因素，以及进路相关影响因素。本节在表 6-1～表 6-3 分别给出了这三类影响因素的部分数据。

表 6-1 晚点相关影响因素

因素		样本(列车)1	样本(列车)2	样本(列车)3
车站相互作用	$e_{1,1}$	1	0	4
	$e_{1,2}$	3	0	4
	$e_{1,3}$	3	0	3
	$e_{2,1}$	1	0	3
	$e_{2,2}$	3	0	4
	$e_{2,3}$	3	0	2
列车相互作用	$c_{4,1}$	3	0	0
	$c_{4,2}$	5	2	0
	$c_{5,1}$	0	0	0
	$c_{5,2}$	0	0	0
	$c_{6,1}$	6	5	5
	$c_{6,2}$	11	10	10
	$c_{7,1}$	13	8	15
	$c_{7,2}$	20	16	30

表 6-2 环境相关影响因素

因素	样本(列车)1	样本(列车)2	样本(列车)3
e_3	8:00～9:00	15:00～16:00	14:00～15:00
e_4/mm	0	3	0
e_5/min	5	8	6

表 6-1 的数据考虑了待预测列车在之前三个车站的到达和出发晚点、两列与待预测列车有到-到冲突的前到达行列车，以及两列与待预测列车有到-发冲突的出发列车。

表 6-3　进路相关影响因素

因素	样本(列车) 1	样本(列车) 2	样本(列车) 3
到达进路 (c_1)	[4,10,12,26,28,42,54,68,1003]	[18,44,72,1002]	[1,5,15,25,27,45,1013]
$c_{2,1}$	[4,10,16,30,32,46,48,58,60,1011]	[4,10,12,26,28,42,44,72,1002]	[1,5,15,25,27,45,1014]
$c_{2,2}$	[4,10,12,26,28,42,44,72,1002]	[4,10,12,26,28,42,44,72,1002]	[1,5,15,25,27,45,1013]
$c_{2,3}$	[4,10,16,30,34,36,56,64,1005]	[18,20,28,42,54,68,1004]	[1,5,15,25,27,45,1014]
$c_{3,1}$	[1003,41,31,29,9,7,3]	[1002,43,31,29,9,7,3]	[1013,66,52,50,76,22,8,6,2]
$c_{3,2}$	[1003,41,31,29,9]	[1002,43,31,29,9,7,3]	[1013,66,52,50,76,22,8,6,2]
$c_{3,3}$	[1006,64,62,56,36,26,12,10,4,2]	[1002,43,31,29,9,7,3]	[1013,66,52,50,76,22,8,6,2]

表 6-2 中，e_3 表示待预测列车到达多线衔接站的时段，将在后续使用 one-hot 编码进行处理；e_4 表示待预测列车到达多线衔接站的所处时段的降雨量，单位为 mm；e_5 表示待预测列车的在多线衔接站的停站时间，单位为 min。

表 6-3 给出了待预测列车的到达进路，与待预测列车有到-到进路冲突的前行三列到达列车的到达进路，以及与待预测列车有到-发进路冲突的前行三列出发列车的出发进路。需要注意的是，本节虽然使用数字来表示这些进路数据，但是这些数据实际为道岔或者到发线编号。因此这些数字并不是数值型的数据，而应该为字符串型的数据。

2. 模型假设与影响因素处理

1) 模型假设

根据对多线衔接站到达晚点影响因素的分析可知，本节将影响因素分为进路相关影响因素、晚点相关因素及环境相关因素。基于各影响因素的数据特性，本章将进路相关影响因素假设为文本数据，并使用自然语言处理领域中的方法进行向量化；将晚点相关数据假设为反映列车间相互作用的时间序列数据，以及反映车站间作用关系的时间序列数据；将环境相关数据假定为静态的数据。依照各影响因素的数据特性选择合适的神经网络模块对其进行处理。将处理后的结果进行融合，以得到本节最终的混合神经网络架构，并基于该架构对多线衔接站的到达晚点时间进行预测。

2) 影响因素处理

(1) 进路相关因素。

本节使用列车在进(出)站时所通过的道岔和到发线的编号集合来表示相关的到达(出发)进路，这些编号实质为字符串类型。此外，相关的进路数据还反映了列车先后占用道岔与到发线的顺序，因此也具有时序性。根据这两个特性，本节将进路相关因素抽象为文本信息，每一个道岔号(到发线号)为一个词，整个进路数据为一个完整的句子。传统的数学算法与模型不能够对该种非结构化的文本信息进行直接运算，然而在自然语言处理(natural language processing，NLP)领域已有较多成熟且性能优异的算法可以将这些文本数据向量化，进而使用一些高效的算法进行处理。

在进路相关因素中，本节考虑了待预测列车的到达进路、与待预测列车有到-到冲突列车的到达进路和有到-发冲突列车的出发进路。因此，我们首先需要提取每列列车的准确到达和出发进路。本节查阅广州南站和长沙南站进路安排的相关的资料发现，列车的到达/出发进路通常采用通过最少数量的道岔为原则。本节使用广州南站与长沙南站所编制的列车进路方案，在后续的研究中，当车站的计划进路数据不可获得时，可以使用本节所介绍的通过最少数量道岔的原则来确定列车进路。此外，本节所有与进路相关的变量均为实际进路，而非计划进路，因为调度员可能会在列车晚点时重新安排列车进路，尤其是在大晚点的情况下。本节提出的方法的主要目标是捕捉具有进路冲突的相邻列车的进路相互作用。一旦模型学习到相邻列车之间进路冲突的相互作用，本节的模型就可以计算出使用不同备选进路时的到达晚点。

进路相关的变量不能直接输入到模型中，因为它们是字符串类型。在本研究中，道岔编号被视为词，进路相关变量被视为句子，进路相关变量被视为文本数据。传统的对文本处理方法通常使用 one-hot 编码器对每个单词进行向量化。然而，one-hot 编码的矩阵的大小随着可能的单词数量的增加而增长，并且很快变得非常大。例如，一篇文章出现 3 万个词，one-hot 编码将得到 3 万×3 万矩阵，该矩阵将非常稀疏，因为该矩阵中的大部分都为零值。此外，one-hot 编码将编码对象视为相互独立的，因此将无法体现词之间的关系。为了解决这些不足，人们提出了词嵌入技术来对文本进行向量化，本节使用 NLP 领域中处理文本信息最常用和有效的 Word2vec 方法[68]首先将这些变量向量化，随后使用神经网络结构中的embedding 层对向量化后的结果进行处理。Word2vec 首先将每个词映射到一个几何空间，该方法对语义库中的每个词指定给一个数字向量，然后计算任意两个向量之间的距离，以捕获它们对应词之间的语义交互。语义库是所有词构成的集合，本节分别对广州南站和长沙南站建立了一个语义库，其中包括所有从不同方向到达的列车的到达进路，以及去不同方向的出发列车的出发进路。随后，使用 Python语言中 genism 库[69]的 Word2vec 函数，将不同的进路影响因素向量化为不同的矩阵。此外，Word2vec 得到的向量表示可以保留词向量之间的语义信息。例如，"国王"的向量+"女性"的向量将与"女王"的向量极其相似。不同的列车将有不同长度的到达/出发进路，这意味着我们必须填补短序列或缩短长序列。在本节中，向量的长度 S 对应于最长的输入路径相关序列，比 S 短的序列将被 0 值填充至长度为 S。Word2vec 的另一个关键参数是每个词的维度(即词向量的维度)，对于本节的两个多线衔接站，设置该维度为 $M=10$。

　　将相应的进路相关因素向量化后，得到的矩阵将被输入到神经网络中的 embedding（嵌入）层。当我们在神经网络中使用进路相关因素时，对于每个进路相关的因素，我们首先使用 embedding 层将每个进路相关变量转换为大小为 $S \times M$ 的二维张量，其中 S 表示序列的最大长度，M 表示词向量的维数。换言之，每个进路相关变量在经过 embedding 层之后的大小为 $S \times M$，其中 S 可被视为"宽度"，M 表示可以被视为图像中的"深度"或通道数。在 NLP 领域中，一种常用且高效的方法是使用 embedding 层和一个（或多个）一维卷积神经网络（1-dimensional convolutional neural network，1DCNN）模块的组合架构来处理文本数据。1DCNN 是一种简单但高效的方法，在处理 NLP 中的文本信息方面表现出了卓越的能力[70,71]。由于卷积核具有固定的"宽度"，通过改变 1DCNN 的卷积核的大小，我们可以捕获任意相邻位置信息来输入单词嵌入。例如，本节将卷积核的大小设为 $P \times M$，其中 P 表示选择的相邻道岔的数目，M 表示词向量的维数。

　　在本节中，每一个待预测列车（样本）均包含待预测列车的到达进路 C_1、与待预测列车有到-到冲突的到达列车的到达进路 C_2，以及与待预测列车有到-发冲突的出发列车的出发进路 C_3，其中 C_2 和 C_3 是由多个元素组成的。对于每个进路相关因素，我们使用了两个连续的一维（1D）卷积操作，其中包括两个尺寸为 $2 \times M$ 的 1D 卷积层，两层中均使用 128 个过滤器（filter）。每个卷积层使用 ReLU 函数进行激活，在卷积层后使用大小为 2×1 的最大池化（max-pooling）层。在两个卷积操作之间，使用 dropout 层[72]，保持 50%的连接性，以避免过拟合。随后，对进路相关变量 C_1、C_2 和 C_3 的卷积之后结果进行融合。

　　(2)晚点相关因素。

　　晚点相关因素包括反映相邻列车（待预测列车和与之有冲突的前行列车）之间和相邻车站（待预测列车在到达多线衔接站前的数个车站）之间相互作用的信息。这两种相互作用均是按时间顺序发生的事件，因此具有明显的时序性。而相较于进路相关因素，晚点相关因素为一系列的数值型数据，因此本节将其抽象为常见是时间序列数据。如前所述，考虑多个相邻列车的相互作用比将列车运行过程视为马尔可夫过程更合理。对列车间的相互作用，每一列车可以视为一个时间步，而每一列列车所具有的属性则为该时间步的特征。相似地，本节将待预测列车在之前的每一个车站视为一个时间步，而在每一个车站的属性视为该时间步的特征。

　　相邻的两列车（两个车站）之间有相互的作用关系，考虑到站间的冗余时间和线间的冗余时间的布局，待预测列车晚点可能也与多线衔接站第二个之前的车站的晚点状态，或者与待预测列车有进路冲突的前行第二列车有关。换而言之，当将列车（车站）间的相互作用关系视为时间序列时，不仅需要考虑相邻两个时间步的依赖关系，也应该考虑相邻数个时间步的关系。基于此特性，本节选择了长-短期记忆网络（long short-term memory，LSTM）[73]处理列车间及车站间的相互作用关系。

LSTM 是一种基于循环神经网络(recurrent neural network, RNN)演化而来的高效的神经网络架构。LSTM 不仅有 RNN 对时间序列数据优异的建模能力,而且相较于 RNN,其还能捕捉不同长度时间步之间的关系。换而言之,LSTM 既可以提取相邻时间步之间的关系,还可以提取间隔时间较长的时间步之间的关系。因此,本节采用两个 LSTM 模块来分别处理列车间及车站间的相互作用。第一个 LSTM 用于处理列车间的相互作用关系,在该模块中,影响因素 C_4 和 C_5 (与待预测列车存在到-到和到-发冲突的前行列车的到达和出发晚点),以及 C_6 和 C_7 (与待预测列车存在到-到和到-发冲突的前行列车之间的行车间隔时间)。这四个因素以式(6-1)的方式进行排列,随后输入模型。

$$\left[C_4^{\mathrm{T}}, C_5^{\mathrm{T}}, C_6^{\mathrm{T}}, C_7^{\mathrm{T}} \right] = \begin{bmatrix} c_{4,K}, c_{5,K}, c_{6,K}, c_{7,K} \\ \vdots \\ c_{4,2}, c_{5,2}, c_{6,2}, c_{7,2} \\ c_{4,1}, c_{5,1}, c_{6,1}, c_{7,1} \end{bmatrix} \tag{6-1}$$

另一个 LSTM 模块用于捕获车站之间的相互作用,输入格式如式(6-2)所示。在式(6-1)和式(6-2)中,参数 J 表示需要考虑的待预测列车的之前车站数量,K 表示需要考虑的前行列车数量。列车运行过程不是绝对马尔可夫过程,因此这两个值不应该只设为 1,应该在随后的超参数整定过程中确定参数 J 和 K 的最佳值。同时,在采用 LSTM 神经网络时,这两个参数可以看作是时间步长参数,而式(6-1)与式(6-2)每行的元素可以被视为对应时间步的输入特征。对这两个 LSTM 块,我们在广州南站和长沙南站均使用了一个具有 128 个神经元的 LSTM 层。

$$\left[E_1^{\mathrm{T}}, E_2^{\mathrm{T}} \right] = \begin{bmatrix} e_{1,J}, e_{2,J} \\ \vdots \\ e_{1,2}, e_{2,2} \\ e_{1,1}, e_{2,1} \end{bmatrix} \tag{6-2}$$

(3)环境相关因素。

环境相关因素是静态特征,其不包含时序性,且无其余特定的属性。因此,本节选择全连接神经网络(fully-connected neural network, FCNN)处理环境相关因素。环境相关变量将被直接输入到 FCNN 中,与处理晚点相关变量一样,我们首先将环境相关变量以 $[e_3, e_4, e_5]^{\mathrm{T}}$ 的向量形式进行排列,向量的维度为 3×1。本节选择了一层包含 128 个神经元的 FCNN 对环境相关因素进行建模,并随后使用 ReLU

函数进行激活。

6.1.4   模型构建与编译

1. 模型构建

本节使用 LSTM、1DCNN 和 FCNN 神经网络模块分别对晚点相关因素、进路相关因素与环境相关因素进行了处理，因而提出了一种混合神经网络结构。本节使用了两个 LSTM 模块、一个 1DCNN 模块、一个 FCNN 模块，因此将该结构命名为 LLCF-net，图 6-6 展示了 LLCF-net 的详细结构。在 LLCF-net 结构中，将进路相关变量使用 Word2vec 向量化后，得到的进路相关变量的矩阵被输入到 embedding 层，并随后输入至两层 1DCNN 神经网络。随后，经过 1DCNN 卷积后的结果被展平，得到的结果被标记为 H_1。对于晚点相关因素，包括列车间和车站间的相互作用，本节均采用相同的方法来捕获它们的隐藏信息，即使用一个 LSTM 层来捕获相互作用。最后，分别得到了 H_2 和 H_3 两个结果。此外，经过 FCNN 处理得到的环境相关变量的结果被标记为 H_4。本节将四个经过神经网络模块处理后的结果（即 H_1、H_2、H_3 和 H_4）进行拼接，得到向量 $[H_1, H_2, H_3, H_4]$，并在随后将该向量接连输入两个包含 256 和 128 个神经元的 FCNN 层，两层中间使用 ReLU 进行激活。最后，本节即可得到最终的晚点预测结果。

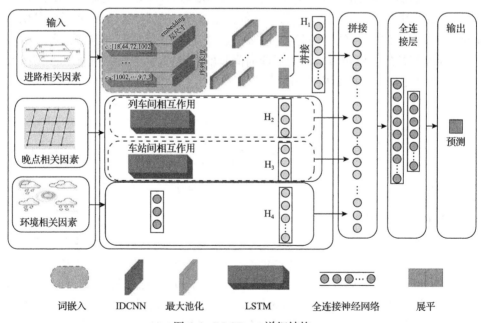

图 6-6   LLCF-net 详细结构

2. 相关深度学习模型概述

1) FCNN 概述

FCNN 全称为全连接神经网络，也称为多层感知器(multilayer perceptron, MLP)，是最简单和最早提出的神经网络算法。在 FCNN 中，组件由一个输入层、一个(多个)隐藏层和一个输出层组成，相邻层的神经元完全连接[74]，图 6-7 中显示了一个最简单的 FCNN，其中只一个隐藏层。

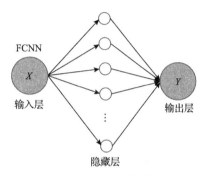

图 6-7　FCNN 示意图

FCNN 的相关公式可描述为式(6-3)，其中 z_j^{m+1} 表示 $m+1$ 层第 j 个神经元的激活值，$g(\cdot)$ 是激活函数，w_{ij}^m 表示 $m+1$ 层第 j 个神经元与 m 层第 i 个神经元之间的权重，a_j^m 表示第 m 层第 j 个神经元的激活值，而 b_j^m 表示 m 层所有神经元对 $m+1$ 层第 j 神经元的截距。

$$z_j^{m+1} = g\left(\sum_{i=1}^{n} w_{ij}^m a_j^m + b_j^m\right) \tag{6-3}$$

2) 1DCNN 概述

在深度学习中，最常见的 CNN 算法为 2DCNN。在 2DCNN 中，输入数据通常将转换为具有宽度维度(width)、高度维度(height)和深度(通道)维度(channel)的三维(3D)数据。当深度为 1 时可以被视为单通道图像，而深度为 3 表示三通道图像(红色、绿色和蓝色(RGB))。然后，在整个图像的子区域上使用多个滤波器(filter)来进行特征映射，通过滑动滤波器实现卷积运算。假设给定层的第 k 个特征的映射结果为 h^k，其中 W^k 和 b^k 分别表示权重和偏差，那么 h^k 的特征映射过程可以描述为

$$h_{ij}^k = \sigma((W^k * x)_{ij} + b_k) \tag{6-4}$$

式中，$\sigma(\cdot)$ 是激活函数；*表示卷积运算。在卷积层中进行卷积操作后，卷积后的结果通常被输入使用池化层，池化层通常用于捕获识别特征的重要值，并显著减少训练 CNN 所需的参数数量。在 CNN 中，最常见的池化层为最大池化(max-pooling)层，其描述如式(6-5)所示：

$$P = \max_{w_1 \times w_2} \{A^{m \times n}\} \tag{6-5}$$

式中，P 是最大池化后的结果；A 是通过卷积层得到的特征矩阵结果；$m \times n$ 是特征经过映射后的大小，而 $w_1 \times w_2$ 是池化区域的大小。

与 2DCNN 相比，1DCNN 通常用于处理宽度和深度（通道）维度的 2D 数据或高度维度等于 1 的 3D 数据。此外，1DCNN 将固定卷积层滤波器核大小的最后一个维度，即仅在宽度维度上滚动滤波器核。如图 6-8 所示，如果输入层的大小等于 $l \times k$，则滤波器核大小必须为 $r \times k$，其中 r 是可调的。因此，1DCNN 非常适合处理词向量，1DCNN 可以改变过滤器内核大小来提取不同数量的词之间的信息，并且可以同时捕获每个词的全部信息。

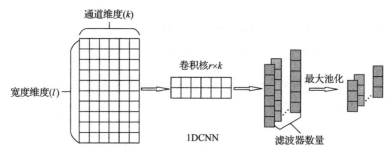

图 6-8　FCNN 和 1DCNN 示意图

3）LSTM 概述

LSTM 是 RNN 的一种变体，被广泛用于序列数据的处理。RNN 可以捕获序列数据不同间隔内传递的基本信息，因此已被广泛地运用于翻译、文本分类、语音识别和生成等领域。给定一个序列 $X = (x_0, x_1, \cdots, x_t)$，将该序列输入 RNN 单元时，RNN 可以将每个输入 x_t 和以前的状态 h_{t-1} 映射到当前隐藏状态 h_t，然后将当前状态 h_t 映射到当前输出 y_t，RNN 示意图见图 6-9(a)。RNN 可以很好地捕获序列间的短期依赖，但如果序列太长时，则不能有效地处理该长期依赖关系。LSTM 作为 RNN 的一个变体，被用于捕获序列的短期和长期依赖性[73]。

图 6-9(b)中显示了 LSTM 的一个单元。LSTM 是一种改进的 RNN，采用自控门机制捕获长期依赖关系。LSTM 最重要的组成部分是存储单元状态 c_t，它可以

理解为一个累加器，存储从第一步到当前步所获得的所有有用信息。LSTM 包含输入门、遗忘门和输出门，可通过自控门机制进行写入、利用和清除单元状态。在每个步骤中，遗忘门 f_t 将丢弃过去单元状态中不重要的信息。当激活输入门时，新输入将被添加，而将学习到的信息存入当前单元状态。最后，输出门 O_t 可以控制单元状态 c_t 是否作为输出 y_t。LSTM 详细的数学推导如式 (6-6)～式 (6-12) 所示：

$$f_t = \sigma\left(W_{xf} x_t + W_{hf} h_{t-1} + W_{cf} \otimes c_{t-1} + b_f\right) \tag{6-6}$$

$$i_t = \sigma\left(W_{xi} x_t + W_{hi} h_{t-1} + W_{ci} \otimes c_{t-1} + b_i\right) \tag{6-7}$$

$$O_t = \sigma\left(W_{xo} x_t + W_{ho} h_{t-1} + W_{co} \otimes c_t + b_o\right) \tag{6-8}$$

$$C_t = f_t \otimes c_{t-1} + u_t \otimes \tanh\left(W_{xc} x_t + W_{hc} h_{t-1} + b_c\right) \tag{6-9}$$

$$h_t = O_t \otimes \tanh(c_t) \tag{6-10}$$

$$\sigma(x) = \mathrm{sigmoid}(x) = \frac{1}{1 + \mathrm{e}^{-x}}, \quad x \in (-\infty, +\infty) \tag{6-11}$$

$$\tanh(x) = \frac{1 - \mathrm{e}^{-2x}}{1 + \mathrm{e}^{-2x}}, \quad x \in (-\infty, +\infty) \tag{6-12}$$

上述公式中，$\otimes$ 表示两个向量之间的元素相乘，σ 是控制存储、利用和消除多少信息的 sigmoid 函数，tanh 函数可以将输出值保持在–1 和 1 之间。

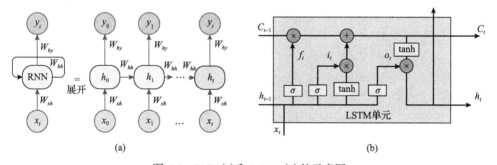

图 6-9 RNN(a) 和 LSTM(b) 的示意图

3. 模型参数

LLCF-net 结果有两个重要的超参数，即待预测列车之前车站数量 (J) 和与预测列车存在进路冲突的前方列车数量 (K)。本节分别针对广州南站和长沙南站优化了这两个超参数，并选择出了最佳值。J 和 K 的备选值都从集合 [1,2,3] 中选择，更大的备选值需要太多的计算资源，因此本节不再考虑更大的备选值。本节使用式(6-13)所示的平均绝对误差(MAE)和均方根误差(RMSE)作为评价指标。

$$\begin{cases} \text{MAE} = \dfrac{1}{N}\sum_{i=1}^{N}|y_i - \hat{y}| \\ \text{RMSE} = \sqrt{\dfrac{1}{N}\sum_{i=1}^{N}(y_i - \hat{y}_z)^2} \end{cases} \tag{6-13}$$

超参数 J 和 K 的优化过程分别如图 6-10(a)和图 6-10(b)所示。

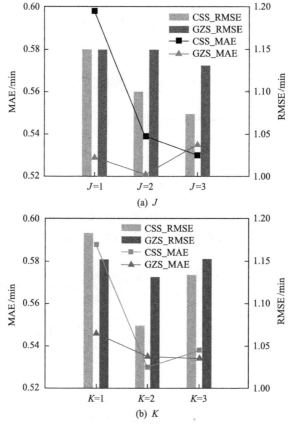

(a) J

(b) K

图 6-10　超参数 J 和 K 的优化过程

图 6-10 结果表明,对于广州南站(GZS)和长沙南站(CSS),当 K 等于 2 时,LLCF-net 网络的 MAE 和 RMSE 最低。类似地,当 J 等于 3 时,该模型产生的误差低于 J 的任何其他候选值。因此,本节最终选择 $J=3$ 和 $K=2$ 的组合。进路相关因素的变量数量取决于参数 K,因此,变量 C_2 和 C_3 的元素数量都为 2,对每一个样本(列车),所有进路相关的变量的数量等于 5,$C_1(1) + C_2(2) + C_3(2) = 5$。此外,

如上所述，我们为 LSTM 单元使用了一个隐藏层，每个样本的输入大小分别为 3×2（车站相互作用）和 4×2（列车相互作用）。

广州南站和长沙南站的最大序列长度分别为 15 和 10，词向量维度分别为 10。也就是说，对于广州南站，每个样本的输入大小为 $S \times M = 15 \times 10$；对于长沙南站，每个样本的输入大小为 $S \times M = 10 \times 10$。因此，如上文所述，对每个进路相关变量使用两个 1D 卷积层（卷积核大小为 2×10 和 2×10）、128 和 128 个过滤器，以及两个最大池化层（尺寸大小为 2×1）。使用一层具有 128 个神经元的 FCNN 处理广州南站和长沙南站的环境相关变量。

在 LLCF-net 中，选择均方误差（MSE）作为损失函数，MSE 如式（6-14）所示。以最小化损失函数为目标，LLCF-net 通过将输入层到输出层的前馈传播，然后误差从输出层反向传播到输入层，实现 LLCF-net 中不同神经网络层参数的权重的更新。本节使用了初始学习率为 0.001 的 Adam 优化器，与 Keras 后端[75]中的"ReduceLROnPlateau"技术。当验证集在 10 个迭代后没有减少时，优化器将以 10%的比例降低全局学习率。此外，如果 20 个迭代过程内 LLCF-net 在验证集中的误差减少量小于 0.01，本节使用的 Keras 后端中的"EarlyStopping"将控制模型停止训练，以减少训练时间成本并防止过度拟合。LLCF-net 的相关超参数简要总结如表 6-4 所示。

$$\mathrm{MSE} = \frac{1}{N} \sum_{i=1}^{N} (y_i - \hat{y}_z)^2 \qquad (6\text{-}14)$$

表 6-4 LLCF-net 的超参数的简要总结

模型及参数	相关说明
模型结构	LSTM1, LSTM2, 1DCNN, FCNN
J：即待预测列车之前车站数量	3
K：与预测列车存在进路冲突的前方列车数量	2
S：进路相关变量最大长度	广州南站：15；长沙南站：10
M：词向量维度	10
优化器	Adam
初始学习率	0.001
激活函数	ReLU
用于避免过拟合的技术	Dropout; ReduceLROnPlateau：10 次迭代后仍无下降时自动降低 10%的学习率

续表

模型及参数	相关说明
减少训练时间的技术	EarlyStopping：20 次迭代中验证集误差下降小于 0.01 时停止训练
数据最小训练批次	128
最大迭代次数	300

6.1.5　预测结果分析

在实际列车运行过程中，列车可能比计划时间晚到达（即晚点）、早于计划时间到达（早点）或准时到达（准点）。实时调度中，晚点预测模型应该能够适用于预测可能的晚点、早点或准点到达列车。因此，本节对到达晚点预测模型进行训练时，不能只使用历史的晚点数据用于训练模型，因为这将使模型预测任何未来状态（晚点、早点和准点）都为晚点。因此，本节所使用的数据包含了晚点、早点和准点的所有数据。包含早点、晚点和准点的所有数据所组成的数据集被标记为 ED。而在实际列车运行过程中，与早点列车和准点列车相比，晚点列车对列车调度更为重要，因为晚点更加不可控，所以需要更多的关注。因此，本节除了分析所提出的 LLCF-net 模型在 ED 的结果外，还单独研究了所提出模型对晚点列车的预测效果。晚点数据为实际到达时间减去计划到达时间的差值大于 0 的数据，因此本节将晚点列车的数据集命名为 M0D。

1. LLCF-net 与既有研究晚点预测模型的对比分析

既有研究基于传统机器学习方法，如支持向量回归（support vector regression，SVR）[9,76,77]、随机森林（random forest，RF）[11,26,30,44,78-81]、深度极限学习机（deep extreme learning machine，DELM）[36,38]已经建立一些晚点预测模型。此外，一些混合神经网络的晚点预测模型，包括 LSTM 和 FCNN 的组合[65,82]，以及 CNN 和 FCNN 的组合[40]也被用于预测晚点。然而，这些模型没有以微观的列车进路为出发点；也就是说，没有考虑与进路相关的到达和出发进路变量，这可能会降低模型的预测精度。因此，本节将既有研究使用的模型作为基准模型，将考虑进路相关变量视为本节对既有研究缺点的改进，对比既有研究中模型的预测性能与添加了进路相关变量的 LLCF-net。

本章所建立的所有基准模型与 LLCF-net 结构使用相同的方法，即选择 MSE 作为损失函数，并在优化基准模型中的超参数时使用 MAE 和 RMSE 指标作为度量。同时，对基准模型进行了相同的预处理工作（即 min-max 归一化）。这些基准模型的基本原理和参数如下所示：

（1）支持向量回归是一种典型的监督学习方法，它为多维空间中的数据构造一个超平面，基于该超平面，SVR 可以实现分类或回归任务[83]。在现有研究中，Marković 等[9]使用 LIBSVM[84]预测列车晚点，而 Barbour 等[76]基于 Python 的 Scikit-learn 库[85]对比了 SVR 在使用 RBF 核和线性核的结果。本节给定超参数备选集[0.001,0.01,0.1,1,10100]，根据验证集中的 MAE 和 RMSE 结果，优化 SVR 的超参数 C、gamma 和 epsilon。结果表明，RBF 核的 SVR 的性能优于其他核函数，因此我们选基于 RBF 核函数的 SVR 结果与其他基准模型以及 LLCF-net 进行比较。

(2)随机森林(RF)是基于多棵决策树用于映射预测变量和因变量向量之间的相互作用的算法。RF 的输出是森林里所有决策树的平均值，其被广泛应用于列车晚点预测。本节也使用 Scikit-learn 库[85]优化 RF 的超参数，最终得到最优的参数组合为：400 棵决策树且每棵树的深度为 14。

(3)深度极限学习机(DELM)是浅层极限学习机(SELM)的一种变体，它具有更多的隐藏层数量。浅层极限学习机是基于单隐藏层感知机构建的[86]。DELM 的最大优点是训练速度，因为 DELM 通过随机分配而不是反向传播更新来训练权重和偏差。利用 DELM，Oneto 等[36,38]使用意大利铁路网络的晚点数据建立了一个预测模型，并证明 DELM 优于时间事件图建立的模型[87]。本节使用的 DELM 方法基于 Helm 软件包[88]，最佳的超参数组合为三个隐层，每个隐层有 128 个神经元，神经元的类型从备选集合 linear、sigmoid、tanh、rbf_l1、rbf_l2、rbf_linf 确定。

(4)Huang 等[40]提出了一种混合神经网络模型，该模型分别使用了 CNN 和 FCNN 模块处理晚点相关变量和环境相关变量来预测列车晚点。本节使用 CNN 和 FCNN 模块来建立列车晚点预测模型作为基准模型，该模型只考虑晚点相关变量和环境相关变量。每个样本以 7×2 为维度按式(6-15)的格式输入该模型。该模型使用了 2DCNN，为此本节将输入数据按尺寸 7×2×1 重新排列为三维张量，这意味着输入数据的宽度为 7，高度为 2，通道为 1。该输入数据中的每个元素可以被视为图像中的一个像素，其中高度维度是列车的不同影响因素的叠加，而宽度维度是同一影响因素的不同列车的叠加。本节采用二维卷积层和最大池层，卷积核的大小为 2×1×1，64 个滤波器处理晚点相关变量。该结构是 2DCNN 和 FCNN 的结合，因此本节将其命名为 CF-net。

$$input = \begin{bmatrix} e_{1,3}, e_{2,3} \\ e_{1,2}, e_{2,2} \\ e_{1,1}, e_{2,1} \\ c_{4,2}, e_{6,2} \\ c_{4,1}, e_{6,1} \\ c_{5,2}, e_{7,2} \\ c_{5,1}, e_{7,1} \end{bmatrix} \tag{6-15}$$

（5）通过按时间顺序考虑每列车通过不同车站的过程以及不同列车以时间顺序到达同一车站的过程为两个时间序列，本节基于两个 LSTM 模块提取这两个时间序列之间的关系。此外，使用 FCNN 模块处理环境相关变量，并最终得到了另一个晚点预测模型。该模型包含两个 LSTM 模块和一个 FCNN 模块，因此被命名为 LLF-net。本节提出的 LLF-net 与 LLCF-net 的唯一区别在于 LLF-net 没有考虑进路相关变量。

为了评估本节提出的 LLCF-net 模型和基准模型的预测性能，我们使用了 MAE 和 RMSE 作为误差度量，如式（6-13）所示，其中 y_i 和 $\hat{y}_i$ 分别对应于第 i 个样本的实际到达晚点和预测到达晚点，N 表示测试数据的总样本。

首先，我们分析基于既有研究中的方法建立的晚点模型的预测效果。这些基准模型只考虑晚点相关变量（D）和环境相关变量（E'）。广州南站和长沙南站的结果如表 6-5 所示。

表 6-5　基于既有研究方法的晚点预测效果

算法	广州南站				长沙南站			
	MAE	RMSE	MAE#	RMSE#	MAE	RMSE	MAE#	RMSE#
RF($D+E'$)	0.72	1.375	1.513	2.4	0.821	1.478	1.228	2.28
SVR($D+E'$)	1.184	1.917	2.077	3.189	1.243	1.942	1.798	2.889
DELM($D+E'$)	1.533	2.324	2.389	3.842	1.225	2.852	1.824	5.767
LLF-net($D+E'$)	0.704	1.321	1.451	2.325	0.744	1.32	1.126	2.027
CF-net($D+E'$)	0.77	1.396	1.553	2.461	0.867	1.48	1.229	2.217
LLCF-net	**0.535**	**1.131**	**1.214**	**2.117**	**0.53**	**1.074**	**0.858**	**1.63**

注：加粗表示相应的指标中最优异的指标，#代表在晚点数据集（即 M0D）上的预测表现。

从表 6-5 可以看出，LLCF-net 优于现有研究中所提出的其他模型。RF($D+E'$) 指该模型使用晚点相关变量和环境相关变量作为输入，算法为 RF，该规则也适用于其他基准模型，如 SVR($D+E'$)。此外，LLF-net($D+E'$) 表示使用两个 LSTM 块和一个 FCNN 因子分别捕获 D 和 E 的信息。类似地，CF-net($D+E'$) 表示 2DCNN 和 FCNN 分别用于处理 D 和 E'。

RF($D+E'$) 方法与传统的机器学习方法，即 RF($D+E'$)、SVR($D+E'$) 和 DELM($D+E'$) 相比较有着最优的预测精度。而相较于 RF($D+E'$)，在广州南站和长沙南站，LLCF-net 的预测效果相较于既有模型都有显著的提升。在广州南站的 ED 数据集上，MAE 和 RMSE 的提升比例分别为 26.7% 和 17.7%。而在长沙南站的 ED 数据集上，MAE 和 RMSE 的提升比例分别为 33.4% 和 26.2%。对 M0D 数据集，广州南站和长沙南站的 MAE 分别获得了 20.2% 和 28.6% 的预测精度改进；而对广州南站和长沙南站的 RMSE 分别获得了 11.4% 和 26.4% 的预测精度提高。

此外，与混合神经网络 CF-net($D+E'$) 和 LLF-net($D+E'$) 相比，LLCF-net 也有令人满意的预测精度提高。如前所述，LLF net($D+E'$) 和 LLCF-net 之间的唯一区别在于后者考虑了进路相关变量(R)。在广州南站，与 LLF-net($D+E'$) 相比，在 ED 数据集上，LLCF-net 模型在 MAE 和 RMSE 上分别提高了 26.9% 和 15.6%。而在 M0D 数据集中，MAE 和 RMSE 分别有 18.2% 和 9.5% 的改进。对长沙南站，MAE 和 RMSE 在 ED 数据集提升分别为 26.3% 和 17.5%，而对 M0D 数据集，MAE 和 RMSE 的提升分别为 20.2% 和 17.1%。此外，LLF-net($D+E'$) 相较于 CF-net($D+E'$) 模型有着更优的预测精度，表明使用两个 LSTM 模块可以比使用 2DCNN 模块处理列车间的相互作用和车站间的相互作用有着更好的表现，即将列车间和车站间相互作用视为时间序列数据更为合理。LLCF-net 相较于 LLF-net($D+E'$) 的预测精度显著提升表明，进路相关变量对多线衔接站的到达晚点预测是十分重要的，LLCF-net 由于考虑了进路相关变量，相较于现有研究能显著提升晚点预测精度。

2. 按潜在进路冲突与按到站顺序考虑列车相互作用对比分析

既有晚点预测研究在考虑列车间的相互作用时依据所有线路的列车到达车站的顺序，而不是根据前后到站的列车是否有进路冲突。根据 6.1.2 节分析可知，在多线衔接站，既有研究的列车间相互作用提取方式是不合理的，因为多线衔接站的相邻列车可能是无进路冲突列车。因此，为了验证既有研究的缺陷以及本节提出的从进路冲突角度考虑列车间相互作用的合理性，使用既有研究的方法，本节对比了按照列车到站顺序和按照进路冲突考虑列车相互作用的模型的合理性。对比结果如表 6-6、表 6-7 所示。其中，本节考虑了 RF、SVR、DELM、CF-net 和

表 6-6 既有方法下广州南站考虑按列车到站顺序与按冲突提取列车作用预测效果对比

算法	MAE	MAE 提升/%	RMSE	RMSE 提升/%	MAE#	MAE# 提升/%	RMSE#	RMSE# 提升/%
RF($D+E'$)	0.72		1.375		1.513		2.400	
RF($D+E'$)(NC)	0.974	26.1	1.551	11.3	1.765	14.3	2.615	8.2
SVR($D+E'$)	1.184		1.917		2.077		3.189	
SVR($D+E'$)(NC)	1.727	31.4	2.593	26.1	2.527	17.8	4.087	22.0
DELM($D+E'$)	1.533		2.324		2.389		3.842	
DELM($D+E'$)(NC)	1.455	−5.4	3.124	25.6	2.447	2.4	6.858	44.0
LLF-net($D+E'$)	0.704		1.321		1.451		2.325	
LLF-net($D+E'$)(NC)	0.955	26.3	1.499	11.9	1.714	15.3	2.521	7.8
CF-net($D+E'$)	0.770		1.396		1.553		2.461	
CF-net($D+E'$)(NC)	0.998	22.8	1.564	10.7	1.794	13.4	2.643	0.9

注：提升指标对应的值为相应的方法考虑进路冲突下的预测精度相较于既有方法的提升的百分比。

表 6-7 既有方法下长沙南站考虑按列车到站顺序与按冲突提取列车作用预测效果对比

算法	MAE	MAE 提升/%	RMSE	RMSE 提升/%	MAE#	MAE# 提升/%	RMSE#	RMSE# 提升/%
RF($D+E'$)	0.821	24.0	1.478	13.9	1.228	31.8	2.28	22.8
RF($D+E'$) (NC)	1.08		1.717		1.801		2.952	
SVR($D+E'$)	1.243	15.3	1.942	9.0	1.798	19.4	2.889	14.4
SVR($D+E'$) (NC)	1.467		2.135		2.231		3.375	
DELM($D+E'$)	1.225	12.2	2.852	22.1	1.824	17.1	5.767	−27.8
DELM($D+E'$) (NC)	1.396		3.659		2.201		4.511	
LLF-net($D+E'$)	0.744	22.2	1.32	19.7	1.126	28.9	2.027	29.2
LLF-net($D+E'$) (NC)	0.956		1.643		1.584		2.865	
CF-net($D+E'$)	0.867	13.1	1.48	10.0	1.229	27.4	2.217	21.9
CF-net($D+E'$) (NC)	0.998		1.645		1.694		2.84	

注：提升指标对应的值为相应的方法考虑进路冲突下的预测精度相较于既有方法的提升的百分比。

LLF-net 方法的预测效果。在表 6-6、表 6-7 中，对应的 D 和 E' 代表本节按照既有研究的方式只考虑了晚点相关的变量(D)和环境相关的变量(E')，NC 代表不考虑进路冲突，即按照既有研究中使用列车到站顺序考虑列车间相互作用，无 NC 的模型表示根据进路冲突提取列车相互作用关系。

由表 6-6 与表 6-7 可知，本节按照进路冲突考虑列车间的相互作用时相较于既有研究的方法有着更优的预测精度，证明了考虑进路冲突的合理性。对 LLF-net 算法而言，在广州南站，考虑进路冲突后的模型在 ED 数据集的 MAE 和 RMSE 的提升分别达到了 26.3%和 11.9%；而在 M0D 数据集上的 MAE 和 RMSE 的提升也到达了 15.3%和 7.8%。本节的 LLCF-net 是在 LLF-net 的基础上使用 1DCNN 处理进路相关数据之后得到的，因此有理由相信，当都使用 LLCF-net 结构时，考虑进路冲突的方法也能够比考虑列车到站顺序的方法有着更好的预测效果。

值得注意的是，在使用 DELM 算法时，使用既有方法的预测效果在某些指标上优于考虑进路冲突，如广州南站站的 ED 数据集的 MAE。这是因为 DELM 在训练过程中没有经过反向传播，随机性较大，且 DELM 的预测效果明显劣于 LLF-net 与其他的方法。DELM 方法较为适用于海量数据的建模，其优异的训练速度相较于其他算法可以节省大量的训练时间，但是也会因此损失一定的预测精度。

3. 基于不同算法考虑进路数据预测效果对比分析

此外，本节还比较了都考虑进路相关变量时，LLCF-net 与既有方法的预测表现。考虑进路相关变量与现有方法时可以得到模型 RF($D+E'+R$)、SVR($D+E'+R$)、DELM($D+E'+R$)和 CCF-net。CCF-net 表示 CF-net 添加了 LLCF-net 使用的 1DCNN 块，即使用 2DCNN 处理晚点相关变量，1DCNN 处理进路相关变量，FCNN 捕获环境相关变量的信息。RF$(D+E'+R)$、SVR$(D+E'+R)$、DELM$(D+E'+R)$使用传统的机器学习方法，因此无法使用 embedding 层。所以，本节首先将进路相关变量使用 Word2vec 转换为维数为 $S×M$ 的矩阵，其中 S 表示最大序列长度，M 表示词向量。为了输入这些矩阵，参照既有研究[89]，我们沿着词向量的维度计算每个"词"的平均值，最后获得对应的 M 维的向量。随后将该 M 维向量与晚点相关变量、环境相关变量一起输入 RF、SVR 和 DELM 算法中，得到的结果如表 6-8 所示。

表 6-8　不同算法在考虑进路相关变量后的预测精度

算法	广州南站				长沙南站			
	MAE	RMSE	MAE#	RMSE#	MAE	RMSE	MAE#	RMSE#
RF$(D+E'+R)$	**0.506**	1.135	1.223	2.196	0.582	1.176	0.949	1.843
SVR$(D+E'+R)$	0.875	1.962	2.031	4.257	0.74	1.654	1.431	3.06
DELM$(D+E'+R)$	1.174	1.951	1.591	2.82	1.027	1.805	1.532	2.942
CCF-net$(D+E'+R)$	0.536	1.223	1.296	2.524	0.652	1.265	1.022	1.984
LLCF-net	0.535	**1.131**	**1.214**	**2.117**	**0.53**	**1.074**	**0.858**	**1.63**

注：加粗表示相应的指标中最优异的指标，#代表在晚点数据集（即 M0D）上的预测表现。

从表 6-8 可以清楚地看出，都考虑进路相关变量时，LLCF-net 仍然是最好的模型。尽管 LLCF-net 在广州南站的 ED 数据集的 MAE 略低于 RF$(D+E'+R)$，但在剩余指标均优于 RF$(D+E'+R)$。此外，图 6-11 展示了广州南站和长沙南站考虑所有基准模型和 LLC-net 的预测结果。从图 6-11 中可以看出，对每个算法考虑进路相关变量时的结果优于不考虑进路相关变量时的结果。这进一步证明了考虑进路

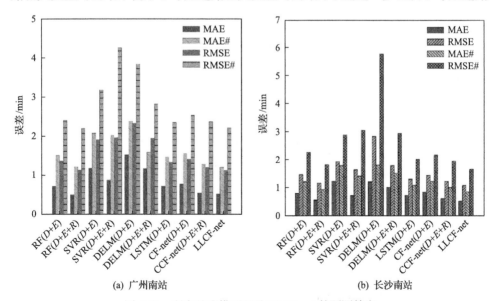

(a) 广州南站　　　　　　　　　　　(b) 长沙南站

图 6-11　所有基准模型以及 LLCF-net 的预测精度

相关变量对多线衔接站的到达晚点预测模型重要性。此外，Oneto 等[36,38]提出的 DELM 的训练时间较短，但由于没有通过反向传播更新参数，因此预测效果表现不佳。RF 的预测精度表现异常出色，与 CCF-net 这种复杂神经网络基准模型相比，其预测精度甚至更好。

4. 预测精度分析

通过与既有模型的比较，本节证明了考虑进路相关变量的重要性。本节将分析不同基准模型的绝对预测性能，即实际晚点和预测晚点之间的误差，以验证预测在实际调度工作中的实用性。首先，我们计算了不同模型的残差分布，并分析了残差的分布规律。此外，本节还研究了基于不同算法下得到的残差的累积分布函数（cumulative distribution function，CDF）。广州南站和长沙南站的不同模型的平均残差分布和 CDF 分别如图 6-12 和图 6-13 所示。

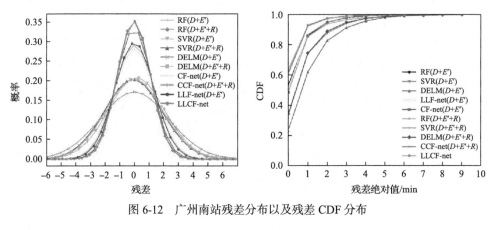

图 6-12　广州南站残差分布以及残差 CDF 分布

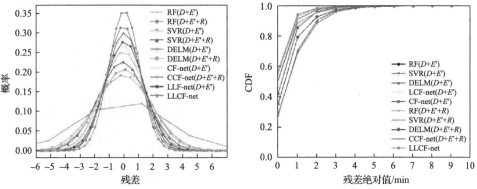

图 6-13　长沙南站残差分布以及残差 CDF 分布

从图 6-12 和图 6-13 可知，残差为 0 时具有最高的概率，并且 LLCF-net 的残差按照钟形分布,这表明本节提出的 LLCF-net 模型的残差满足零均值和正态分布假设。此外,与其他基准模型相比,LLCF-net 的残差概率分布函数在广州南站和长沙南站处都是最尖锐的,这表明小残差占大部分比例,即 LLCF-net 网络具有更精确的性能。

广州南站和长沙南站的 CDF 分布表明,LLCF-net 的预测精度十分高,因为广州南站和长沙南站中残差的绝对值等于 0 的数据比例约为 60%,而残差绝对值不超过 3min 的比例占 99%。考虑进路相关变量的模型的残差分布和 CDF 相较于使用相同算法,但是不考虑进路相关变量的相应模型均更为优异,这证明对多线衔接站建立到达晚点预测模型时考虑微观列车到达和出发进路更科学合理。

本节在图 6-14 中展示了测试集中实际晚点与预测晚点所对应的分布规律,结果显示了大部分数据都沿 45°对角线分布,这证明了实际值与预测值的偏差较小,所提出模型具有优秀的预测性能。此外,随着实际值的增加,预测值与实际值的偏差并不会增加,这可以验证所提出的模型对大晚点的能力也有稳定的预测效果。

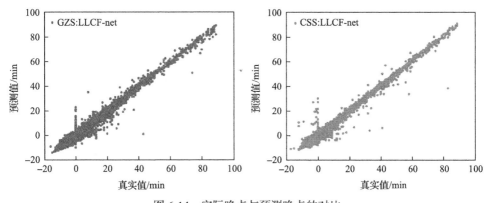

图 6-14 实际晚点与预测晚点的对比

将晚点以 5min 间隔划分,图 6-15 揭示了本节的 LLCF-net 模型对不同晚点长度的预测精度。当实际晚点范围增加时,模型的 MAE 和 RMSE 会有小幅的增加。在实际列车运行中,晚点时间越长,通常预测难度越大,因为大晚点会有着更大的随机性。例如,对于一些严重的晚点,列车调度员有时可能会采取越行或取消列车的策略,这些策略会给晚点列车带来本节所考虑范围外的影响。然而,图 6-15 显示,对于广州南站和长沙南站的 MAE 和 RMSE,本节提出的模型随着晚点的增长表现出的增加非常小,约为 0.1min,这个现象表明本节的模型对短晚点和长晚点都具有稳健的预测性能。

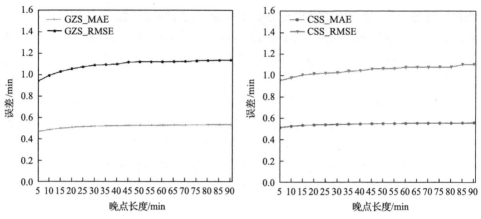

图 6-15　LLCF-net 在不同晚点长度下的预测表现

　　与现有的时延预测模型相比，本节提出的模型具有更高的晚点预测精度，可以帮助调度员获得更精确的信息，进而制定更合理的调度策略。此外，现有模型只能研究给定列车对同一线路上后行列车运行的影响，而本节提出的模型可以揭示给定列车对其他线路后行列车的影响。因此，该模型可以帮助调度员从铁路网络的角度掌握晚点分布规律，为网络中的列车的重新调度提供基础。

6.2　考虑动车组车底周转及潜在进路冲突的列车始发晚点预测

6.2.1　问题描述

1. 始发晚点预测问题

　　由于动车组车底周转，当列车晚点到达终到站时，与终到列车使用相同车底的始发车列车也可能晚点，产生始发晚点并造成晚点网络传播。此外，始发列车在出发时也可能受到前行冲突列车的影响，即前行冲突列车的晚点会导致始发列车也晚点。因此，本节将解决的问题为考虑动车组的接续过程以及潜在运行冲突，研究始发列车的始发晚点时长预测。

　　以图 6-16 为例，S_0 是终到站，其中列车 A 为与列车 P(待预测列车)共用动车组车底的终到晚点列车。列车 P 可能因列车 A 的晚点而晚点。始发晚点列车受终到晚点极大的影响，因为终到晚点是始发晚点传播的起源。此外，终到列车和始发列车之间的时间间隔(即接续时间)也至关重要，因为如果接续时间足够，始发列车晚点的可能性相对较小，即动车组车底周转过程中的冗余时间可以吸收终到晚点，换而言之，动车组车底周转过程将影响始发晚点。此外，按照潜在进路冲突研究相邻列车间的相互作用关系更加合理。例如，在图 6-16 所示。列车 P 也可能受到列车 T_{D2} 晚点的影响，因为它们有潜在的进路冲突。

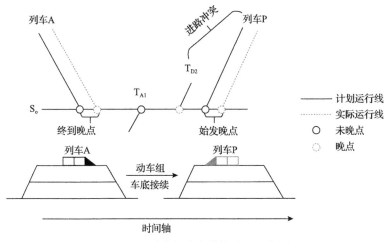

图 6-16 动车组车底接续过程示意图

2. 出发进路与进路冲突对始发晚点的影响

由 6.1.1 节对后行出发列车与前行列车的进路冲突分析可知，通过使用不同的编号/标签标记道岔和到发线（即列车在车站停车的位置），列车到达(离开)车站所经过的道岔和到发线的序列可视为到达(出发)路线。进路冲突表示相邻到发列车的到发进路上存在一些共用道岔。列车相互作用表明，后行列车可能会受到前行列车的影响，其在晚点传播过程中非常重要，因为铁路运输资源时空资源是不可转移的，即如果前行列车占用后行列车的资源，后行列车只能使用更加后续的列车的资源。以往的大多数晚点预测研究未从进路冲突的角度研究列车间的相互作用关系，然而这是合理的。对于只有一条铁路通过或横穿的单线车站，后行列车只会受到同一线路上前行列车的影响。然而，在多线衔接站，直接影响后行列车的前行列车可能来自于后行列车相同的线路，也可能来自其他铁路线路的前行列车。

给定一列出发列车，潜在的发-发冲突与发-到冲突进路可能将对其造成影响。如图 6-17 所示，S_o 是终到站同时也是多线衔接站。列车 P 与 T_{D1}、T_{D2} 存在潜在的发-发进路冲突，而列车 P 与 T_{A1}、T_{A2} 存在的发-到进路冲突。值得注意的是，列车 P 和 T_{D1}、T_{D2}、T_{A1} 和 T_{A2} 可以是在不同铁路线路上运行的列车。列车 A 为终到列车，列车 P 列为与列车 A 共用动车组车底的待预测列车。本章的研究目标如图 6-17 所示，在考虑列车 A 和列车 P 之间的车底周转过程(如接续前晚点、接续时间等)、具有潜在进路冲突的前行列车(如 T_{D1}、T_{D2}、T_{A1} 和 T_{A2})的影响,以及列车运行环境因素(如降雨量等)的影响下,提出一种新的方法用以预测始发列车(列车 P)的晚点。

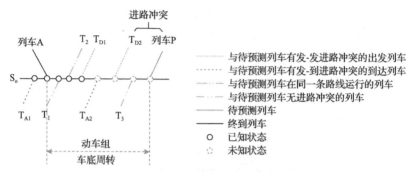

图 6-17　始发晚点预测示意图

应该注意的是,本节所预测的始发晚点列车所在的终到站(例如,图 6-16 中的 S_0 站)也可以是单线车站。此时,前行进路冲突列车即为同一线路上的前行列车。例如,在图 6-17 中,如果 S_0 是单线车站,此时,列车 T_3、T_{D1}、T_{D2}、T_{A1} 和 T_{A2} 将不存在,列车 T_2 就是列车 P 的前行进路冲突列车。

在 6.1 节的研究中,1DCNN 被用于处理待预测列车的详细到达进路和前行进路冲突列车的到达/出发进路。然而,1DCNN 无法有效识别进路冲突列车之间的进路冲突严重程度。因此,本章还使用了一种更为有效的能够处理冲突严重性的神经网络模块来处理详细的进路数据。

3. 始发晚点动态预测问题

此外,始发晚点预测的及时性也是实际应用中的一个关键要素。本节的始发晚点预测应考虑与待预测列车存在进路冲突的前行列车的影响。然而,在前行进路冲突列车到达车站之前,这些列车相应的影响因素将无法获取。例如,在图 6-17 中,列车 T_{D2} 到达 S_0 之前,无法知道列车 T_{D2} 的晚点时长,因此无法考虑列车 T_{D2} 对列车 P 的影响。如果前行进路冲突列车的晚点状态可以被预测,则这些列车对始发列车的影响因素(如前行列车的晚点、前行列车与待预测列车的间隔时间)则可被计算或预测,而这些预测和计算的影响因素可以用作始发晚点模型的输入。这样,始发晚点可以被提前预测以确保预测的及时性。

6.1 节建立了到达晚点预测模型,该到达晚点预测模型可用于预测与始发列车存在进路冲突的前行到达列车的晚点,并据此计算出其他相关的影响因素(如间隔时间)。例如,在图 6-17 中,本节可以依靠 6.1 节的到达晚点预测模型预测列车

T_{A2} 的到达晚点,并且可以因此计算出列车 T_{A2} 与列车 P 列车的间隔时间。而对于与始发列车有进路冲突前行出发列车,可根据历史数据对训练一个始发晚点预测模型,然后将训练后的模型可用于预测未来的前行进路冲突出发列车。以图 6-17 为例,在列车 T_{D2} 之前运行的列车的数据可用于训练始发晚点预测模型,而训练后的模型可用于预测 T_{D2} 的出发晚点,并随后计算始发列车与 T_{D2} 的间隔时间。这样,本节可以基于这些相应的影响因素的预测值来提高预测的及时性。因此,本节提出了一种动态的始发晚点预测框架,以提高预测的时效性。动态预测的流程图如图 6-18 所示。

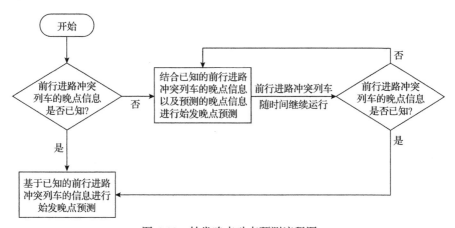

图 6-18 始发晚点动态预测流程图

6.2.2 数据描述与影响因素分析

1. 数据描述与预处理

本节使用了广州南站和长沙南站的数据,数据期限为 2015 年 3 月 24 日至 2016 年 11 月 10 日。广州南站和长沙南站是多线衔接站,其在铁路网络的位置如图 6-5 所示。对部分列车而言,广州南站和长沙南站是终到站,而对某些列车,广州南站与长沙南站也是通过站,本章研究的是动车组接续过程对始发晚点的影响,因此只预测在广州南站与长沙南站始发的列车的晚点,但是仍会考虑所有到达或从广州南站和长沙南站通过的列车对待预测的列车的影响。

首先,本节清除了异常和错误的数据。此外,本节不考虑动车组车底运用计划发生变更的数据,即计划车底接续方法与实际方法不一致的数据,因为车底运用计划发生变更会改变动车组的计划接续时间,且在新的运用方案制定之前,接续时间是未知的,而本节建立的模型需要将计划接续时间作为模型的输入。

此外,和 6.1 节相同,本节考虑了终到晚点不大于 0 的数据,因为在动车组接续过程中,即使列车在终到时不晚点,但是在出发时潜在的前行进路冲突列车也可能会影响始发列车,从而导致晚点。再者,如果动车组车底接续时间过长,动车组可能将被开往车辆段进行清洁和维护,或为了解除对到发线的占用,为其他后续列车到发线的占用提供资源。在动车组从车辆段/停车场发车至到发场的过程中,动车组的状态随机的影响也会造成始发晚点,而接续时间超过多长即应将动车组从到发线上清除并没有明确的规定。因此,本节选择将不考虑车底接续时间超过 90min 的样本,而且这些数据在广州南站和长沙南站中所占比例较小,并不会影响模型的训练。这种数据处理方式也可确保预测模型的统计显著性及获得足够的训练,90min 的阈值也可以在未来随着数据量的增加而延长。

2. 数据分析

本章所考虑的数据中包括列车早点、准点及晚点始发。换而言之,本章的预测模型中考虑了所有列车数据,因为待预测列车的实际始发晚点在列车出发前是未知的,所以如果仅将晚点的始发数据应用于训练模型,那么在实际应用中,一些早到和准时到达的始发也将被预测为晚点始发[31,90]。为了证明提出的接续前的终到晚点状态对始发晚点的重要性,本节研究了始发晚点和终到晚点之间的皮尔逊(Pearson)相关性,即皮尔逊相关系数(PCC)[91]。图 6-19 中的结果表明,在广州南站和长沙南站,始发晚点和终到晚点具有很高的相关性,即 PCC 超过 0.85,这表明终到列车通过车底周转过程将晚点传播给始发列车。而终到晚点与始发晚点之间的 PCC 不是完全的正相关,也证明了在动车组接续过程中的晚点的变化(可能为晚点增加、晚点恢复)。因此在对始发晚点的预测时,不用将其完全地等于对应的终到晚点。这些结果也进一步表明了预测始发晚点的重要性。

根据晚点网络传播机理分析,始发晚点的另一个关键影响因素为相邻列车之间的列车相互作用,因为前行晚点列车可能占用始发列车的运输资源,导致后行始发列车晚点。根据 6.1 节的分析可知,从进路冲突的角度分析列车间的相互作用更为合理,因此,本节在考虑列车间的相互作用时也从进路冲突的角度出发。当终点站为多线衔接站时,相邻列车可以来自(发往)相同或不同的铁路线路。本节研究了前行进路冲突列车、相同线路上运行的前行第一列车与预测列车之间的皮尔逊相关性,结果如表 6-9 所示。在表 6-9 中,$P_{\text{FFT-DT}}$ 表示相同线路上第一列前行列车的晚点与预测始发列车的始发晚点之间的皮尔逊相关系数;$P_{\text{FFCT-DT}}$ 表示第一列前行进路冲突列车(可以与待预测列车在相同或不同的线路上运行)的晚点与待预测始发列车的晚点之间的皮尔逊相关系数;$P_{\text{FFCT-DT}}^{\#}$ 表示始发晚点大于 0min 的数据集中第一列前行进路冲突列车的晚点与待预测始发列车的晚点之间的皮尔逊相关系数。

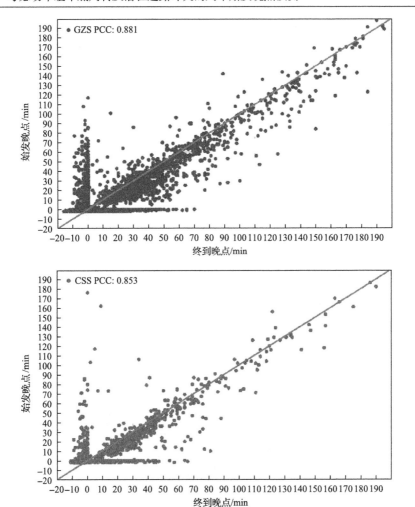

图 6-19 终到晚点与始发晚点的对比

表 6-9 相邻列车间的皮尔逊相关系数(PCC)

广州南站			长沙南站		
$P_{\text{FFT-DT}}$	$P_{\text{FFCT-DT}}$	$P_{\text{FFCT-DT}}^{\#}$	$P_{\text{FFT-DT}}$	$P_{\text{FFCT-DT}}$	$P_{\text{FFCT-DT}}^{\#}$
0.511	0.561	0.576	0.311	0.396	0.462

由表 6-9 中的结果可知,在广州南站和长沙南站中,$P_{\text{FFCT-DT}}$ 的值大于 $P_{\text{FFT-DT}}$ 的值,这表明第一列前行进路冲突列车的晚点与待预测始发列车晚点之间的线性关系强于同一线路上第一列前行列车的晚点与预测始发晚点之间的线性关系。换言之,考虑来自铁路网络(即不同线路)上的进路冲突以反映列车相互作用比仅考虑同一条铁路线路上的进路冲突更合理。当始发列车准时或提前出发时,意味着前行进路冲突列车没有晚点或与待预测列车有足够的间隔时间,当始发列车晚点时,其

有可能是受到前行进路冲突列车的影响。因此，本节针对始发晚点超过 0min 的数据集，计算了其第一列前行进路冲突列车的晚点与待预测始发列车的晚点之间的皮尔逊相关系数。表 6-9 的结果显示，在始发晚点超过 0min 的数据集中，第一列前行进路冲突列车的晚点与待预测始发列车的晚点之间的皮尔逊相关系数相较于考虑所有始发晚点的数据集要大，即 $P_{\text{FFCT-DT}}^{\#}$ 值大于 $P_{\text{FFCT-DT}}$ 值。该结果也证实了，当始发列车晚点时，其更有可能受到前行进路冲突列车的影响。

3. 影响因素分析

1) 列车间相互作用

晚点传播是一个综合的由运行图结构、列车运行环境和铁路固定设施决定的过程。运行图结构决定了列车间的相互作用，既有研究[39,40,65,82]已经证实后行列车与其前行列车之间的相互作用对于晚点传播具有至关重要的作用。然而，既有研究在考虑列车间相互作用时未区分前行列车是否与后行待预测列车存在路线冲突。本章 6.1 节的研究和 6.2.2 节第 2 小节中的数据分析表明，前行进路冲突列车对待预测列车具有很强的线性依赖性，即前行列车的晚点对后行列车有很大的影响。因此，本节也提取相应的列车相互作用特征作为始发晚点的影响因素，这些特征考虑了来自其他线路的进路冲突列车的影响。前行进路冲突列车的晚点以及待预测始发列车与前行进路冲突列车之间的行车间隔时间是可以体现列车间相互作用的指标。与始发列车有进路冲突的冲突类型有两种（即发-到和发-发冲突）。参考 6.1 节的研究，本节考虑了待预测始发列车和与两列前行冲突列车对待预测列车的影响，即考虑两列发-发冲突列车和两列发-到冲突列车。本节将前行进路冲突的列车的影响因素特征标记为特征集 $I=(I_1, I_2, I_3, I_4)$，这些影响因素的解释如下：

I_1：与待预测始发列车有发-到冲突的前行两列到达列车的到达晚点，$I_1 = [i_{1,2}, i_{1,1}]$，其中 $i_{1,2}$ ($i_{1,1}$) 为前行第二（一）列前行发-到进路冲突列车的到达晚点。

I_2：待预测始发列车和前行两列发-到冲突的到达列车之间的行车间隔时间。$I_2 = [i_{2,2}, i_{2,1}]$，其中 $i_{2,2}$ ($i_{2,1}$) 是待预测始发列车和与预测始发列车存在发-到冲突的第二（一）列前行列车之间的行车间隔时间。该行车间隔时间等于待预测始发列车的图定出发时间减去第 n 列前行到达列车的实际到达时间。

I_3：与待预测始发列车有发-发冲突的前行两列出发列车的出发晚点，$I_3 = [i_{3,2}, i_{3,1}]$，其中 $i_{3,2}$ ($i_{3,1}$) 为前行第二（一）列发-发进路冲突列车的出发晚点。

I_4：待预测始发列车和前行两列发-发冲突的出发列车之间的行车间隔时间。$I_4 = [i_{4,2}, i_{4,1}]$，其中 $i_{4,2}$ ($i_{4,1}$) 是待预测始发列车和与预测始发列车存在发-发冲突的第二（一）列前行列车之间的行车间隔时间。该行车间隔时间等于待预测始发列车的图定出发时间减去第 n 列前行出发列车的实际出发时间。

2) 列车运行环境

影响始发晚点的另一个关键因素是列车运行环境, 其中包括自然环境要素和动车组车底周转参数。自然环境因素包括降雨量、风速和温度, 因为大雨、强风和极端寒冷的天气可能导致列车降速运行, 甚至出于安全考虑在车站临时停车。本节考虑动车组车底周转参数包括相应终到列车的到达晚点、预测始发列车与相应的终到列车之间的行车间隔时间, 以及动车组车底周转所处时段。根据晚点传播机理, 相应的终到列车的到达晚点及待预测始发列车与相应的终到列车之间的行车间隔时间对始发晚点至关重要, 且 6.2.2 节第 2 小节的数据分析也已经证明了这一论点。此外, 动车组车底周转所在时段也包含一些隐藏信息, 例如, 在此时段的行车量[41], 因此对于晚点传播也十分地重要。

因此, 本节将列车运行环境的影响特征标记为特征集 $E = (E_1, E_2, E_3, E_4, E_5, E_6)$, 其中对每个影响因素的解释如下所示。

E_1: $E_1 = [e_1]$, 其中, e_1 为与始发列车共享车底的终到列车的到达晚点;

E_2: $E_2 = [e_2]$, 其中, e_2 为始发列车离开车站所在时段的风速;

E_3: $E_3 = [e_3]$, 其中, e_3 为始发列车离开车站所在时段的降雨量;

E_4: $E_4 = [e_4]$, 其中, e_4 为始发列车离开车站所在时段的温度;

E_5: $E_5 = [e_5]$, 其中, e_5 为终到列车与始发列车之间的接续时间;

E_6: $E_6 = [e_6]$, 其中, e_6 为始发列车离开车站所在时段, 本节将一天按小时划分, 即 0:00~1:00, 1:00~2:00, …, 23:00~24:00。

3) 列车进路数据

不同的进路冲突有着不同数量的共同道岔, 从而导致不同的冲突严重性。进路冲突中有更多的共同道岔时, 其影响更为严重。6.1 节的研究也证明了详细的到达/离开路线很重要, 因此, 本节也将从微观角度考虑待预测列车的出发进路和前行进路冲突列车的到达/出发进路。如前所述, 列车到达/出发所占用的道岔和到发线的编号组成的序列可以被视为到达/出发进路。本节将相应的影响因素标记为特征集 $R = (R_1, R_2, R_3)$, 其中对每个元素的解释以下。

R_1: $R_1 = [r_1]$, 其中, r_1 为始发列车的出发进路;

R_2: 与待预测列车有发-到冲突的前行两列到达列车的到达进路。$R_2 = [r_{2,2}, r_{2,1}]$, 其中, $r_{2,2}(r_{2,1})$ 是与预测始发列车存在发-到冲突的第二(一)列前行列车的到达进路;

R_3: 与待预测列车有发-发冲突的前行两列出发列车的出发进路。$R_3 = [r_{3,2}, r_{3,1}]$, 其中, $r_{3,2}(r_{3,1})$ 是与预测始发列车存在发-发冲突的第二(一)列前行列车的出发进路。

列车相互作用和运行环境影响因素的数据格式为整数型, 本节虽然以数字形式表示详细的到达/出发进路变量，但这些数字实际上是道岔或到发线编号，应该为字符串。总之，本节所考虑的始发晚点的影响因素如表 6-10 所示。

表 6-10　始发晚点影响因素总结

影响因素集	元素	数据类型
I	前行发-到冲突列车晚点：$i_{1,2}, i_{1,1}$ 前行发-发冲突列车晚点：$i_{3,2}, i_{3,1}$ 前行发-到冲突列车与待预测列车行车间隔时间：$i_{2,2}, i_{2,1}$ 前行发-发冲突列车与待预测列车行车间隔时间：$i_{4,2}, i_{4,1}$	整数型
E	自然环境因素：e_2, e_3, e_4 动车组接续参数：e_1, e_5, e_6	整数型
R	待预测列车到达进路：r_1 前行发-到冲突列车进路：$r_{2,2}, r_{2,1}$ 前行发-发冲突列车晚点：$r_{3,2}, r_{3,1}$	字符型

6.2.3　模型构建

本节假设前行进路冲突列车与待预测列车的到达(出发)过程为一个时间序列，使用 LSTM 模型提取列车间的相互作用关系。假设列车进路数据为文本数据，使用 transformer 提取待预测列车与前行进路冲突列车的冲突严重性。假设动车组车底周转参数及运行环境为静态数据，使用 FCNN 提取其中的隐藏信息。

1. transformer 提取列车进路的信息

特征集 R 揭示了待预测列车和相应的前行进路冲突列车的详细到发进路。到达/出发进路反映了车站的进站(出站)轨迹，因此，相邻元素(即道岔或到发线编号)可视为具有时间依赖性数据。此外，进路数据可以被视为是由字符格式组成的一串字符串，因此可以进一步将其视为文本数据，即进路被视为句子，道岔被视为文字。待预测列车及其前行进路冲突列车具有列车间的相互作用，因此它们的进路也应会相互作用。所以本节需要使用一种能够捕获不同文本数据之间相互作用的方法来捕获待预测列车与其前行进路冲突列车之间的关系。在 6.1 节的研究中，1DCNN 被用于处理详细的到达/出发进路，并且证明了考虑详细的到达/出发进路能够有效提高预测精度。然而，1DCNN 没有使用注意机制，即不可以为输入赋予不同的权重，这使得 1DCNN 无法识别进路冲突的严重性。

进路冲突的严重性可以通过待预测出发列车的出发进路和前行进路冲突列车的到达/出发进路之间的共同道岔数量来衡量。更多的共同道岔意味着更严重的进路冲突和造成更大的影响。此外，共同道岔的位置也会影响进路冲突的严重程度。

例如，如果共同道岔是两列相邻出发列车(即发-发冲突)的最后一个道岔，后行的列车可能在公共道岔前等待。相反，如果共同道岔位于两个相邻出发路线的中间，后行的列车可能在到发线上等待，这可能会导致更严重进路冲突后果，因为后面的列车从到发线到共同道岔也需要运行时间。

因此，本节需要一种能够捕捉待预测列车与其前行进路冲突列车的共同道岔数量及冲突位置的方法来处理进路相关的数据。transformer 是自然语言处理 (NLP) 领域的一个开创性的神经网络架构[92,93]，且因为极高的精度被广泛用于处理文本数据。既有的研究也表明，相较于传统使用 CNN 和 RNN 的方法进行文本翻译，transformer 由于其独特的注意力机制在文本翻译等 NLP 任务上体现出明显的优势。

transformer 具有编码器-解码器结构，且 transformer 神经网络使用编码器和解码器之间的注意机制可以捕获编码器和解码器之间不同部分相互之间的重要度。例如，在文本翻译任务中，输入为中文序列"今天是晴天"，输出为英文序列为"today is sunny"。当我们翻译 today 时，在解码器中注意力机制会对"今天""是""晴天"给予不同的权重(注意力)，而原始文本句中"today"的部分将有着最高的权重。也就是说，解码器对输入序列中不同编码信息分配不同的注意力。对于本节的始发晚点预测问题，可以将待预测的始发列车的出发进路和前行进路冲突列车的到达/出发进路视为编码器和解码器，通过编码器和解码器可以识别共同道岔的部分，进而识别出进路冲突的严重程度。然后，神经网络经过前向传播中，编码器和解码器之间的相互作用关系将被向前传播，从而得到它们之间的作用对最终的预测值的影响。

如图 6-20 所示，transformer 架构具有编码器-解码器结构，其中编码器和解码器均包含六层。编码器包含两个子层，分别称为多头自注意力(multi-head attention)

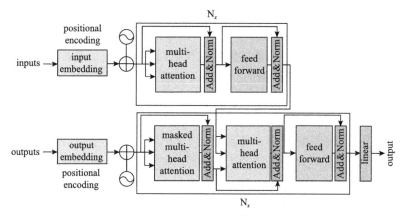

图 6-20 transformer 的结构示意图[92]

和前馈层(feed forward)。两个相邻的子层通过残差连接[94]进行连接(图 6-20 中的 Add & Norm 的 Add 层),然后进行层规范化[95](图 6-20 中的 Add & Norm 的 Norm)。解码器也有相同的子层,并插入编码器堆栈的输出以执行多头注意机制。这种注意机制可以识别编码器和解码器之间的交互。解码器和相邻子层之间也使用残差连接,然后进行层规范化。

transformer 使用的注意力机制可以抽象为式(6-16)。transformer 的输入经过位置编码(positional encoding)后可以得到一个向量。将该向量复制三份,并分别命名为 query(Q)、key(K)和 value(V)。Attention 机制就是把 Q 和 K 映射到同一个高维度的空间中去计算它们之间的相似度,然后将其进行规范化,并将规范化后的结果经过 softmax 层得到一个向量,该向量为对 Q 的各个元素的权重(注意力)大小,最后再去乘以 V,即可对不同的元素赋予注意力。因此,Q 其实可以被理解为查询,而通常需要根据 K 来查询 V 的,但是这种方式会使得每一个 K 是相同重要的,而实际中是有一些 K 更为重要,有一些 K 不重要,于是注意力机制就想到用 Q 和 K 计算相似度,越是和 Q 相似的 K 越是重要的 K;通过相乘之后就可以得到一个新 K,随后再根据这个新 K 去查询 V,以此来获得注意力。d_k 为 K 的维度。

$$\text{Attention}(Q,K,V) = \text{softmax}\left(\frac{QK^{\text{T}}}{\sqrt{d_k}}\right)V \tag{6-16}$$

transformer 也在编码器与解码器之间使用了注意力机制。在编码器与解码器之间,经过编码器处理之后的向量被设定为 K 和 V,而 Q 来自上一层的解码器的输出。多头注意力即设置多个 Q、K 和 V 来平行地计算。其中每个注意力将关注输入信息中的不同部分,并在最后对所有头的结果再进行拼接。在文本翻译任务中,编码器的输入是原始文本句子,而解码器的输入是翻译句子,给定解码器的输入,位置 i 的预测值只能依赖 i 于之前的已知输出。总之,transformer 可以通过注意力机制捕获编码器和解码器的信息以及它们之间的交互关系,transformer 更多详细信息在文献[92]中有详细的介绍。

本节使用 transformer 模块提取特征集 R 的信息。本节中,对每个样本(列车),待预测列车的出发路线被视为编码器输入,而前行进路冲突列车的相应的每个到达(出发)进路则被视为解码器。待预测列车的出发进路与前方进路冲突列车的相应的到达(出发)进路之间的进路冲突的严重性将由 transformer 模块中的编码器和解码器之间的注意机制来处理。通过这种方式,transformer 模块可以捕获待预测列车与其前行进路冲突列车之间的进路相互作用关系。本节对每一个待预测列车考虑其前行两个发-到进路冲突列车和两个发-发进路冲突出发列车;因此,

transformer 模块有四个组件。为了在后文与其他基准神经网络结构进行比较，本节将使用 transformer 模块处理进路相关变量标记为 transformer(R)。

2. LSTM 模块提取列车相互作用信息

特征集 I 反映了具有进路冲突的列车之间的相互作用。与待预测列车有进路冲突的前行列车按时间顺序到达/离开车站，因此前行冲突列车的到达/出发之间也存在时间依赖性。按时间顺序排列的前行进路冲突列车的到达（出发）事件可以视为一个时间序列，其中每列车视为一个时间步，其列车的属性被视为每个时间步的输入（属性）。与时间序列数据的常用方法 RNN 相比，使用 LSTM[73]模块可以处理时间序列数据可以进一步捕捉短期和长期的时间依赖关系。根据对列车间相互作用关系的分析并参考 6.1 节研究结论及既有研究[39,65]，本节选择 LSTM 处理特征集 I。

在 LSTM 的建模过程中，将每列车所包含列车的晚点时间（如 $i_{1,1}$）和与待预测列车的间隔时间（如 $i_{2,1}$）作为每个时间步的输入，而四个前行列车（其中两个为发-到进路冲突，其他两个为发-发进路冲突）被视为时间步长，特征集 I 的输入可以采用式(6-17)的形式，使用两层 LSTM 神经网络处理列车间的相互作用关系。本节将使用 LSTM 处理列车相互作用标记为 LSTM(I)，以便于后续与其他的基准模型对比。

LSTM 模块中特征集 I 的输入格式：

$$\begin{bmatrix} i_{1,1}, i_{2,1} \\ i_{1,2}, i_{2,2} \\ i_{3,1}, i_{4,1} \\ i_{3,2}, i_{4,2} \end{bmatrix} \tag{6-17}$$

3. FCNN 提取列车运行环境

特征集 E 是静态数据，不具有其他的特性（如时序性、本文数据）；因此，本节将特征集 E 直接输入到 FCNN 中，该 FCNN 模块包括一个 FCNN 层和 ReLU[96]激活函数。本节将使用 FCNN 对特征集 E 的处理的方法称为 FCNN(E)。

4. TLF-net 构建

在根据其影响因素的特性应用相应的神经网络模块处理后，将经过三个模块（即 transformer(R)、LSTM(I)和 FCNN(E)）处理后的结果展平，并进行融合。然后，使用两个连续的 FCNN 层，该种混合神经网络架构被命名为 TLF-net，详细示意图如图 6-21 所示。

在 TLF-net 中，每个样本的特征集 R 由到达（出发）进路的数据组成，由 transformer(R)模块处理。transformer(R)具有四个 transformer 神经网络构件。因为

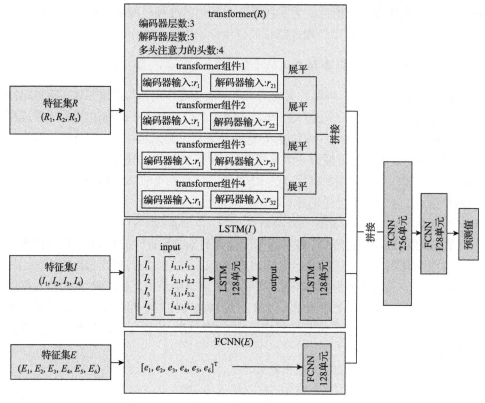

图 6-21　TLF-net 架构

TLF-net 考虑了两个前行发-发冲突列车和两个前行发-到冲突列车。在每个 transformer 神经网络构件中，预测列车的出发进路作为一个 transformer 的编码器输入，而前方进路冲突列车的相应到达(出发)进路用作该 transformer 的解码器输入。在经过超参数调试后，编码器和解码器的数量设置为 3 个，多头注意力的数量设置为 4 个；在原始 transformer 神经网络中，这些值分别等于 6 和 8。到达/出发进路是列车到达/出发时道岔和到发线编号的顺序，不同的列车具有不同长度的到达/出发进路，即特征集 R 中的进路数据具有不同的长度，这导致这些进路数据无法直接输入到模型中。到达/出发进路在广州南站的最大长度为 15，而在长沙南站的最大长度是 10。因此，使用值 0 将广州南站与长沙南站中长度小于最大长度的到达/出发线路填充到相应车站最大的进路长度。transformer 中另一个重要参数是将单词(道岔)转换为向量时的单词嵌入维度，对于两个站，该维度最终都设置为 10。LSTM(I) 采用两个具有 128 个单元的 LSTM 层，使用特征集 I 以捕获列车相互作用对待预测列车的影响。特征集 E 反映了动车组车底周转和列车运行环境参数，且特征集 E 中的数据是静态的。因此，它由一个具有 128 个单元的 FCNN 层处理，并最后得到 FCNN(E) 模块。然后，将 Transformer(R)、LSTM(I)和 FCNN(E)展平并拼接。将拼接后的结果输入两个分别有 256 和 128 个神经元的 FCNN 层处理，并最终得到 TLF-net。

在训练 TLF-net 时，本节选择 MSE 作为损失函数，训练架构基于 Pytorch 执行。此外，本节选择初始学习率为 0.001 的 Adam[97]优化器作为模型训练的优化器。当验证数据集在 10 个迭代次数内(epoch)没有下降时，将全局学习率降低 10%。此外，为了减少训练时间成本并防止过度拟合，如果验证数据集在 30 个迭代内减少值小于 0.01，则模型停止训练。本节将 mini-batch 设为 256 并结合了 dalaloader 使用，并将最大迭代次数设置为 300。最后，50%的数据用于模型训练，20%用作验证数据集以及调整模型超参数，其余 30%用于模型测试。

6.2.4 预测结果分析

本节将从不同角度对比 TLF-net 架构与其他的基准模型。首先使用与 TLF-net 模型相同的方法对基准模型进行预处理，如归一化。此外，所有基准模型均与 TLF-net 选用相同的损失函数，即 MSE。

1. 考虑来自网络的进路冲突对预测效果的分析

本节使用既有研究的方法，比较考虑来自网络上其他铁路线路和仅在同一铁路线上的进路冲突的情况。既有研究已经应用了几种广泛使用且高效的机器学习方法来预测列车晚点。在这些研究中，传统的机器学习方法(如 RF 和 SVR)和混合神经网络(如 CNN/LSTM)主要用于处理列车之间的相互作用，同时使用 FCNN 处理列车运行环境数据。

晚点传播机理分析，应从网络角度考虑相邻列车之间的相互作用(即应考虑来自其他线路具有进路冲突的前行列车的影响)，而不是只从单线铁路的角度。为了验证该分析的正确性，本节将对比使用既有方法下从单线角度和网络角度考虑列车相互作用对最终的始发晚点预测效果。本节所使用的基准模型的介绍如下。

1) LF 和 LF(NC)

先前研究[39,40,65]只考虑了列车间的相互作用与运行环境对晚点的影响。因此，本节将 LSTM(I)和 FCNN(E)的结果进行拼接，然后使用与 TLF-net 网络中相同的三个 FCNN 层，最终获得 LF 架构。LF 和 TLF-net 之间的唯一区别是后者考虑了详细的到达/离开路线。LF(NC)与 LF 具有相同的神经网络结构和超参数，但是 LF(NC)只考虑了同一条线路上运行的相邻列车之间的相互作用，而未考虑来自其他铁路线的潜在进路冲突列车对待预测列车的影响。例如，变量 $i_{1,1}$ 是与待预测始发列车在同一条铁路线路上运行的第一列前行列车的到达晚点。

捕捉列车之间相互作用的另一个角度是将运行图建模为图像[40,82]，即将每列车视为一行，其中每行中的每个元素表示该列车的属性（即对待预测列车的影响因素）。这样，列车的属性等于图像像素，相邻行表示相邻列车。CNN 是一种高效的图像处理方法，因此如果将时刻表视为图像，则可以用 CNN 处理列车之间的相互作用。将列车间的相互作用按式(6-17)的形式输入 CNN，其中每行表示不同于待预测列车有进路冲突的前行列车，每列表示不同列车的相同的属性。本节所考虑的 CNN 模块包括 128 个滤波器且每个滤波器卷积核大小为 2×1 的卷积层、ReLU 激活层和最大池层。本节将该种处理特征集 I 的方法被标记为 CNN(I)。

2) CF 和 CF(NC)

与 LF 一样，将 CNN(I) 和 FCNN(E) 的结果拼接起来，然后使用与 TLF-net 中相同的三层 FCNN，随后便可得到 CF 结构。CF 和 CF(NC)也具有相同的神经网络结构和超参数，而 CF(NC)是不考虑其他铁路线路潜在进路冲突的模型。

3) RF($I+E$) 和 RF($I+E$) (NC)

RF[98]是一种基于决策树的集成学习算法，用于映射预测器和因变量向量之间的相互关系，并在各多种预测任务中被广泛影响。本节使用 Scikit 库[85]中的 GridSearchCV 调整模型的超参数，包括决策树的数量和每棵树的深度，然后分别基于获得的最优的超参数组合训练 RF($I+E$) 和 RF($I+E$) (NC)模型。本节将特征集 I 和 E 进行拼接，随后直接输入 RF，最终得到基于 RF 的始发晚点预测模型。RF($I+E$) (NC)表示不考虑来自其他铁路线路的潜在进路冲突的模型。

4) SVR($I+E$) 和 SVR($I+E$) (NC)

与 RF($I+E$) 和 RF($I+E$) (NC)一样，本节使用 Scikit 库训练基于 SVR 的模型。本节给定超参数候选集[0.001,0.01,0.1,1,10,100]，并基于验证集的预测结果优化 SVR 的超参数 C、gamma 和 epsilon。

为了评估不同模型的预测性能，与 6.1 节相同，本节也使用平均绝对误差（MAE）和均方根误差（RMSE）作为误差度量，y_i 和 y_i' 分别对应于第 i 个测试样本的实际和预测到达晚点，N 表示测试集的总样本数。

从表 6-11 可以明显看出，使用既有的晚点预测算法，RF($I+E$) 有着最优的 MAE精度；而 LF 在广州南站和长沙南站都有着最优的 RMSE 精度。此外，表 6-11 的结果反映了在考虑进路冲突时，考虑来自多线的进路冲突相较于只考虑单线的进路冲突有着明显的改进，尤其是对 RMSE 的改进。最大的 RMSE 提升为广州南站的 CF 相较于 CF(NC)，其提升比例达到了 33.2%。这些结果表明，与只考虑同一条铁路线上的进路冲突的方法相比，同时考虑其他铁路线路上的进路冲突更为可靠和准确。

表 6-11 不同算法在考虑单线和网络运行冲突下的预测效果对比

算法	广州南站				长沙南站			
	MAE	MAE 提升/%	RMSE	RMSE 提升/%	MAE	MAE 提升/%	RMSE	RMSE 提升/%
LF	0.533	4.99	1.14	27.16	0.751	0.40	2.255	13.83
LF(NC)	0.561		1.565		0.754		2.617	
CF	0.529	10.03	1.151	33.20	0.796	−1.53	2.493	4.59
CF(NC)	0.588		1.723		0.784		2.613	
RF($I+E$)	0.451	17.85	1.199	29.14	0.648	4.28	2.485	9.24
RF($I+E$)(NC)	0.549		1.692		0.677		2.738	
SVR($I+E$)	0.597	14.35	2.388	11.33	0.871	−7.00	3.196	17.31
SVR($I+E$)(NC)	0.697		2.693		0.814		3.865	

注：各评价指标相应的提升值为考虑其他线路的运行冲突相较于不考虑其他线路的冲突的模型提升比例。

2. 考虑列车进路数据对预测效果的分析

为了评估详细的进路数据对始发晚点预测的影响，本节验证了考虑详细到达/出发进路的有效性。特征集 R 包含待预测列车及其前行进路冲突列车的详细进路数据，这些数据可以体现列车之间一些隐藏的交互信息（如进路冲突严重程度）。因此，可以通过使用待预测列车的详细出发进路和前行进路冲突列车的到达/出发路线来反映进路冲突的严重性。本节使用不同的架构来揭示捕获进路冲突严重性的能力，所使用的基准模型介绍如下。

1DCNN 是一种用于处理文本数据的高效算法，因此可以被应用于处理特征集 R。本研究中采用的 1DCNN 模块包括一层由 128 个滤波器且每个滤波器卷积核大小为 $2 \times M$（M 是广州南站和长沙南站处相应的最大路由长度）组成的卷积层、一个 ReLU 激活层和一个最大池层组成。对于特征集 R 中的每个元素，本节使用相同的 1DCNN 模块，然后将处理后的结果展平并随后合并。使用 1DCNN 处理特征集 R 的方式被标记为 1DCNN(R)。

1) 1DCLF

该基准模型是通过使用 1DCNN(R) 中的 1DCNN 模块来替换 transformer(R)，同时保留 TLF-net 的其余神经网络模块获得的。将该模型与 TLF-net 进行比较，可以验证 transformer 与 1DCNN 模块处理进路冲突严重性的性能，具有较高预测精度的模型应具有更好的能力。

2) 1DCCF

在该体系结构中，1DCNN(R) 和 CNN(I) 分别取代了 TLF-net 中的 transformer(R) 和 LSTM(I)，而保留了 TLF-net 结构的其余部分。该模型与后续 TCF-net 之间的比较也可以验证 1DCNN 和 transformer 捕捉进路冲突严重性的能力。

3）RF（$I+E+R$）

特征集 R 中的元素是具有文本信息的字符串类型，可以由神经网络架构中的 embedding 层处理，然而 RF 不能直接处理这些信息。因此，本节使用了传统机器学习中常用的处理文本信息的方法[89]，即通过 Word2vec 将每个元素转换为维数为 $S×M$ 的矩阵，其中 S 表示最大序列长度，M 表示词向量维数。然后，计算每个"词"在词向量维度的平均值，并最终获得具有 M 维的对应向量。因此，结合该平均算法对进路数据向量化后的数据，将其与特征集 I、E 拼接，随后将合并后的元素直接输入 RF。RF（$I+E+R$）也使用了 Scikit 包中的函数进行了超参数调试，并使用最佳的超参数进行模型训练。

4）SVR（$I+E+R$）

使用与 RF（$I+E+R$）处理特征集 R 相同的方法，并融合转换后的 R 与特征集 I、E。随后，调整超参数与训练，最终本节可获得 SVR（$I+E+R$）。

5）TCF-net

如 CF 架构中所述，CNN 可用于处理特征集 I，因此，TLF-net 中的 LSTM（I）块被 CNN（I）块替换，从而形成 TCF-net。其余的神经网络结构和超参数与 TLF-net 相同。

所有基准模型和 TLF-net 的结果如表 6-12 所示。

表 6-12　TLF-net 与基准模型预测精度

算法	广州南站				长沙南站			
	MAE	MAE 提升/%	RMSE	RMSE 提升/%	MAE	MAE 提升/%	RMSE	RMSE 提升/%
LF	0.533	16.89	1.14	4.12	0.751	24.77	2.255	20.35
LF（NC）	0.561	21.03	1.565	30.16	0.754	25.07	2.617	31.37
1DCLF	0.484	8.47	1.189	8.07	0.598	5.52	2.012	10.74
CF	0.529	16.26	1.151	5.04	0.796	29.02	2.493	27.96
CF（NC）	0.588	24.66	1.723	36.56	0.784	27.93	2.613	31.27
1DCCF	0.489	9.41	1.261	13.32	0.764	26.05	2.339	23.22
RF	0.451	1.77	1.199	8.84	0.648	12.81	2.485	27.73
RF（$I+E$）（NC）	0.549	19.31	1.692	35.40	0.677	16.54	2.738	34.40
RF（$I+E+R$）	**0.438**	−1.14	1.221	10.48	0.655	13.74	2.538	29.24
SVR（$I+E$）	0.597	25.80	2.388	54.23	0.871	35.13	3.196	43.80
SVR（$I+E$）（NC）	0.697	36.44	2.693	59.41	0.814	30.59	3.865	53.53
SVR（$I+E+R$）	0.801	44.69	2.673	59.11	0.815	30.67	2.86	37.20
TCF-net	0.48	7.71	1.189	8.07	0.68	16.91	2.323	22.69
TLF-net	**0.443**	—	**1.093**	—	**0.565**	—	**1.796**	—

注：加粗表示该指标下的最优预测值；各评价指标相应的提升值为考虑其 TLF-net 相较于对应模型的预测精度提升。

表 6-12 显示，在广州南站和长沙南站，与其他基准相比，TLF-net 有着更好的预测效果。虽然 RF(*I+E+R*)模型在广州南站的 MAE 表现出略优于 TLF-net 的性能，但 TLF-net 在广州南站的 RMSE 值提高更多。对于长沙南站，TLF-net 在 MAE 和 RMSE 指标方面都有着最高的预测精度。关于特征集 *R*，与未考虑特征集 *R* 的相应算法相比，使用 1DCNN 的算法在某些评价指标(如广州南站的 MAE 和长沙南站的 RMSE)上表现出一定的提高，但这些改进并不稳定，即并非所有指标都得到了改进(如 1DCCF 对广州南站的 RMSE)。然而，transformer 模块在处理特征集 *R* 时表现出了十分稳定且较优的提升。例如，与 LF 相比，TLF-net 的 MAE 和 RMSE 值在广州南站分别提高了约 16.9%和 4%，而在长沙南站分别提高了约 24.8%和 20.4%。TLF-net 相较于 1DCLF 更优的预测结果表明，transformer 模块具有更好的处理详细到达/出发进路的能力。同样，在广州南站和长沙南站，TCF-net 的预测精度也优于 1DCCF。这些更优的预测表现意味着，transformer 可以基于注意力机制捕捉待预测列车的出发进路和前行进路冲突列车的进路之间的冲突的严重性，而 1DCNN 模块对进路冲突严重性未能体现出良好效果。此外，TLF-net 的预测精度优于 TCF-net，LF 优于 CF，这表明 LSTM 比 CNN 具有更好的处理列车相互作用关系的能力。

此外，将始发列车的实际晚点与预测晚点进行了比较，以验证随着晚点的增加，TLF-net 预测效果的稳定性及有效性，结果如图 6-22 所示。该结果表明大多数数据沿 45°对角线分布，这验证了 TLF-net 结构的出色预测性能。此外，实际值和预测值之间的偏差并未随着实际始发晚点的增加而增加，这证明 TLF-net 对短晚点和长晚点都具有稳定可靠的预测能力。

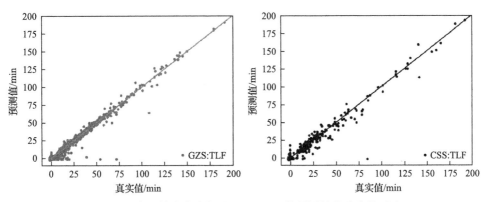

图 6-22　实际始发晚点与基于 TLF-net 的预测始发晚点的对比

3. 影响因素特征集的敏感性分析

在分析始发晚点预测的影响因素时，本节参考了既有的研究[40,65]，对本节使用的数据进行了分析，并结合了晚点传播机理。通过这种方式，本节将影响因素分为三个特征集，即特征集 I、E 和 R。为了证明考虑这些特征的合理性，本节分析了不同影响运输特征集的敏感性，实验结果如表 6-13、表 6-14 所示。基准模型 LF 应用 LSTM 处理了特征集 I 并使用 FCNN 处理了特征集 E，通过将 LF 与 TLF-net 进行对比可以得到考虑特征集 R 的有效性。模型 FCNN(E) 定义为使用 FCNN 的处理特征集 E，该模型忽略列车间的相互作用以及详细的到达/出发进路数据，对比 FCNN(E) 与 LF 可以验证考虑特征集 I 的有效性。此外，从 TLF-net 中删除 FCNN(E) 模块即可得到模型 transformer(R)+LSTM(I)，而对比 transformer(R)+LSTM(I) 与 TLF-net 的预测效果即可验证考虑特征集 E 的有效性。

本节除了考虑 MAE 和 RMSE 之外，还研究了残差的表现，以衡量预测性能。本节使用式(6-18)中定义的残差的绝对值(AR)来评估模型的绝对预测效果：

$$AR_J = \frac{N_J}{N_{total}} \times 100\% \tag{6-18}$$

式中，N_J 表示残差的绝对值不超过 J 值的样本数；N_{total} 是总样本量。换而言之，AR_1 表示残差绝对值不超过 1min 的数据百分比，同样的规则适用于其他两个相应的指标 AR_2、AR_3。表 6-13、表 6-14 的结果表明，FCNN(E) 在广州南站和长沙南站的性能最差，transformer(R)+LSTM(I) 的性能次之，TLF-net 的预测性能最好。因此，表 6-13、表 6-14 的结果进一步证明了本研究中考虑的影响因素是合理的。

表 6-13　广州南站影响因素特征集敏感性分析

算法	MAE	RMSE	AR_1	AR_2	AR_3
FCNN(E)	0.693	2.593	83.431	98.292	98.624
LF	0.533	1.140	86.258	98.724	99.098
transformer(R)+LSTM(I)	0.472	1.188	98.506	99.059	99.280
TLF-net	0.443	1.093	98.203	99.055	99.412

表 6-14　长沙南站影响因素特征集敏感性分析

算法	MAE	RMSE	AR_1	AR_2	AR_3
FCNN(E)	0.742	2.999	87.492	97.112	97.703
LF	0.751	2.255	86.790	96.745	97.240
transformer(R)+LSTM(I)	0.634	2.119	96.219	97.128	97.766
TLF-net	**0.565**	**1.796**	**97.001**	**97.862**	**98.213**

注：加粗表示该指标下的最优预测值。

考虑动车组车底周转时，在以下两种情况下，始发晚点理论上应为零：①终到列车到达终到站时未晚点；②如果动车组车底周转接续时间中的冗余时间大于终到晚点，此时，终到晚点理论上应该被冗余时间吸收。然而，根据对列车相互作用的分析，前行进路冲突列车的晚点也可能影响始发列车，导致始发晚点。本节将始发列车理论上不应晚点，但发生了晚点的情况称为 NDT（即理论上没有晚点，no delays in theory）。如果仅考虑动车组车底周转参数和终到列车的晚点状态，而不考虑列车间的相互作用，NDT 导致的始发晚点将很难被预测。就 NDT 而言，考虑进路冲突和相应的到达/出发进路应该可以提高预测效果，因为 NDT 很可能是由潜在的进路冲突引起的。当然，它也可能由其他因素引起，如始发列车的车辆故障。因此，本节对比了四类模型对 NDT 情况下的预测效果，结果如表 6-15 和表 6-16 所示。

表 6-15　广州南站理论上无始发晚点却始发晚点下不同模型的预测效果

算法	MAE	RMSE	AR_1	AR_2	AR_3
FCNN(E)	5.07	10.95	18.16	40.92	55.17
LF	3.71	7.07	20.46	46.67	60.46
transformer(R)+LSTM(I)	4.19	7.25	30.57	47.81	58.85
TLF-net	**3.31**	**6.65**	**41.38**	**60.92**	**75.86**

注：加粗表示该指标下的最优预测值。

表 6-16　长沙南站理论上无始发晚点却始发晚点下不同模型的预测效果

算法	MAE	RMSE	AR_1	AR_2	AR_3
FCNN(E)	8.42	14.83	13.92	30.38	39.87
LF	7.98	12.56	10.76	25.95	34.18
transformer(R)+LSTM(I)	6.45	11.17	21.51	34.81	48.73
TLF-net	**5.75**	**10.03**	**21.52**	**39.24**	**48.73**

注：加粗表示该指标下的最优预测值。

与其他模型相比，TLF-net 网络对 NDT 表现出最佳的预测效果。晚点的始发列车更有可能受到前行晚点列车的影响，从而导致晚点。TLF-net 考虑了来自其他铁路线的潜在进路冲突列车引起的晚点，并可以捕捉预测的始发列车的出发进路和前行进路冲突列车的到达/出发进路之间的进路冲突的严重性。这是 TLF-net 有着最好的预测精度的原因。此外，由于考虑了其他铁路线路潜在的进路冲突，LF 在 NDT 情况中预测表现优于 FCNN(E)。transformer(R)+LSTM(I)优于 LF，这表明 transformer(R)+LSTM(I)也可以捕获待预测的始发列车的出发进路和前行进路冲突列车的到达/出发路线之间的一些有用信息。而与 transformer(R)+LSTM(I) 相比，TLF-net 的性能更好，证明 transformer 中的注意力机制可以更好地捕获路进路冲突的严重性，从而获得比 transformer(R)+LSTM(I) 相比更好、更可靠的预测性能。此外，TLF-net 对 NDT 也有着具有令人满意的预测精度；AR$_3$ 的值在广州南站时高于 75%，在长沙南站时约为 50%，即误差的绝对值小于 3min 的比例也十分的高。

6.2.5　始发晚点动态预测

晚点预测问题的一个关键因素是及时性，即可以提前多久进行预测。在本节提出的始发晚点预测模型中，必须使用一些前行进路冲突列车的相关指标(如前行进路冲突到达/出发列车的晚点)，这些指标只能在这些列车到达/出发后获得。因此，始发晚点预测的及时性将受到极大限制，因为该预测只能在前行第一列进路冲突的到达/出发列车到达/出发后才能被执行。如果可以将前行进路冲突到发列车的预测指标作为所提出的始发晚点预测模型的相应输入，则可以极大地提高预测的及时性。

通过将到达晚点预测模型与所提出的 TLF-net 相结合，本节即可提前预测前行进路冲突列车的晚点，并且还可以计算相应的行车间隔时间和对应的到达/出发进路。然后将相同的预测过程应用于其他环境特征集 E 的预测。这样，就可以通过依赖输入特征集的预测值来预测始发晚点。在给定一个提前预测时间，如果进路冲突列车已到达/离开车站，则这些对应的预测指标可以使用其实际值进行更新。随着前行进路冲突列车的到达/离开，这些预测值可以不断地更新，并获得新的始发晚点预测值。该预测过程是动态的，可以在任何给定的提前预测时间下动态预测始发晚点。

本节为了验证动态预测方法的预测性能，首先将测试集中始发列车及其发-到和发-发冲突列车的数据排除，并将原始数据中广州南站和长沙南站上的剩余数据分别分为训练(70%)和验证(30%)数据集。基于训练和验证数据集，使用本章 6.1 节提出的方法，建立到达晚点预测模型(模型 A)，并使用 TLF-net 建立出发晚点预测模型(模型 D)。通过使用模型 A 和模型 D，可以预测和计算特征集 I。根据预测的特征集 I，在不同的提前预测时间下预测始发晚点。本节验证了在不同的提前预测时间下，即 5min、10min、15min 和 20min，动态预测的结果，如表 6-17 所示。

表 6-17 显示，模型的预测精度随着提前预测时间的增加而下降，但绝对预测精度仍然很好。此外，比较 5min 和 20min 的提前预测时间，模型的预测精度下降的程度较小。当提前预测时间为 20min 时，AR$_3$ 在广州南站和长沙南站下分别达到 96.52%和 98.94%。换而言之，允许残差的绝对值不超过 3min 时，TLF-net

模型有着很高的预测精度,而这些优异的预测精度证明该动态预测框架是可靠的,有利于对始发晚点的及时预测。

表 6-17　不同提前预测时间下 TLF-net 的预测效果

指标	广州南站	长沙南站
提前预测时间/min	5/10/15/20	5/10/15/20
MAE/min	0.65/0.72/0.73/0.73	0.49/0.5/0.51/0.51
RMSE/min	2.29/2.38/2.39/2.39	1.4/1.42/1.42/1.43
AR_1/%	96.11/94.83/94.61/94.56	97.76/97.52/97.38/97.28
AR_2/%	96.87/95.88/95.69/95.66	98.63/98.6/98.55/98.53
AR_3/%	97.51/96.67/96.55/96.52	99.05/98.99/98.96/98.94

6.3　本　章　小　结

本章在 6.1 节提出了一种新的混合神经网络模型 LLCF-net,用于预测多线衔接站的列车的到达晚点。该模型结合了四个神经网络模块,包括两个 LSTM 模块、一个 1DCNN 模块和一个 FCNN 模块。将考虑的影响因素分为三类,即进路相关因素、晚点相关因素和环境相关因素。根据不同影响因素的数据特性,选择了不同的神经网络模块进行了处理,并将处理后的模块进行拼接得到了 LLCF-net 模型。将 LLCF-net 与既有研究中仅考虑晚点相关变量和环境相关变量的模型进行了对比;此外,对比了既有研究中按照列车到站顺序考虑列车间相互作用和本章从进路冲突的角度考虑列车间相互作用的预测表现;最后,在都考虑进路相关变量时,对比了使用既有研究的算法和 LLCF-net 的预测效果。6.1 节分析了 LLCF-net 在 GZS 和 CSS 的残差分布和 CDF 分布,验证了 LLCF-net 的绝对预测精度。此外,本章还研究了 LLCF-net 在不同晚点长度下的预测性能。

本章在 6.2 节提出了一种用于预测列车始发晚点的混合神经网络模型,该模型考虑了动车组车底周转和来自网络中其他线路上的潜在进路冲突列车的影响。通过对晚点传播机理解析以及数据分析,6.2 节发现了一些终到晚点列车会因动车组车底周转而导致相应的始发列车发生晚点,进而导致晚点网络传播。此外,既有的一些研究没有考虑详细的到达/出发进路对晚点传播的影响,而考虑了进路数据的研究中所使用的 1DCNN 方法无法区分进路冲突的严重程度。为了解决这些问题,6.2 节考虑列车相互作用的同时,考虑了来自其他铁路线路的进路冲突,并进一步考虑了详细的列车到达/出发进路。基于数据分析、晚点传播机理和既有研究,提取了不同的影响因素,并将其划分为三个特征集。参考既有研究和特征集的数据特性,采用了不同的神经网络模块处理不同的特征集。最后,提出了一种由 transformer、LSTM 和 FCNN 模块组成的混合神经网络模型 TLF-net，并与既有的晚点预测模型进行了比较。此外，6.2 节还证明了考虑网络中其他铁路线路的进路冲突时相较于只考虑来自本线列车的进路冲突有着更优的预测精度，以及考虑详细列车进路数据的有效性；验证了 transformer 捕捉进路冲突严重性的能力和每个影响因素特征集的敏感性。随后，6.2 节还测试了所提出的 TLF-net 在 NDT 情况下(即始发列车理论上不应晚点，但却发生始发晚点的情况)的预测性能。最后，6.2 节设计了一种动态的始发晚点预测方法，并分析了其在不同提前预测时间下的预测性能。

因此。根据这些任务本章得出的主要结论总结如下：

(1)LLCF-net 从进路冲突的角度考虑列车间相互作用相较于既有研究按照列车到站顺序来考虑列车间相互作用更为合理，因此对到达晚点预测有着更优的预测精度。而与既有的研究的算法相比，TLF-net 在始发晚点预测中具有更稳定和更高的预测精度。

(2)在考虑列车相互作用时，考虑网络中其他铁路线路的潜在进路冲突对待预测列车的影响时相较于只考虑同一条铁路线路时预测效果更好，证明了建立到达(始发)晚点预测模型时，从冲突角度考虑列车作用关系更为科学合理。

(3)LLCF-net 对到达晚点预测具有极其出色的能力，其残差分布和 CDF 表明，残差绝对值等于 0 的数据比例接近 60%，而不超过 3min 的比例能达到 99%。

(4)随着晚点长度的增加，LLCF-net 网络仍具有稳定的预测精度，即 LLCF-net 对长晚点和短晚点都具有很高的预测准确性。

(5)待预测列车及其前行进路冲突列车的列车进路数据也反映了列车间的相互作用，与 6.1 节中用于处理到达/出发进路的 1DCNN 模块相比，TLF-net 模型中 transformer 模块可以更有效地识别进路冲突的严重性，因此有着更高的预测精度；

(6)TLF-net 对始发列车理论上不应晚点却晚点的情况相较于其他模型有着更好的预测表现，并且预测的精度较高；

(7)通过将所提出的 TLF-net 模型与第 4 章所提出的到达晚点预测模型相结合，可以动态地预测始发晚点，且在提前 20min 预测时都有着很高的预测精度。

第7章　高速铁路行车调度智能决策理论

7.1　调度策略决策机理模型

列车运行历史数据中包含了丰富的调度决策信息，蕴含着列车调度员在行车调度工作中的决策机理。在列车调度工作仍然主要依靠列车调度员完成的背景下，基于列车运行历史数据解析列车调度员的决策机理，对于实现列车调度自动化具有重要意义。本章主要基于列车运行历史数据建立调度策略的决策机理模型，揭示列车运行状态与单一的列车调度策略之间的映射关系，对不同列车运行状态下采取的调度策略进行决策分析。

7.1.1　调度策略决策分析问题描述

当列车运行受到干扰时，列车调度员可采取的调整措施包括：改变计划停站时间、改变列车交会方案、改变列车运行速度(改变列车区间计划运行时间)、改变列车出发顺序等。调整措施的质量直接影响到调度工作的质量，进而影响运输服务质量和旅客出行满意度。在多种调整措施中，改变列车计划停站时间或区间运行时间是最常见及有效的措施，因为计划时刻表中的车站冗余时间及区间冗余时间是晚点恢复的主要来源，列车调度员可以选择增加或减少计划停站时间或区间运行时间来恢复晚点或消解列车运行冲突。因此，实际停站时间和实际区间运行时间可能会与计划时间有所不同。总的来说，对计划停站时间和区间运行时间的调整措施包含三类，本节将其表示为 A 类、B 类和 C 类。其中，A 类指的是减少计划停站时间或区间运行时间；B 类指的是保持计划停站时间或区间运行时间不变；C 类指的是增加计划停站时间或区间运行时间。

本节将对计划停站时间或区间运行时间的调整策略进行决策分析。为给列车调度员提供有效的决策支持，模型需要提供的信息包括调度策略的类型(A 类、B 类和 C 类)以及调度策略的调整量(计划停站时间或区间运行时间调整的具体数值)。为实现上述目的，本节提出基于数据驱动的方法来获取相关的决策支持信息。换言之，本节首先解决一个分类问题，用于确定对计划停站时间或区间运行时间进行调整的调度策略的类型；接着，解决一个回归问题，用于确定对计划停站时间或区间运行时间调整的具体数值。分类问题以及回归问题的定义如下。

(1)分类问题：确定对计划停站时间或区间运行时间调整的类型(A 类、B 类和 C 类)，其输入及输出分别如表 7-1 和表 7-2 所示。

表 7-1　计划停站时间调整策略决策分析模型的变量及计算

变量	含义	计算
X_1	列车 i 在车站 j 到达晚点	$a'_{i,j} - a_{i,j}$
X_2	列车 i 在车站 j 的计划停站时间	$d_{i,j} - a_{i,j}$
X_3	列车 i 在车站 j 的实际到达时刻	$a'_{i,j}$
X_4	初始晚点所在的车站	初始晚点所在车站的索引
X_5	列车 i 的计划停站比例	$\dfrac{\sum_{t=1}^{N_i} o'_{i,t}}{\sum_{t=1}^{N_i} o_{i,t}}$
X_6	列车 i 的计划旅行速度	$\dfrac{L_i}{a_{i,N_i} - d_{i,1}}$
X_7	列车 i 在车站 j 的计划越行情况	按照式(7-5)计算
X_8	列车 i 在车站 j 之后的计划停站次数	$\sum_{t=j+1}^{N_i} o'_{i,t}$
X_9	列车 i 在车站 j 之后的区间冗余时间	$\sum_{t=j}^{N_i-1} (a_{i,t+1} - d_{i,t} - r_{m,t})$
X_{10}	列车 i 在车站 j 之后的车站冗余时间	$\sum_{t=j+1}^{N_i} (d_{i,t} - a_{i,t} - d_{m,t})$
Δ_d	列车 i 在车站 j 的计划停站时间改变量	$\Delta_d = (d'_{i,j} - a'_{i,j}) - (d_{i,j} - a_{i,j})$
Y_1	计划停站时间调整的类型	$Y_1 = \begin{cases} \text{Decrease}, & \Delta_d < 0 \\ \text{Maintain}, & \Delta_d = 0 \\ \text{Increase}, & \Delta_d > 0 \end{cases}$
Y_2	计划停站时间调整量	$Y_2 = \Delta_d$

表 7-2　计划区间运行时间调整策略决策分析模型的变量及计算

变量	含义	计算
P_1	列车 i 在车站 j 出发晚点	$d'_{i,j} - d_{i,j}$
P_2	列车 i 在车站 j 的计划区间运行时间	$a_{i,j+1} - d_{i,j}$
P_3	列车 i 在车站 j 的实际出发时刻	$d'_{i,j}$
P_4	初始晚点所在的车站	初始晚点所在车站的索引
P_5	列车 i 的计划停站比例	$\dfrac{\sum_{t=1}^{N_i} o'_{i,t}}{\sum_{t=1}^{N_i} o_{i,t}}$

续表

变量	含义	计算
P_6	列车 i 的计划旅行速度	$\dfrac{L_i}{a_{i,N_i} - d_{i,1}}$
P_7	列车 i 在车站 j 的计划越行情况	按照式 (7-5) 计算
P_8	列车 i 在车站 j 之后的计划停站次数	$\displaystyle\sum_{t=j+1}^{N_i} o'_{i,t}$
P_9	列车 i 在车站 j 之后的区间冗余时间	$\displaystyle\sum_{t=j+1}^{N_i-1} (a_{i,t+1} - d_{i,t} - r_{m,t})$
P_{10}	列车 i 在车站 j 之后的车站冗余时间	$\displaystyle\sum_{t=j+1}^{N_i} (d_{i,t} - a_{i,t} - d_{m,t})$
Δ_r	列车 i 在区间 j 的计划运行时间改变量	$\Delta_r = (a'_{i,j+1} - d'_{i,j}) - (a_{i,j+1} - d_{i,j})$
Q_1	计划区间运行时间调整的类型	$Q_1 = \begin{cases} \text{Decrease}, & \Delta_r < 0 \\ \text{Maintain}, & \Delta_r = 0 \\ \text{Increase}, & \Delta_r > 0 \end{cases}$
Q_2	计划区间运行时间调整量	$Q_2 = \Delta_r$

(2) 回归问题：确定对计划停站时间或区间运行时间调整的具体数值，其输入及输出分别如表 7-1 和表 7-2 所示。

通过分析列车调度员制定调度策略的影响因素及决策结果，确定分类模型和回归模型的输入及输出变量，计划停站时间调整策略的影响因素如表 7-1 所示，计划区间运行时间调整策略的影响因素如表 7-2 所示。表中的列车计划到达时间、列车计划出发时间、列车实际到达时间及列车实际出发时间分别表示为 $a_{i,j}$、$d_{i,j}$、$a'_{i,j}$ 及 $d'_{i,j}$；参数 $o'_{i,j}$ 表示列车 i 是否在车站 j 停站，$o_{i,j}$ 表示车站 j 是否包含在列车 i 的运行路径中；参数 $r_{m,j}$ 及 $d_{m,j}$ 分别表示列车 i 在区间 j（车站 i 至车站 i+1）的最小运行时分以及在车站 j 的最小停站时分；参数 N_i 表示列车 i 的终到站的索引值，L_i 表示列车 i 的旅行总距离。

式 (7-1) 和式 (7-2) 分别表示计划停站时间调整策略的分类模型和回归模型。Y_1 和 Y_2 是机器学习模型的输出。预测 Y_2 时，分类模型的预测结果 (Y_1) 将用回归模型 (Y_2)。

$$Y_1 = \varphi_1(X_1, X_2, X_3, X_4, X_5, X_6, X_7, X_8, X_9, X_{10}) \tag{7-1}$$

$$Y_2 = \eta_1(X_1, X_2, X_3, X_4, X_5, X_6, X_7, X_8, X_9, X_{10}, Y_1) \tag{7-2}$$

式中，φ_1 和 η_1 表示相应的机器学习模型。

类似地，式(7-3)和式(7-4)分别表示计划区间运行时间调整策略的分类模型和回归模型。分类模型的预测结果 Q_1 被用于回归预测目标值 Q_2 。

$$Q_1 = \varphi_2(P_1, P_2, P_3, P_4, P_5, P_6, P_7, P_8, P_9, P_{10}) \tag{7-3}$$

$$Q_2 = \eta_2(P_1, P_2, P_3, P_4, P_5, P_6, P_7, P_8, P_9, P_{10}, Q_1) \tag{7-4}$$

式中，φ_2 和 η_2 表示相应的机器学习模型。

$$X_7 = P_7 = \begin{cases} 3, & \text{列车 } i \text{ 在车站 } j \text{ 越行其他列车的同时被其他列车越行} \\ 2, & \text{列车 } i \text{ 在车站 } j \text{ 仅越行其他列车} \\ 1, & \text{列车 } i \text{ 在车站 } j \text{ 仅被越行其他列车} \\ 0, & \text{其他情况} \end{cases} \tag{7-5}$$

下面用一个由两列相邻列车和两个相邻车站构成的例子说明列车调度策略决策分析问题，例子如图 7-1 所示。

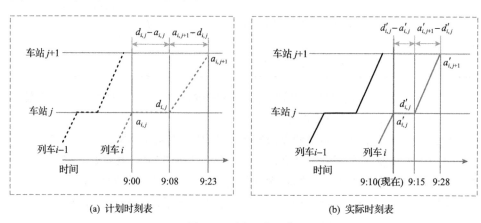

图 7-1　列车运行示例

图 7-1(a)表示列车计划运行图，图 7-1(b)表示列车实际运行图，横轴表示时间，纵轴表示空间(车站)。图 7-1 展示了列车 i 和列车 $i-1$ 在相邻车站(车站 j 和车站 $j+1$)的运行情况。该例中，列车 i 在车站 j 的到达晚点为 10min(即表 7-1 中的 X_1 为 10min)，所提出的模型用于确定对列车 i 在车站 j 的计划停站时间采取的调整措施，给出的结果为 Y_1 和 Y_2。Y_1 的预测结果为 B 类，意味着压缩计划停站时间；Y_2 的预测结果为–3min，表示列车 i 在车站 j 的实际停站时间比计划停站时间少 3min。列车 i 从车站 j 的出发晚点为 7min(即表 7-2 中的 P_1 为 7min)，所提出的模型用于确定对列车 i 在区间 j 的计划区间运行时间采取的调整措施，给出的结果为 Q_1 和 Q_2。Q_1 的预测结果为 B 类，意味着压缩计划区间运行时间；Q_2 的预测结果为–2min，表示列车 i 在区间 j 的实际区间运行时间比计划区间运行时间少 2min。

根据预测结果，可确定对计划停站时间及计划区间运行时间的调整策略。列车调度员制定并发布的调整策略由现场的工作人员执行，如列车司机等。所提出的模型旨在辅助列车调度员的调度工作，对司机的决策辅助，如列车自动运行（automatic train operation，ATO）等内容不包含在本节的研究范围中。

7.1.2 调度策略决策分析模型

本节基于深度森林提出了一个两阶段预测模型，用于学习输入和输出之间的复杂关系，并解决分类问题和回归问题。此外，本节采用了少数类样本合成过采样技术（synthetic minority over-sampling technique，SMOTE），使模型能够处理分类问题中不同类别的样本量分布极不平衡的问题。调度策略预测模型如图 7-2 所示。首先采用 SMOTE 处理不平衡数据。接着，模型分为了两个阶段，第一阶段为分类问题，预测计划停站时间或区间运行时间调整措施的类型（A 类、B 类和 C 类）；第二阶段为回归问题，根据第一阶段的预测结果建立回归模型，用于预测计划停站时间或区间运行时间的调整量。需要注意的是，SMOTE 仅在第一阶段使用，用于处理分类问题中不同类别的样本量分布不均衡的问题。

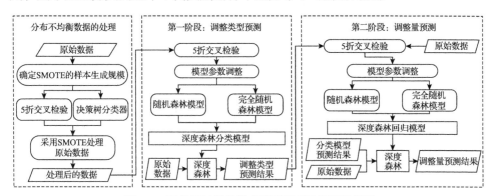

图 7-2 列车运行调整策略预测的两阶段预测模型

1. SMOTE 概述

SMOTE 是一种数据处理方法，该方法通过合成少数类样本以处理不同类样本的样本量差异较大的情况，在数据挖掘领域有着广泛的应用[99]。通过给定少数类样本的向上采样倍率，确定每个少数类样本需要合成的样本的个数。例如，当向上采样倍率为 2 时，表示每个少数类样本要合成 2 个新的少数类样本。对于少数类样本集合中的每个少数类样本，从其 k 个近邻中随机选择一个，通过对两个样本的各属性连线进行线性插值得到合成样本中各属性的取值，从而合成新的少数类样本。对以上过程进行重复，直到每个少数类样本的合成样本量达到给定的向上采样倍率。采用图 7-3 的示例说明 SMOTE 的原理，假设向上采样倍率为 2，首先确定某个少数类目标样本的 5 个(即参数 k 为 5)近邻少数类样本, 第一次随机选择出其近邻样本 3, 通过对所有属性以[0,1]区间的随机数进行线性差值得到合成样本 1, 然后再随机选择出近邻样本 5, 对所有属性以[0,1]区间的随机数进行线性插值后得到合成样本 2; 对所有少数类样本分别合成 2 个新样本, 从而得到向上采样倍率为 2 的新样本集合。该算法的伪代码如算法 1 所示。

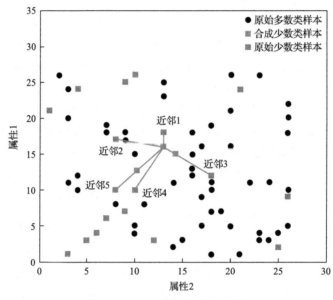

图 7-3　SMOTE 算法原理示意图

算法 1: SMOTE 算法

1　　输入: 原始数据的少数类样本集合 A_o, 少数类样本的规模 H, 向上采样倍率 N, 考虑的近邻个数 k, 样本属性个数 T

2　　输出: $H \times N$ 个少数类样本, 表示为集合 A_g

3　　将输入的向上采样倍率转换为整数, $N=\lceil N \rceil$

4　　以 I_k 表示 k 个近邻样本的索引集合; g 表示生成样本的索引

5　　for $i=1, 2, \cdots, H$ do

6　　　　获取第 i 个少数类样本的 k 个近邻样本的索引, $I_k[i][j]$ ($j=1, 2, \cdots, k$)

7　　end

8　　for $i=1, 2, \cdots, N$ do

9　　　　for $j=1, 2, \cdots, H$ do

10	从集合$\{i=1, 2, \cdots, k\}$中随机选择一个元素，命名为 c
11	以 h 表示样本 j 所选中的近邻样本的索引，$h=I_k[j][c]$
12	计算样本 j 与样本 h 的距离，$D[h][j][t]=A_o[h][t]-A_o[j][t]$，$t=1$, $2, \cdots, T$
13	产生一个随机数 $\ominus$（$\ominus \in [0,1]$）
14	for $t=1, 2, \cdots, T$ do
15	生成少数类样本 $A_g[g][t]=A_o[j][t]-\ominus \times D[h][j][t]$，$t=1, 2, \cdots, T$
16	$g=g+1$
17	end
18	end
19	end
20	返回合成的少数类样本集合 A_g

该算法中确定 k 近邻样本时采用欧几里得距离进行度量，如式(7-6)所示。

$$D_{X,Y} = \sqrt{\sum_{t=1}^{T}(x_t - y_t)^2}, \quad t=1,2,\cdots,T \tag{7-6}$$

式中，$D_{X,Y}$ 表示样本 X 和样本 Y 的欧几里得距离；x_t 和 y_t 分别表示样本 X 和样本 Y 第 t 个属性的取值。

2. 深度森林概述

深度森林(deep forest，DF)是一种基于集成学习的方法，最早由 Zhou 等[100] 提出。DF 的构想源于对神经网络能够处理复杂映射关系的思考，神经网络通过神经元之间的连接逐层处理输入信息。根据神经网络的特征，以集成学习模型作为神经元，建立起多个集成学习模型构成的多层 DF 模型。

本节以一个例子来说明 DF 模型的工作原理，如图 7-4 所示。图中 DF 模型由多层网络构成，每层包含一个随机森林模型(RF)和一个完全随机森林模型 (completely random forest，C-RF)，该例中 DF 模型用于一个"三分类"问题。DF 模型中每层的每个子模型产生一个三维向量，表示预测结果为各类别的概率。当前层将其预测概率向量以及原始输入特征向量传递到下一层，以尽可能多地保留预测信息。对最后一层两个子模型的概率向量取平均，最终以概率最大的类别作为分类模型预测结果。本节基于以往研究[101]构建 DF 模型。

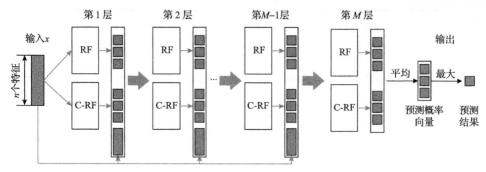

图7-4 DF分类模型工作原理示意图

DF模型的伪代码如算法2所示。DF模型中，各层RF模型所占的比例、各层子森林模型的数量、各子森林包含的决策树的数量，以及决策树的最大深度为关键参数，分别命名为n_r、n_f、n_e、n_d，本节将其作为超参数进行优化。模型训练的输入除了包含以上四个关键参数，还包括数据集X、最大层数L、样本类别的索引，以及模型初始表现e_0。参数e_0表示不包含任何子模型的表现，赋值为一个表示预测表现很差的值。参数L用于控制模型的复杂度，将网络层数控制在合理范围。每层包含占比为n_r的RF模型以及占比为$1-n_r$的C-RF模型。RF模型和C-RF模型分别使用$\sqrt{n}$和n个特征进行训练。每个子森林模型采用5折交叉验证进行训练，即80%的数据用于训练，20%的数据用于测试。训练终止条件是模型预测效果不再提升或者是模型层数达到上限值L。

算法2：DF 模型

1	训练阶段
2	输入：特征量为n的数据集X，L，n_r，n_f，n_e，n_d，样本类别的索引集合$\{1, 2, \cdots, m\}$，e_0
3	输出：DF分类模型
4	初始化：$n_l=0$
5	if $n_l<L$ do
6	模型增加一层，构建并训练各子模型
7	$n_l= n_l+1$
8	for $u=1, 2, \cdots, [n_f \times n_r]$ do
9	基于训练集X_t的$\sqrt{n}$个特征建立第u个RF模型

```
10          end

11      for u=1, 2, …,[n_f×n_r] do

12          基于训练集 X_t 的 n 个特征建立第 u 个 C-RF 模型

13      end

14      for x in 验证集 X_v do
```

15 　　　　获取第 i 层第 j 个子模型的预测结果，$Y_{ij} = \left[p_{ij}^1, p_{ij}^2, \cdots, p_{ij}^m \right]^T$，$(i=n_1,$ $j=1,2,\cdots, n_f)$

16 　　　　计算第 i 层的预测向量，$\overline{Y_i} = \dfrac{1}{n_f}\displaystyle\sum_{j=1}^{n_f}(Y_{ij})$，$(i=n_1)$

17 　　　　计算第 i 层的预测结果，$Y_i = \underset{v=1,2,\cdots,m}{\operatorname{argmax}}\left(p_i^v\right)$

```
18      end
```

19 　　以评估函数 $G(i)$ 获取第 i 层的预测表现，命名为 e_i，$e_i=G(Y_i, Y)$

```
20      if 表现 e_i 不优于 e_0 do

21          返回包含 n_1-1 层的 DF 模型

22      end
```

23 　　将第 i 层的预测向量与原始输出特征，即 $\left[x, \overline{Y_i} \right]$ 传递到第 $i+1$ 层

```
24      else

25          返回包含 n_1 层的 DF 模型

26      end

27      预测阶段

28      输入：样本 x，包含 n_1 层的 DF 模型

29      输出：分类结果 cr(x)
```

30 　　　　　　$cr(\boldsymbol{x}) = \underset{v=1,2,\cdots,m}{\operatorname{argmax}}\left(p_i^v\right)$，　$i = n_1$

在 DF 模型的伪代码中，$\left[p_{ij}^1, p_{ij}^2, \cdots, p_{ij}^m \right]$ 表示第 i 层（$i=1, 2, \cdots, n_1$）第 j 个（$j=1,$ $2,\cdots, n_f$）子模型的预测结果，即分类为各类别的概率向量，Y_i 表示验证集的预测

结果，Y 表示验证集的实际结果。

$$\left[p_i^1, p_i^2, \cdots, p_i^m\right]^{\mathrm{T}} = \overline{y_i} = \begin{cases} F_i(x) = \dfrac{1}{n_f} \displaystyle\sum_{j=1}^{n_f} f_{ij}(x), & i=1, x \in X_v \\ F_i\left(\left[x, \overline{y_{i-1}}\right]\right) = \dfrac{1}{n_f} \displaystyle\sum_{j=1}^{n_f} f_{ij}\left(\left[x, \overline{y_{i-1}}\right]\right), & i>1, x \in X_v \end{cases} \tag{7-7}$$

式中，F_i 表示第 i 层的所有子模型；f_{ij} 表示第 i 层 $(i=1,2,\cdots,n_l)$ 第 j 个 $(j=1,2,\cdots,n_f)$ 子模型；X_v 表示验证集；x 表示 X_v 中的一个元素。

DF 回归模型与 DF 分类模型的不同之处在于对输出的计算。DF 回归模型中最后一层的各子模型产生一个预测值，模型预测结果为各自模型预测值的均值，按照式(7-8)和式(7-9)计算得到。DF 回归模型的第一层以 n 维特征向量为输入，其余层以上一层的预测向量及 n 维特征向量为输入。DF 回归模型的参数及训练终止条件与 DF 分类模型相同。

$$rr(x) = y_i, \quad i = n_l \tag{7-8}$$

$$y_i = \begin{cases} F_i(x) = \dfrac{1}{n_f} \displaystyle\sum_{j=1}^{n_f} f_{ij}(x), & i=1 \\ F_i([x, y_{i-1}]) = \dfrac{1}{n_f} \displaystyle\sum_{j=1}^{n_f} f_{ij}([x, y_{i-1}]), & i>1 \end{cases} \tag{7-9}$$

3. 模型评估指标

本节给出了分类模型及回归模型表现的评估指标。对于分类模型，通过 SMOTE 处理，各类样本的分类表现较为接近，因此常规的分类模型评估指标，包括准确率、查准率、查全率，以及 F1-score 被用于评估模型分类表现。但上述指标通常用于"二分类"问题，对于本节的多分类问题，首先基于式(7-10)得到如表 7-3 所示的混淆矩阵，按照式(7-11)~式(7-13)计算各类别的预测表现，然后使用测试集中各类别的均值作为模型的整体表现。换言之，本节使用 ACC、MP、MR，以及 MF 评估模型表现，如式(7-14)~式(7-17)所示。以上四个评估指标，其结果取值越大表示模型表现越好。

表 7-3　混淆矩阵

		预测值	
		阳性 (positive)	阴性 (negative)
实际值	阳性 (positive)	真阳性 (true positive，TP)	假阴性 (false negative，FN)
	阴性 (negative)	假阳性 (false positive，FP)	真阴性 (true negative，TN)

$$A_i = \frac{TP_i + TN_i}{TP_i + TN_i + FP_i + FN_i} \qquad (7\text{-}10)$$

$$P_i = \frac{TP_i}{TP_i + FP_i} \qquad (7\text{-}11)$$

$$R_i = \frac{TP_i}{TP_i + FN_i} \qquad (7\text{-}12)$$

$$F_i = \frac{2 \times P_i \times R_i}{P_i \times R_i} \qquad (7\text{-}13)$$

$$ACC = \frac{1}{m} \sum_{i=1}^{m} A_i \qquad (7\text{-}14)$$

$$MP = \frac{1}{m} \sum_{i=1}^{m} P_i \qquad (7\text{-}15)$$

$$MR = \frac{1}{m} \sum_{i=1}^{m} R_i \qquad (7\text{-}16)$$

$$MF = \frac{1}{m} \sum_{i=1}^{m} F_i \qquad (7\text{-}17)$$

式中，m 表示样本类别数。

对于回归模型，采用平均绝对误差（MAE）以及均方根误差（RMSE）评估表现，RMSE 和 MAE 越小表示预测表现越好。

7.1.3 案例分析

本节基于武广高铁和厦深高铁在 2012 年 11 月 10 日至 2015 年 3 月 4 日之间的列车运行数据进行案例分析。列车调度员倾向于对晚点列车采取调整措施，因此本节主要研究列车运行历史数据中列车调度员对晚点列车的调度策略。经过数据处理和提取，武广高铁停站时间和区间运行时间调整策略分别包含 47115 和 42802 个样本，厦深高铁停站时间和区间运行时间调整策略分别包含 17959 和 17881 个样本。考虑记录设备的误差，本节采取以下方式定义不同类别的调整策略：对于停站时间调整策略，调整量小于–1min 的情况视为 A 类调整策略，调整量绝对值小于等于 1min 的情况视为 B 类调整策略，调整量大于 1min 的情况视为 C 类调整策略；对于区间运行时间调整策略，其不同类别调整策略的定义方式与停站时间调整策略的定义方式相同。

下文将首先采用 SMOTE 对原始数据进行处理并基于处理后的数据确定模型参数，然后进行结果分析，包括评估采用 SMOTE 对分类模型带来的影响、分析分类模型预测表现、分析是否包含第一阶段结果对回归模型的影响，以及分析回归模型的预测表现。

1. 样本处理与模型参数确定

对于分类问题，首先采用 SMOTE 生成少数类样本处理数据集不同类样本分布不平衡的问题。采用 SMOTE 的首要任务是确定向上采样倍率 h_u，即少数类样本的样本量增加的倍数，本节根据一个基准模型在各分类中最佳表现确定该参数。具体地，该参数采用包含两步的试错法(trial-and-error)进行确定：①训练一个基准模型来获取不同 h_u 下各类样本的预测效果；②根据基准模型的表现确定最佳的 h_u。考虑到决策树(decision tree，DT)模型是 DF 模型的基本元素，同时应用 DT 模型时可以不用考虑复杂的调参问题，本节将 DT 模型作为确定向上采样倍率的基准模型。F1-score 综合考虑了查准率和查全率，因此将其用于评估基模型在各类别上的分类表现。图 7-5 表示原始数据中，各类样本的样本量以及 DT 在各类样本中的预测表现，其中 F1-score 为采用 5 折交叉验证得到的 5 次测试集预测表现的均值。从图 7-5 中可以看出，不同类样本的频率和 F1-score 差别较大。多数

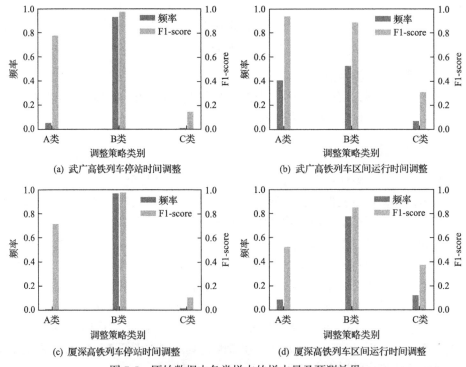

(a) 武广高铁列车停站时间调整　　　　　　　(b) 武广高铁列车区间运行时间调整

(c) 厦深高铁列车停站时间调整　　　　　　　(d) 厦深高铁列车区间运行时间调整

图 7-5　原始数据中各类样本的样本量及预测效果

情况下，列车调度员倾向于采用 B 类调整策略，即不改变列车计划停站时间或区间运行时间；相比之下，其余两类策略使用的频率较低。图 7-5 也表明 DT 预测 B 类样本具有较大的 F1-score，即具有较好的预测表现，而预测其余两类样本时效果欠佳。对于 C 类调整策略，DT 模型预测结果的 F1-score 均小于 0.5，意味着模型的表现比一次随机猜测更差。上述分析表明，采用 SMOTE 处理不同类样本分布不平衡问题是很有必要的。

基于上述分析，本节对调度策略分类问题中不同类样本的向上采样倍率 h_u 进行了分析。h_u 为整数，来自于集合 H_u，计算如式 (7-18) 所示。

$$H_u = \{0,1,\cdots,[h_l]-1\} \tag{7-18}$$

式中，H_u 表示向上采样倍率的备选集；h_l 表示 B 类样本是所生成类样本的倍数。

两条高铁线路的 h_u 调整结果如图 7-6 和图 7-7 所示。图 7-6 和图 7-7 均表明，随着 h_u 的增加，所生成类样本的 F1-score 会逐渐增加，然后趋于稳定，即 h_u 大于某个值之后，增加 h_u 对提升模型的预测表现作用很小。为减少模型计算的复杂度，

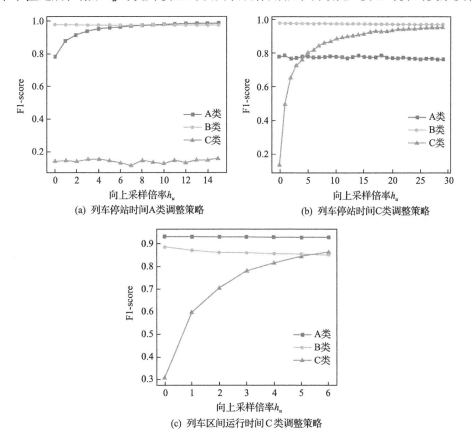

(a) 列车停站时间A类调整策略

(b) 列车停站时间C类调整策略

(c) 列车区间运行时间C类调整策略

图 7-6　武广高铁各类样本在不同向上采样倍率下的预测效果

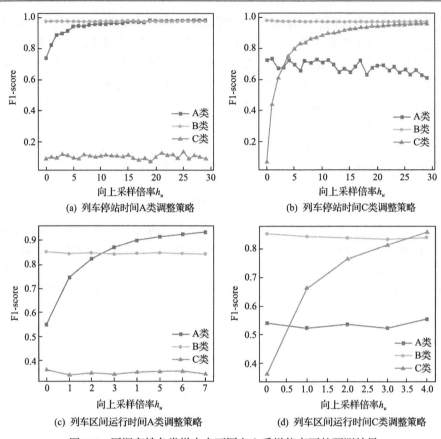

(a) 列车停站时间A类调整策略

(b) 列车停站时间C类调整策略

(c) 列车区间运行时间A类调整策略

(d) 列车区间运行时间C类调整策略

图 7-7 厦深高铁各类样本在不同向上采样倍率下的预测效果

本节以缩小各类样本 F1-score 的差距为确定 h_u 的准则,而不是以缩小各类样本的样本量差距为准则。同时,h_u 采用控制变量法进行确定,即确定某类样本的 h_u 时,其余类样本采用原始数据。本节以 B 类样本作为确定 h_u 的基准,因为该类样本频率最高,不需要采用 SMOTE 生成样本。此外,本节以 0.05 作为阈值,即当 B 类样本与所生成类样本的 F1-score 绝对值之差小于 0.05 时的最小 h_u 作为向上采样倍率的结果。根据上述 h_u 的确定准则,h_u 的最大值及最优值如表 7-4 所示。

表 7-4 最大及最优向上采样倍率

线路	h_u 类型	A 类调整策略		C 类调整策略	
		列车停站时间	列车区间运行时间	列车停站时间	列车区间运行时间
武广高铁	最大值	15	0	62	6
	最优值	3	0	17	4
厦深高铁	最大值	126	7	46	4
	最优值	5	2	15	3

采用 SMOTE 调整后各类样本的频率以及 DT 模型在各类样本上的分类表现如图 7-8 所示。从图 7-8 中可以看出，各类样本的样本量变化不大，但模型的预测表现有了很大的提升，体现在 DT 模型对各类样本的预测表现较为均衡，即本节提到的以缩小各类样本的预测表现为准则。

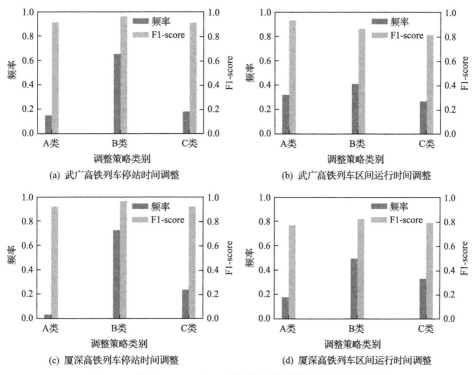

(a) 武广高铁列车停站时间调整　　　　(b) 武广高铁列车区间运行时间调整

(c) 厦深高铁列车停站时间调整　　　　(d) 厦深高铁列车区间运行时间调整

图 7-8　采用 SMOTE 处理后各类样本的样本量及预测效果

调整模型参数可以提升模型的表现，因此本节采用网格搜索法 (grid-search) 调整 DF 分类模型和 DF 回归模型的参数以获得表现更优的模型。前文提到，DF 模型的关键参数包括各层 RF 模型所占的比例、各层子森林模型的数量、各子森林所包含决策树的数量，以及决策树的最大深度，分别表示为 n_r、n_f、n_e、n_d。本节将 n_f 设置为 8，参数 n_r 的备选集合为 {0，0.25，0.5，0.75，1}。例如，当 n_r 为 0.25 时表示各层含有 25% 的 RF 模型，C-RF 模型所占比例为 75%，即各层包含 2 个 RF 模型和 6 个 C-RF 模型。参数 n_e 的备选集合为 {50，75，100}，参数 n_d 的备选集合为 {5，10，15，20，25，30}。DF 模型的最大层数 L 为 3，以限制模型的复杂程度。本节基于 SMOTE 处理后的武广高铁列车运行数据，采用 5 折交叉验证对 DF 模型进行参数优化，以厦深高铁的列车运行数据验证模型对不同线路的适应性。DF 分类模型以 MF 为评估指标，DF 回归模型以 MAE 与 RMSE 之和为评估指标选择参数。为平衡模型在停站时间调整策略以及区间运行调整策略中的预测表现，分类模型以停站时间和区间运行时间的 MF 的均值为评估指标，回归模型以停站时间和区间运行时间的 MAE 与 RMSE 的均值为评估指标。不同参数组合下 DF 模型的预测效果如图 7-9 所示。

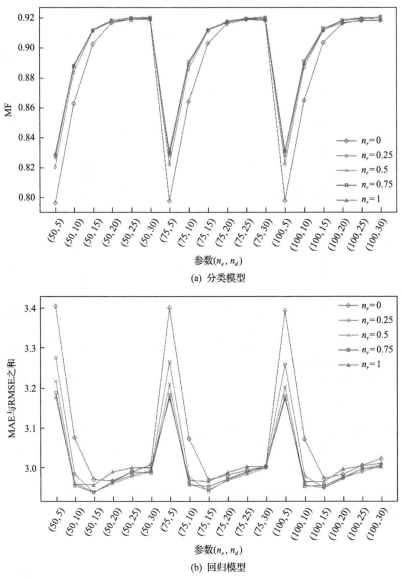

(a) 分类模型

(b) 回归模型

图 7-9　不同参数组合下 DF 模型的预测效果

图 7-9（a）为 DF 分类模型在不同参数下的预测表现。从图中可以看出，对于分类模型，n_r 为 0 时模型表现最差，n_r 不为 0 时模型的表现较为接近；随着 n_d 的增加，F1-score 逐渐增加，且增加的趋势逐渐放缓；不同 n_e 下模型的表现较为接

近。根据不同参数下 MF 的取值，确定 DF 分类模型的参数组合 n_r、n_e、n_d 分别为 0.5、50、30。

图 7-9(b) 为 DF 回归模型在不同参数下的预测表现。可以看出，对于回归模型，当 n_d 为 5 时，n_r 越大，模型表现越好；当 n_d 大于 5 时，n_r 对模型表现影响较小；随着 n_d 的增加，模型预测误差逐渐减小；不同 n_e 下，模型的表现差异较小。综合考虑回归模型的 MAE 和 RMSE，选择产生误差最小的参数组合，即 n_r、n_e、n_d 取值分别为 0.25、50、15。

2. 采用 SMOTE 的效果分析

采用 SMOTE 处理能平衡模型在不同类样本中的预测表现。为进一步分析 SMOTE 对分类模型的影响，本节对比了采用 SMOTE 的 DF 分类模型(命名为 DF-S1)与不采用 SMOTE 的 DF 分类模型(命名为 DF-S0)的表现。DF-S0 模型的参数同样进行了优化以保证比较的公平性，优化参数及其备选集合，以及评估标准与 DF-S1 相同。根据模型表现，DF-S0 分类模型的参数组合 n_d、n_e、n_r 分别确定为 0.75、100、10。表 7-5 给出了 DF-S0 和 DF-S1 在 20 次 5 折交叉中的表现，以 100 次实验的均值和标准差表示。结果表明，DF-S1 模型除了对武广高铁的 ACC 指标无提升之外，对其他指标均有不同程度的提升。采用 SMOTE 对 MP、MR、MF 的提升比例在 14%以上，同时降低了模型预测的标准差，即提升模型预测准确率的同时提高了模型预测的稳定性。综上所述，表 7-5 的结果表明，采用 SMOTE 能处理数据集不同类样本分布不平衡的问题，从而有效提升模型的预测表现。

表 7-5 采用与不采用 SMOTE 下 DF 分类模型预测调整策略类别的表现

线路	指标	列车停站时间调整			列车区间运行时间调整		
		DF-S0	DF-S1	提升比例/%	DF-S0	DF-S1	提升比例/%
武广高铁	MP	68.68±9.04	**94.48±0.24**	37	78.12±1.42	**89.10±0.28**	14
	MR	61.10±0.67	**95.53±0.26**	56	67.89±0.58	**89.26±0.28**	31
	MF	60.97±0.64	**94.99±0.21**	55	68.80±0.86	**89.18±0.27**	29
	ACC	**96.73±0.10**	96.18±0.16	0	**89.66±0.21**	89.29±0.27	0
厦深高铁	MP	67.03±9.83	**96.33±0.69**	43	73.37±2.12	**86.28±0.46**	17
	MR	56.02±2.62	**96.94±0.64**	73	53.38±1.22	**85.96±0.53**	61
	MF	58.73±1.90	**96.62±0.46**	64	57.20±1.24	**86.11±0.45**	50
	ACC	97.65±0.07	**98.00±0.20**	0	81.64±0.39	**86.74±0.41**	6

注：表中加粗字体表示对应指标下的最优结果。

为了更直观地反映采用 SMOTE 对模型预测效果的影响，本节给出了 DF-S0 和 DF-S1 在一次分类实验中的混淆矩阵的结果，即模型在不同类别中的预测效果。

DF-S0 的分类结果如图 7-10 所示。从图中可以看出，模型能准确地对 B 类策略进行分类，但是对 A 类和 C 类的分类效果较差，C 类策略错分成 B 类的概率在 75%以上。C 类策略表示增加计划停站时间或区间运行时间，通常用于消解列车运行冲突。因此，准确地识别 C 类策略是保障列车安全运行的基础。图 7-11 表示 DF-S1的分类结果，可以看出该模型对各类策略的分类效果准确率在 0.85 以上，较 DF-S0有了显著的提升。图 7-10 和图 7-11 直观地表明了采用 SMOTE 能有效提升模型对调整策略类别的预测效果。

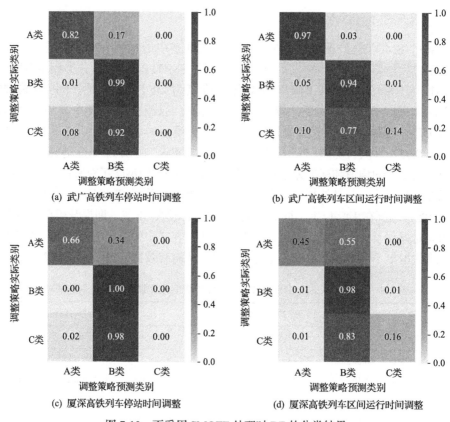

图 7-10　不采用 SMOTE 处理时 DF 的分类结果

3. 模型分类结果分析

本节将 DF 分类模型与几种基准模型进行了比较。各种基准模型的信息如下：

1）极限学习机

极限学习机（ELM）为包含一层隐藏层的前馈神经网络，具有很少的超参数，该方法已被用于动态晚点预测。同样地，本节对其参数进行了优化。其优化参数为隐藏层包含的神经元数量，来自备选集{32，64，128，256，512}。根据 5 折交

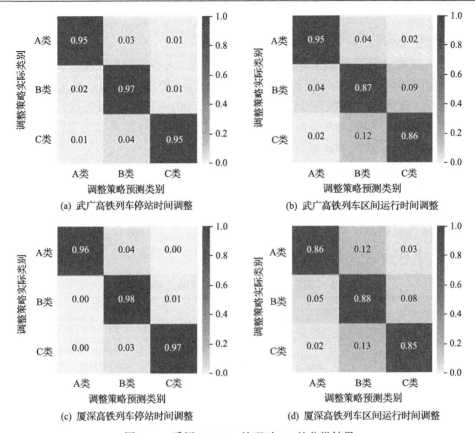

图 7-11 采用 SMOTE 处理时 DF 的分类结果

叉验证结果，ELM 分类模型和回归模型的参数均为 512。

2) 人工神经网络

人工神经网络 (ANN) 由于其强大的对非线性映射关系的建模能力在分类和回归问题中都有广泛运用，在列车晚点预测[34]和列车晚点恢复时间预测[44]方面都有不错的表现。本节设置的 ANN 包含 2 层隐藏层，各层的神经元数量为优化参数，来自备选集合{16, 32, 64}。根据 5 折交叉验证结果，ANN 分类模型和回归模型的参数分别为 64 和 32。

3) 支持向量机

支持向量机 (SVM) 根据阈值 ε 判定预测误差，当真实值与预测值之间的差值大于 ε 时，才视为预测误差。Marković 等[9]将其用于列车晚点预测。对于 SVM 分类模型，优化的参数包括惩罚函数系数 C，核函数系数 γ，分别来自备选集{0.1, 1, 2}和{1, 5, 9, 13, 17, 21}。对于 SVM 回归模型，优化的参数包括惩罚函数系数 C、核函数系数 γ 及 ε，ε 来自备选集{0.005, 0.01, 0.1}。根据 5 折交叉验证结果，SVM 分类模型的参数 C 和 γ 分别为 2 和 5，回归模型的参数 C、γ 和 ε 分别为

2、1 和 0.05。

4）随机森林

随机森林(RF)为基于决策树的集成学习模型，已被应用于晚点改变量预测、晚点恢复时间预测[44]等方面。其优化参数包括所包含的决策树的数量 n_e 以及各决策树的最大深度 n_d，分别来自备选集{50，75，100}和{5，15，20，25，30}。根据 5 折交叉验证结果，RF 分类模型的参数 n_e 和 n_d 分别为 75 和 25，RF 回归模型的参数 n_e 和 n_d 分别为 100 和 10。

基准模型的参数进行优化时，基于的数据集和评估标准与 DF 模型所采用的数据集和评估标准相同。本节以 SMOTE 处理后的武广高铁列车运行数据为基础，采用 5 折交叉验证选择参数。分类模型的表现以分类指标进行评估，评估的依据来源于 20 次 5 折交叉验证中模型在测试集中的结果，用 100 次实验的均值和标准差表示，如表 7-6 所示。从表中可以看出，DF 分类模型的结果几乎在所有指标下

表 7-6　不同分类模型预测调度策略类别的表现

线路	调整策略	方法	评估指标			
			MP	MR	MF	ACC
武广高铁	列车停站时间调整	ELM	83.68±0.44	82.76±0.46	83.14±0.39	87.59±0.30
		ANN	80.86±0.46	80.88±0.72	80.77±0.56	81.33±0.46
		SVM	91.40±0.39	91.31±0.54	91.35±0.43	93.36±0.32
		RF	94.28±0.24	**95.58±0.21**	94.91±**0.19**	96.13±**0.14**
		DF	**94.48±0.24**	95.53±0.26	**94.99**±0.21	**96.18**±0.16
	列车区间运行时间调整	ELM	78.31±0.31	77.96±0.32	78.09±0.31	78.81±0.31
		ANN	86.82±1.12	87.84±1.75	87.12±1.09	90.12±0.82
		SVM	84.67±0.31	84.68±0.30	84.67±0.30	84.99±0.30
		RF	89.00±0.29	89.02±0.28	89.01±0.28	89.11±0.28
		DF	**89.10±0.28**	**89.26±0.28**	**89.18±0.27**	**89.29±0.27**
厦深高铁	列车停站时间调整	ELM	83.89±1.26	79.61±1.33	81.43±0.78	84.64±0.44
		ANN	86.63±1.55	86.08±2.93	85.98±1.77	88.12±1.09
		SVM	91.77±1.25	87.25±3.99	89.20±3.14	93.65±0.56
		RF	**96.54±0.66**	96.61±0.74	96.56±0.55	97.92±0.23
		DF	96.33±0.69	**96.94±0.64**	**96.62±0.46**	**98.00±0.20**
	列车区间运行时间调整	ELM	70.73±0.58	70.39±0.66	70.54±0.57	71.10±0.50
		ANN	72.94±0.79	73.12±1.34	72.94±0.90	73.18±0.75
		SVM	80.47±0.48	80.07±0.56	80.26±0.49	80.56±0.46
		RF	85.51±0.49	85.93±0.53	85.70±0.48	86.27±0.44
		DF	**86.28±0.46**	85.96±0.53	**86.11±0.45**	**86.74±0.41**

注：表中加粗字体表示对应指标下的最优结果。

都优于基准模型, 具有更佳的综合表现。此外, 根据厦深高铁调整策略类别预测结果的标准差可知, DF 模型的结果比 ELM、ANN 以及 SVM 的结果更加稳定。由于模型以武广高铁的数据进行训练, 其在厦深高铁的表现表明了 DF 模型在不同特征的线路中的有效性。

为进一步验证 DF 分类模型的有效性, 采用了两种非参数检验方法比较不同模型预测结果之间的差异, 检验方法包括 FT 检验 (Friedman test, 弗里德曼检验) 和 WSRT 检验 (Wilcoxon signed-ranks test, 威尔科克森符号秩检验)。FT 检验用于评估三个及以上模型之间的差异, WSRT 检验用于评估两个模型之间的差异[102]。两种检验的原假设均为所比较的模型之间无明显差异。各模型预测结果的非参数检验结果如表 7-7 所示。FT 检验结果显示, DF 模型具有最高的平均秩得分, 即在调度策略类别预测中具有最高的准确率; 其 p 值小于 0.05, 即拒绝原假设, 所有模型之间存在明显差异。WSRT 检验结果显示, DF 模型的表现优于所有基准模型, 所有检验结果的 p 值均小于 0.05, 表明 DF 模型与基准模型之间存在显著差异, DF 模型的表现明显优于基准模型。

表 7-7 不同分类模型预测表现统计检验结果

线路	方法	FT 检验平均秩	FT 检验 p 值	成对样本	WSRT 检验 Z 值	WSRT 检验 p 值
武广高铁	ELM	2.19		ELM 与 DF	−24.503	0.000
	ANN	3.09		ANN 与 DF	−22.487	0.000
	SVM	3.26	0.000	SVM 与 DF	−24.503	0.000
	RF	4.89		RF 与 DF	−14.520	0.000
	DF	5.37		—	—	—
厦深高铁	ELM	1.68		ELM 与 DF	−24.503	0.000
	ANN	2.68		ANN 与 DF	−24.503	0.000
	SVM	3.69	0.000	SVM 与 DF	−24.503	0.000
	RF	5.26		RF 与 DF	−13.161	0.000
	DF	5.71		—	—	—

4. 模型回归结果分析

本节基于 20 次 5 折交叉验证实验中测试集的预测结果, 对回归模型的表现进行了分析。为满足列车最小停站时间要求和最小区间运行时间要求, 当预测结果不满足该要求时, 预测结果将被修正为列车最小停站时间或最小区间运行时间, 预测误差基于修正后的结果进行计算。本节首先对 DF 回归模型是否包含第一阶段的预测结果(即调度策略类别的预测结果)的表现进行分析, 以评估所提出的两阶段预测方法的表现。包含第一阶段预测结果的 DF 回归模型和不包含第一阶段

预测结果的 DF 回归模型分别命名为 DF-A1 和 DF-A0。两种模型的预测结果如表 7-8
所示，表中为 100 次实验下的均值±标准差。从表中可以看出，DF-A1 模型在预测
停站时间和区间运行时间的调整策略的表现都优于 DF-A0。具体地，DF-A1 相比于
DF-A0，预测结果的 MAE 降低了 10%～27%，RMSE 降低了 10%～22%。表 7-8 的
结果表明，将第一阶段的调度策略类别的预测结果作为第二阶段调整量预测的输入
能有效提高调整量的预测效果，验证了所提出的两阶段预测方法的有效性。

表 7-8　DF 回归模型在是否包含调度策略类别下的预测结果

线路	方法	列车停站时间调整		列车区间运行时间调整	
		MAE/min	RMSE/min	MAE/min	RMSE/min
武广高铁	DF-A0	0.2709±0.0070	0.8009±0.0566	0.8320±0.0100	1.4374±**0.0393**
	DF-A1	**0.2346±0.0062**	**0.6786±0.0456**	**0.7407±0.0097**	**1.2797**±0.0399
	误差减少比例	13%	15%	10%	10%
厦深高铁	DF-A0	0.3611±0.0166	1.1246±0.1439	0.9835±0.0217	1.9008±0.0935
	DF-A1	**0.2893±0.0155**	**0.9038±0.1146**	**0.7101±0.0171**	**1.4818±0.0911**
	误差减少比例	19%	19%	27%	22%

注：表中加粗字体表示对应指标下的最优结果。

本节对 DF 回归模型与基准模型的预测效果进行了比较，各模型的预测结果
如表 7-9 所示，表中为 100 次实验下的均值±标准差。从表 7-9 可以看出，DF 回
归模型在所有预测任务中的 MAE 和 RMSE 几乎都是最小的，表明 DF 回归模型
在调整量中的预测表现优于基准模型。

表 7-9　不同回归模型预测调度策略调整量的表现

线路	方法	列车停站时间调整		列车区间运行时间调整	
		MAE/min	RMSE/min	MAE/min	RMSE/min
武广高铁	ELM	0.2812±0.0063	0.7099±0.0452	0.9216±0.0102	1.4354±0.0366
	ANN	0.2613±0.0107	0.7114±0.0440	0.8756±0.0129	1.3841±0.0377
	SVM	0.2397±0.0087	0.7907±0.0526	0.8123±0.0143	1.5943±0.0539
	RF	0.2371±0.0062	0.6856±**0.0444**	0.7870±**0.0096**	1.3186±**0.0372**
	DF	**0.2346±0.0062**	**0.6786**±0.0456	**0.7407**±0.0097	**1.2797**±0.0399
厦深高铁	ELM	0.3648±**0.0140**	0.9464±**0.1027**	0.8442±**0.0165**	1.5969±0.0912
	ANN	0.3311±0.0682	0.9218±0.1055	0.8338±0.0215	1.5751±0.0922
	SVM	0.2966±0.0182	1.0818±0.1412	0.7126±0.0221	1.6611±0.1092
	RF	0.2939±0.0163	0.9312±0.1156	0.7281±0.0172	**1.4718±0.0856**
	DF	**0.2893±0.0155**	**0.9038±0.1146**	**0.7101±0.0171**	1.4818±0.0911

注：表中加粗字体表示对应指标下的最优结果。

为进一步验证 DF 回归模型的有效性，同样采用了 FT 检验和 WSRT 检验比较不同模型的预测表现。各模型回归预测结果的非参数检验结果如表 7-10 所示。FT 检验结果显示，DF 模型具有最低的平均秩得分，即在调度策略调整量预测中具有最低的预测误差；其 p 值小于 0.05，即拒绝原假设，所有模型之间存在明显差异。WSRT 检验结果显示，DF 模型的表现优于所有基准模型，所有检验结果的 p 值均小于 0.05，表明 DF 模型与基准模型之间存在显著差异，DF 模型的表现明显优于基准模型。

表 7-10 不同回归模型预测表现统计检验结果

线路	方法	FT 检验平均秩	FT 检验 p 值	成对样本	WSRT 检验 Z 值	WSRT 检验 p 值
武广高铁	ELM	4.90		ELM 与 DF	−17.323	0.000
	ANN	3.91		ANN 与 DF	−17.327	0.000
	SVM	4.24	0.000	SVM 与 DF	−17.202	0.000
	RF	2.03		RF 与 DF	−15.492	0.000
	DF	1.15		—	—	—
厦深高铁	ELM	4.41		ELM 与 DF	−17.266	0.000
	ANN	3.38		ANN 与 DF	−15.901	0.000
	SVM	3.54	0.000	SVM 与 DF	−15.039	0.000
	RF	2.32		RF 与 DF	−8.403	0.000
	DF	1.54		—	—	—

图 7-12 以真实值和预测值的散点图直观地展示了回归模型的预测结果，图中的斜线表示预测值等于真实值的情况，散点越集中于该斜线，表示预测效果越好。从图 7-12 中可以看出，散点主要集中于斜线分布，当调整量大于零时，散点偏离斜线的程度相对较大，造成该现象的主要原因可能是预测调整量大于零，所需的信息没有充分反映在模型的输入变量中。具体地，调整量小于零表示晚点恢复，而晚点恢复主要依靠时刻表中的冗余时间。

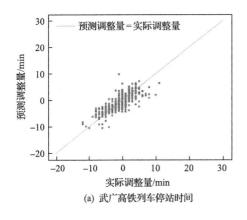

(a) 武广高铁列车停站时间

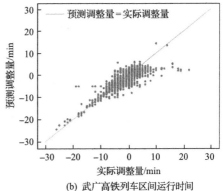

(b) 武广高铁列车区间运行时间

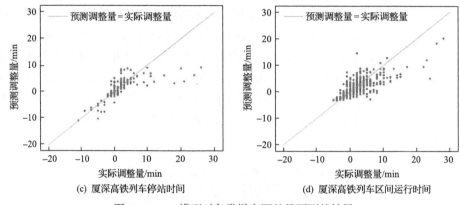

(c) 厦深高铁列车停站时间　　　　　　　(d) 厦深高铁列车区间运行时间

图 7-12　DF 模型对各类样本调整量预测的结果

表 7-10 中的自变量包含了冗余时间信息，因此 DF 模型能较好地预测调整量小于零的情况。相比之下，调整量大于零的原因更加复杂，如突发大客流造成停站时间延长、恶劣天气导致区间限速等，这些影响因素由于缺乏记录数据难以全面地反映在自变量中，因此预测效果相对较差。

5. 模型应用讨论

通过预测得到满足最小停站时间和最小区间运行时间要求的调度策略，对列车进行调整时，需要满足车站间隔时间要求，如列车最小到达间隔时间。因此预测模型用于对列车序列进行调整的决策辅助中时，还需要考虑列车运行约束。本节旨在根据列车运行历史数据揭示调度策略的决策机理，即列车运行状态与单一的调度策略之间的映射关系，列车运行状态与组合策略之间的映射关系不是本节分析的重点内容，但为保证所提出的模型在应用于辅助决策时的可行性，有必要对组合策略的决策方法进行讨论。因此，这里简要介绍一种将调度策略决策机理模型用于调度决策辅助的方法。

当列车发生晚点时，首先可根据既有研究[18,36,65]确定晚点影响列车数及影响列车的连带晚点，因此本节假设列车初始晚点状态已知。所提出的调度策略决策机理模型可通过以下形式辅助列车调度员决策：

(1)确定列车出发顺序。所提出的模型根据列车晚点时间确定列车的计划停站时间或区间运行时间调整量，从而确定各列车在下一站的预计到达时间，按照预计到达时间的先后顺序确定列车从当前站的出发顺序。

(2)预测并修正列车计划停站时间或区间运行时间调整量。所提出的模型根据列车的晚点时间等信息得到满足最小停站时间或最小区间运行时间要求的列车计划停站时间调整量和列车区间计划运行时间调整量，然后根据列车的到达间隔时间、出发间隔时间及出发到达间隔时间要求对调度策略调整量进行修正，从而满足列车运行要求。

根据中国高速铁路列车晚点的规定，当列车实际到达时刻晚于计划到达时刻 4min 以上时为列车晚点，需要列车调度员采取调度策略以降低晚点带来的影响。因此，列车晚点大于 4min 时触发模型的预测及修正程序，当所有受到晚点影响的列车全部到达其终点站之后，模型预测及修正程序终止。基于调度策略决策机理模型的列车运行调整辅助如算法 3 所示。

算法 3：基于调度策略决策机理模型的列车运行调整辅助算法

1	初始化：初始晚点时长，初始晚点所在车站的索引，影响列车数，车站总数
2	for $j=v, v+1, \cdots, n-1$ do
3	根据既有研究确定晚点影响列车在车站 j 的到达晚点
4	采用 DF 模型计算晚点影响列车在车站 j 的停站时间调整量
5	计算晚点影响列车从车站 j 的出发时刻
6	采用 DF 模型计算晚点影响列车在区间 j 的区间运行时间调整量
7	计算晚点影响列车在车站 $j+1$ 的到达时刻
8	根据影响列车在车站 $j+1$ 的到达时刻确定影响列车从车站 j 的出发顺序
9	for $i=1,2,\cdots, m$ do
10	采用 DF 模型计算晚点列车 i 在车站 j 的停站时间调整量
11	考虑列车的计划出发时刻以及列车出发间隔时间要求修正列车 i 在车站 j 的出发时刻
12	计算列车 i 在车站 j 的出发时刻
13	采用 DF 模型计算晚点列车 i 在区间 j 的区间运行时间调整量
14	计算列车 i 在车站 $j+1$ 的到达时刻
15	考虑列车的计划到达时刻以及列车到达间隔时间要求修正列车 i 在车站 $j+1$ 的到达时刻
16	end
17	end
18	return 调整后的影响列车在各车站的到发时刻

　　为验证算法 3 的有效性,本节从武广高铁及厦深高铁分别选取了 20 个初始晚点时长小于 30min 及 20 个初始晚点介于 30min 到 90min 的案例进行分析。结果表明,算法 3 得到列车调整时刻所需的时间在 150s 以内,小于列车最小间隔时间 180s[103],即在下一列车到达或出发之前能给出当前列车的调整策略。换言之,所提出的模型能辅助列车调度员的实时决策。

　　此外,本节将算法 3 与常用的列车运行调整启发式算法——先到先服务(first come first service,FCFS)[104]进行了比较。FCFS 算法中列车不改变列车计划停站时间和计划区间运行时间,并根据列车在下一站的最早可到达时间确定列车在当前车站的出发顺序。武广高铁的晚点影响以列车在长沙南站、厦深高铁的晚点影响以列车在长沙站的到达晚点总时间为评估标准。算法 3 和 FCFS 在案例中的整体表现如图 7-13 所示。结果表明,所提出的模型与 FCFS 相比,列车的到达晚点总时间更小,具有更好的列车运行调整表现。

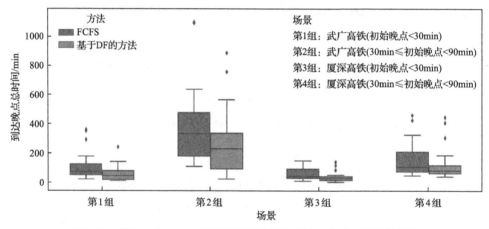

图 7-13　算法 3 与 FCFS 算法调整下的列车到达晚点总时间分布情况

7.2　调度策略影响机理模型

　　列车调度策略实施后,不仅会影响所调整的列车,还会对所调整列车的后续列车的运行及调整产生影响。因此,仅考虑调度策略作用列车的效果不能准确反映调度策略的作用机理。列车调度策略对于所作用列车的效果可根据列车的到-发晚点情况进行分析,而调度策略对于后续列车序列的影响难以直接得出。为了对列车调度策略进行更全面的分析和评价,本节对调度策略对后续列车的影响进行研究,以对后续列车采取压缩停站时间、压缩区间运行时间、改变出发顺序的调整操作次数衡量后续调整工作的难度,以后续列车平均晚点时间改变量衡量在当前调整策略下,后续列车预计达到的恢复效果。根据后续调整工作的难度及后续列车的预计晚点恢复情况，辅助调度员判断是否采取历史策略，抑或在预计列车晚点恢复情况不理想的条件下制定新的调度策略。

7.2.1　调度策略影响机理问题描述

列车运行过程是无冲突的过程，由于轨道、动车组等资源约束，以及列车换乘接续关系约束等，相邻列车的调度策略存在相互影响关系。

以图 7-14 为例说明列车调度策略之间的相互影响现象，图中给出了两列相邻列车 T_1 和 T_2 在车站 S_1 和区间 E_1（S_1-S_2）的运行情况。图 7-14（a）表示列车 T_1 和 T_2 在车站 S_1 的计划停站情况，两列车在车站 S_1 的计划停站时间均为 5min。图 7-14（b）和（c）分别表示列车 T_1 在车站 S_1 发生到达晚点 5min 时，两种不同的调度策略。图 7-14（b）中列车 T_1 的调度策略为不改变计划停站时间，由于列车出发间隔时间约束，列车 T_2 无法利用其在车站的冗余时间，只能保持计划停站时间不变；图 7-14（c）中列车 T_1 的调度策略为压缩停站时间 2min，满足出发间隔时间约束的要求下，列车 T_2 同样可以压缩其计划停站时间，调度策略为压缩停站时间 2min。图 7-14（d）表示列车 T_1 和 T_2 在区间 E_1 的计划区间运行情况，两列车在区间 E_1 的计划区间运行时间均为 12min。图 7-14（e）和（f）分别表示列车 T_1 在车站 S_1 发生出发晚点 5min 时的两种不同的调度策略。图 7-14（e）中列车 T_1 的调度策略为不改变计划区间运行时间，由于列车在车站 S_2 的到达间隔时间约束，列车 T_2 无法利用其在区间 E_1 的冗余时间，只能保持计划区间运行时间不变；图 7-14（f）中列车 T_1 的调度策略为压缩区间运

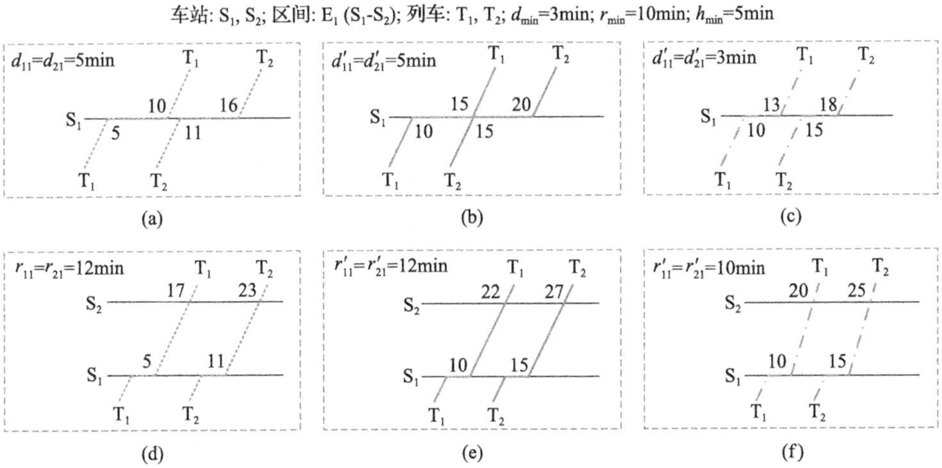

车站: S_1, S_2; 区间: E_1 (S_1-S_2); 列车: T_1, T_2; d_{min}=3min; r_{min}=10min; h_{min}=5min

注: d_{11}: 列车 T_1 在车站 S_1 的计划停站时间　　r_{11}: 列车 T_1 在区间 E_1 的计划区间运行时间　　d_{min}: 列车在车站 S_1 的最小停站时间
　　d_{21}: 列车 T_2 在车站 S_1 的计划停站时间　　r_{21}: 列车 T_2 在区间 E_1 的计划区间运行时间　　r_{min}: 列车在区间 E_1 的最小区间运行时间
　　d_{11}': 列车 T_1 在车站 S_1 的实际停站时间　　r_{11}': 列车 T_1 在区间 E_1 的实际区间运行时间　　h_{min}: 列车最小到达或出发间隔时间
　　d_{21}': 列车 T_2 在车站 S_1 的实际停站时间　　r_{21}': 列车 T_2 在区间 E_1 的实际区间运行时间

图 7-14　列车调度策略示意图

行时间 2min，满足到达间隔时间约束的要求下，列车 T_2 同样可以压缩其计划区间运行时间，调度策略为压缩计划区间运行时间 2min。图 7-14 的示例中 T_2 的调度策略受到 T_1 的调度策略的影响。

采取的调度策略所带来的影响是列车调度员制定调度策略的主要依据，同时也是评价列车调度员工作的主要考虑因素。例如，当采取调度策略 A 带来的晚点恢复时间比采取调度策略 B 带来的晚点恢复时间更长，且列车调度员考虑晚点恢复时间最大时，列车调度员倾向于采取调度策略 A。同时，以晚点恢复时间评估调度工作质量时，采取调度策略 A 的调度工作的质量优于采取调度策略 B 的调度工作。基于此，评估采取的调度策略所带来的影响有助于列车调度员选择更优的调度策略，改进其调度工作，从而为提供高质量的运输服务提供保障。

采取调度策略所带来的影响可分为两方面，一是直接影响，二是潜在影响。前者指的是调度策略对直接作用列车产生的影响，该影响根据各列车的到达晚点时间等指标进行衡量，当调度策略实施后，该影响即被固定；后者指的是对后续列车序列产生的影响，本节将其称为"累积后效影响"，该影响难以直接获得。仅考虑上述单方面的影响对于评估调度策略的质量不够全面。表 7-11 给出了考虑不同影响范围下的调度策略质量评估示例，调度策略 A 带来的直接晚点恢复时间比策略 B 的更长，而策略 B 带来的潜在晚点恢复时间比策略 A 长。如果只考虑调度策略的直接影响，得出策略 A 优于策略 B 的结论；同时考虑直接影响和潜在影响时，得出策略 B 优于策略 A 的结论。该例子也说明，同时考虑直接影响和潜在影响，有助于选择质量更优的调度策略。因此，本节采用机器学习确定难以直接获得的潜在影响，即采用调度策略所带来的后效影响，从而为调度策略的评估和决策提供支持。

表 7-11 考虑不同影响范围下的调度策略评估示例

评估	调度策略 A	调度策略 B
直接影响(列车晚点恢复总时间/min)	10	5
潜在影响(列车晚点恢复总时间/min)	5	15
仅考虑直接影响的评估结论	A 优于 B(10>5)	
同时考虑直接影响和潜在影响的评估结论	B 优于 A(5+15>10+5)	

图 7-15 给出了一个示例来详细说明调度策略累积后效影响预测问题。图中假设当前时刻为 t_3，表示列车 T_i 从车站 S_j 出发的时刻。本节所研究的问题是列车调度员在某区段(如车站 S_{j-2} 至车站 S_j) $[t_1, t_3]$ 时段内对列车序列(如列车 T_{i-m} 至列车 T_i)采取的调度策略，给后续列车序列(如列车 T_{i+1} 至列车 T_{i+n})在该区段 $[t_3, t_4]$

时段内的运行产生的影响。

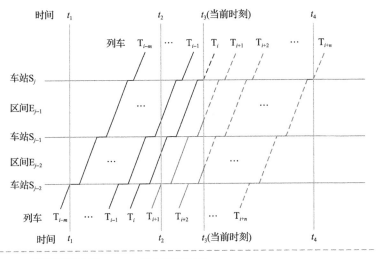

图 7-15 列车运行示例

7.2.2 模型的输入与输出

本节考虑了调整计划停站时间、调整计划区间运行时间,以及调整计划出发顺序三类调整操作构成的调度策略。累积后效影响包括对调度工作负荷的影响及对列车运行的影响,前者以调整操作的数量表示,调整操作数量越少,带来的工作负荷越小;后者以后续列车序列的平均晚点时间改变量表示,当平均晚点时间改变量为负时表示调度策略可带来晚点恢复,且该值越小表示晚点恢复时间越大。

模型输入除了对所考虑列车序列采取的调度策略,其他可获取的影响因素包括调度策略的时空特征、调度策略直接作用列车的到发晚点,后续列车序列的冗余时间分布也作为模型的输入用于预测调度策略的累积后效影响。另外,根据图 7-15,后续列车序列中的 T_{i+1} 在车站 S_{j-2}、S_{j-1} 以及区间 E_{j-2}(车站 S_{j-2} 至车站 S_{j-1})的调整操作在当前时刻已知,T_{i+2} 在车站 S_{j-2} 在当前时刻的调整操作同样已知。因此,在当前时刻已知的调整操作也作为了模型输入的一部分。本节中所用到的变量及其含义表示如下:

1)列车到达、出发及晚点时间($u=-n, -n+1, \cdots, m; v=0, 1, \cdots, k$)

$a_{i-u,j-v}$:列车 T_{i-u} 在车站 S_{j-v} 的计划到达时间

$d_{i-u,j-v}$:列车 T_{i-u} 在车站 S_{j-v} 的计划出发时间

$a'_{i-u,j-v}$:列车 T_{i-u} 在车站 S_{j-v} 的实际到达时间

$d'_{i-u,j-v}$：列车 T_{i-u} 在车站 S_{j-v} 的实际出发时间

$g_{i-u,j-v}$：列车 T_{i-u} 在车站 S_{j-v} 的到达晚点时间，且 $g_{i-u,j-v}=a'_{i-u,j-v+1}-a_{i-u,j-v+1}$

$h_{i-u,j-v}$：列车 T_{i-u} 在车站 S_{j-v} 的出发晚点时间，且 $h_{i-u,j-v}=d'_{i-u,j-v}-d_{i-u,j-v}$

2) 调度策略包含的调整操作 $(u=-n,-n+1,\cdots,m; v=0,1,\cdots,k)$

$b_{i-u,j-v}$：列车 T_{i-u} 在车站 S_{j-v} 的计划停站时间调整，且 $b_{i-u,j-v}=(d'_{i-u,j-v}-a'_{i-u,j-v})-(d_{i-u,j-v}-a_{i-u,j-v})$

$c_{i-u,j-v}$：列车 T_{i-u} 在区间 E_{j-v}（S_{j-v}-S_{j-v+1}）的计划区间运行时间调整，且 $c_{i-u,j-v}=(a'_{i-u,j-v+1}-d'_{i-u,j-v})-(a_{i-u,j-v+1}-d_{i-u,j-v})$

$f_{i-u,j-v}$：列车 T_{i-u} 在车站 S_{j-v} 于计划时刻表外提前出发的次数

$e_{i-u,j-v}$：列车 T_{i-u} 在车站 S_{j-v} 于计划时刻表外推后出发的次数

3) 冗余时间 $(u=1,2,\cdots,n; v=0,1,\cdots,k)$

$p'_{i+u,j-v}$：列车 T_{i+u} 在车站 S_{j-v} 的最小停站时间

$q'_{i+u,j-v}$：列车 T_{i+u} 在区间 E_{j-v} 的最小区间运行时间

$p_{i+u,j-v}$：列车 T_{i+u} 在车站 S_{j-v} 的停站冗余时间，且 $p_{i+u,j-v}=d_{i+u,j-v}-a_{i+u,j-v}-p'_{i+u,j-v}$

$q_{i+u,j-v}$：列车 T_{i+u} 在区间 E_{j-v} 的区间冗余时间，且 $q_{i+u,j-v}=a_{i+u,j-v+1}-a_{i+u,j-v}-q'_{i+u,j-v}$

4) 调度策略统计量 $(u=1,2,\cdots,n; v=0,1,\cdots,k)$

$\theta^1_{i+u,j-v}$：是否调整列车 T_{i+u} 在车站 S_{j-v} 的计划停站时间

$\theta^2_{i+u,j-v}$：是否调整列车 T_{i+u} 在车站 S_{j-v} 的计划出发顺序

$\theta^3_{i+u,j-v}$：是否调整列车 T_{i-u} 在区间 E_{j-v} 的计划运行时间

$\delta^1_{i+u,j-v}$：列车 T_{i+u} 在车站 S_{j-v} 的计划停站时间调整操作是否已知

$\delta^2_{i+u,j-v+1}$：列车 T_{i+u} 在区间 E_{j-v} 的计划区间运行时间调整操作是否已知

$\delta^3_{i+u,j-v}$：列车 T_{i+u} 在车站 S_{j-v} 的计划出发顺序调整操作是否已知

模型的具体输入如下：

1) 调度策略

本节的调度策略考虑了调整计划停站时间、调整计划区间运行时间及调整计划出发顺序三类调整操作，前两种操作是对时间的调整，与出发顺序调整的构成所有区别。因此调度策略采用了两个矩阵表示，一个为计划停站时间或区间运行

时间调整操作构成的矩阵，表示为 X_1，如式(7-19)所示；另一个为出发顺序调整构成的矩阵，表示为 X_2。

$$X_1 = \begin{bmatrix} b_{i-m,j} & b_{i-m+1,j} & \cdots & b_{i,j} \\ c_{i-m,j-1} & c_{i-m+1,j-1} & \cdots & c_{i,j-1} \\ b_{i-m,j-1} & b_{i-m+1,j-1} & \cdots & b_{i,j-1} \\ \vdots & \vdots & & \vdots \\ c_{i-m,j-k} & c_{i-m+1,j-k} & \cdots & c_{i,j-k} \\ b_{i-m,j-k} & b_{i-m+1,j-k} & \cdots & b_{i,j-k} \end{bmatrix} \tag{7-19}$$

计划出发顺序调整操作采用列车在计划时刻表之外的提前出发和推后出发频率表示。列车 T_i 相较于列车 T_z 在车站 S_j 提前出发表示 T_i 在计划时刻表中晚于 T_z 从车站 S_j 出发，实际中 T_i 早于 T_z 从车站 S_j 出发。类似地，列车 T_i 相较于列车 T_z 在车站 S_j 推后出发表示 T_i 在计划时刻表中早于 T_z 从车站 S_j 出发，实际中 T_i 晚于 T_z 从车站 S_j 出发。

$$\alpha_{i-u,z,j-v} = \begin{cases} 1, & d_{z,j-v} < d_{i,j-v} \text{ 且 } d'_{z,j-v} > d'_{i-u,j-v} \\ 0, & \text{其他} \end{cases} \tag{7-20}$$

$$\beta_{i-u,z,j-v} = \begin{cases} 1, & d_{z,j-v} > d_{i,j-v} \text{ 且 } d'_{z,j-v} < d'_{i-u,j-v} \\ 0, & \text{其他} \end{cases} \tag{7-21}$$

$$f_{i-u,j-v} = \sum_{z=1,z\neq i}^{N_i} \alpha_{i-u,z,j-v}, \quad u = 0,1,\cdots,m; v = 0,1,\cdots,k \tag{7-22}$$

$$e_{i-u,j-v} = \sum_{z=1,z\neq i}^{N_i} \beta_{i-u,z,j-v}, \quad u = 0,1,\cdots,m; v = 0,1,\cdots,k \tag{7-23}$$

式中，$\alpha_{i-u,z,j-v}$ 表示列车 T_{i-u} 相比于列车 T_z 是否在车站 S_{j-v} 存在计划时刻表外的提前出发；$\beta_{i-u,z,j-v}$ 表示列车 T_{i-u} 相比于列车 T_z 是否在车站 S_{j-v} 存在计划时刻表外的推后出发；N_i 表示列车运行当天计划出发的列车数。

出发顺序调整操作构成的矩阵表示为式(7-24)。

$$X_2 = \begin{bmatrix} f_{i-m,j} & f_{i-m+1,j} & \cdots & f_{i,j} \\ e_{i-m,j} & e_{i-m+1,j} & \cdots & e_{i,j} \\ \vdots & \vdots & & \vdots \\ f_{i-m,j-k} & f_{i-m+1,j-k} & \cdots & f_{i,j-k} \\ e_{i-m,j-k} & e_{i-m+1,j-k} & \cdots & e_{i,j-k} \end{bmatrix} \tag{7-24}$$

2）历史晚点

调度策略直接作用列车在研究区段内的到达、出发晚点表示为式（7-25）。

$$X_3 = \begin{bmatrix} h_{i-m,j} & h_{i-m+1,j} & \cdots & h_{i,j} \\ g_{i-m,j} & g_{i-m+1,j} & \cdots & g_{i,j} \\ \vdots & \vdots & & \vdots \\ h_{i-m,j-k} & h_{i-m+1,j-k} & \cdots & h_{i,j-k} \\ g_{i-m,j-k} & g_{i-m+1,j-k} & \cdots & g_{i,j-k} \end{bmatrix} \tag{7-25}$$

3）冗余时间

冗余时间是列车晚点恢复的基础，计划停站时间与最小停站时间之间的差值为车站冗余时间，计划区间运行时间与最小区间运行时间之间的差值为区间冗余时间，列车计划车站间隔时间与最小车站间隔时间之间的差值为列车运行线间冗余时间。其中车站和区间冗余时间构成的矩阵如式（7-26）所示。

$$X_4 = \begin{bmatrix} p_{i+1,j} & p_{i+2,j} & \cdots & p_{i+n,j} \\ q_{i+1,j-1} & q_{i+2,j-1} & \cdots & q_{i+n,j-1} \\ p_{i+1,j-1} & p_{i+2,j-1} & \cdots & p_{i+n,j-1} \\ \vdots & \vdots & & \vdots \\ q_{i+1,j-k} & q_{i+2,j-k} & \cdots & q_{i+n,j-k} \\ p_{i+1,j-k} & p_{i+2,j-k} & \cdots & p_{i+n,j-k} \end{bmatrix} \tag{7-26}$$

本节采用列车平均到达间隔时间 $\overline{A}$ 以及列车平均出发间隔时间 $\overline{D}$ 来反映列车运行线间冗余时间，如式（7-27）和式（7-28）所示。

$$\overline{A} = \frac{1}{k+1} \times \sum_{v=0}^{k} \frac{\max\{a_{i+u,j+v}, \ u=1,2,\cdots,n\} - \min\{a_{i+u,j+v}, \ u=1,2,\cdots,n\}}{n-1} \tag{7-27}$$

$$\overline{D} = \frac{1}{k+1} \times \sum_{v=0}^{k} \frac{\max\{d_{i+u,j+v}, \ u=1,2,\cdots,n\} - \min\{d_{i+u,j+v}, \ u=1,2,\cdots,n\}}{n-1} \tag{7-28}$$

4）已知的调整操作

图 7-15 显示后续列车序列中的 T_{i+1} 和 T_{i+2} 在 t_3 时刻已经进入所研究的区段（S_{j-2}-S_j），因此这两列车在 $[t_2, t_3]$ 时段内的调整操作已知。计划停站时间或区间运行时间的调整操作用 y_1 表示，计划出发顺序的调整操作用 y_2 表示，y_1 和 y_2 的表示形式分别如式（7-29）和式（7-30）所示。

$$y_1 = \begin{bmatrix} b_{i+1,j} & b_{i+2,j} & \cdots & b_{i+n,j} \\ c_{i+1,j-1} & c_{i+2,j-1} & \cdots & c_{i+n,j-1} \\ b_{i+1,j-1} & b_{i+2,j-1} & \cdots & b_{i+n,j-1} \\ \vdots & \vdots & & \vdots \\ c_{i+1,j-k} & c_{i+2,j-k} & \cdots & c_{i+n,j-k} \\ b_{i+1,j-k} & b_{i+2,j-k} & \cdots & b_{i+n,j-k} \end{bmatrix} \tag{7-29}$$

$$y_2 = \begin{bmatrix} f_{i+1,j} & f_{i+2,j} & \cdots & f_{i+n,j} \\ e_{i+1,j} & e_{i+2,j} & \cdots & e_{i+n,j} \\ \vdots & \vdots & & \vdots \\ f_{i+1,j-k} & f_{i+2,j-k} & \cdots & f_{i+n,j-k} \\ e_{i+1,j-k} & e_{i+2,j-k} & \cdots & e_{i+n,j-k} \end{bmatrix} \tag{7-30}$$

调整操作的数量按照以下方法进行统计：考虑设备的记录误差，当列车的计划停站时间调整量或计划区间运行时间调整量的绝对值（$|b_{i+u,j-v}|$或$|c_{i+u,j-v}|$）大于 1min 时，记为一次时间调整操作；当列车在计划时刻表外的提前出发或推后出发次数（$|e_{i+u,j-v}|$或$|f_{i+u,j-v}|$）不为 0 时，记为一次顺序调整操作。调整操作的数量为时间调整操作和顺序调整操作的数量之和。本节采用 0-1 变量来表示调整操作是否已知，当列车在车站的实际出发时间早于当前时刻（t_3）时，列车在该站的停站时间调整及前一运行区间的区间运行时间调整已知，其他情况下后续列车序列的调整操作为未知。0-1 变量如式（7-31）～式（7-33）所示。

$$\delta_{i+u,j-v}^1 = \begin{cases} 1, & d'_{i+u,j-v} < t_3 \quad u = 1,2,\cdots,n; v = 0,1,\cdots,k \\ 0, & \text{其他} \end{cases} \tag{7-31}$$

$$\delta_{i+u,j-v}^2 = \begin{cases} 1, & d'_{i+u,j-v+1} < t_3 \quad u = 1,2,\cdots,n; v = 1,2,\cdots,k \\ 0, & \text{其他} \end{cases} \tag{7-32}$$

$$\delta_{i+u,j-v}^3 = \begin{cases} 1, & d'_{i+u,j-v} < t_3 \quad u = 1,2,\cdots,n; v = 0,1,\cdots,k \\ 0, & \text{其他} \end{cases} \tag{7-33}$$

已知调整操作的数量 N_a 为已知的停站时间调整、区间运行时间调整，以及出发顺序调整之和，计算方法如式（7-34）所示。

$$N_a = \sum_{u=1}^{n}\sum_{v=0}^{k}\delta_{i+u,j-v}^1\theta_{i+u,j-v}^1 + \sum_{u=1}^{n}\sum_{v=1}^{k}\delta_{i+u,j-v}^2\theta_{i+u,j-v}^2 + \sum_{u=1}^{n}\sum_{v=0}^{k}\delta_{i+u,j-v}^3\theta_{i+u,j-v}^3 \tag{7-34}$$

5) 时空特征

当前时刻 t_3 和当前车站 S_j 分别用于表示调整策略的时空特征。时空特征信息以及已知调整操作的数量 N_a、列车平均到达间隔时间 $\overline{A}$、列车平均出发间隔时间 $\overline{D}$ 均为一维变量，为区别于调整策略（X_1 和 X_2）等二维变量，采用 X_5 [$N_a, S_j, t_3, \overline{A}, \overline{D}$] 表示所有的一维变量。

模型的输出如下：

(1) 在 (S_{j-2} - S_j) 区段内 [t_3, t_4] 时段，后续列车序列需采取的调整操作的数量 Y_1，计算如式 (7-35) 所示。

$$Y_1 = \sum_{u=1}^{n}\sum_{v=0}^{k}\theta_{i+u,j-v}^1 + \sum_{u=1}^{n}\sum_{v=1}^{k}\theta_{i+u,j-v}^2 + \sum_{u=1}^{n}\sum_{v=0}^{k}\theta_{i+u,j-v}^3 - N_a \tag{7-35}$$

(2) 在 (S_{j-2} - S_j) 区段内 [t_3, t_4] 时段，后续列车序列的平均晚点时间改变量 Y_2，计算如式 (7-36) 所示。

$$Y_2 = \frac{1}{n}\left(\sum_{u=1}^{n}g_{i+u,j} - \sum_{u=1}^{n}h_{i+u,j-k}\right) \tag{7-36}$$

对输出变量的特征进行分析以选择相适应的机器学习模型。调整操作的数量 Y_1 的取值范围为集合 $\{0,1,\cdots,n\times(3\times k + 2)\}$ 中的元素，即 Y_1 为离散变量。因此本节获取列车调整数量信息时，以调整数量所属区间进行表示，即给出调整数量的范围，并采用分类模型对 Y_1 进行预测；列车平均晚点时间改变量 Y_2 的取值范围理论为所有实数，即 Y_2 为连续变量，因此本节采用回归模型对 Y_2 进行预测。

总的来说，本节的研究问题如下：根据列车序列在研究区段内的调度策略 (X_1, X_2)，到达及出发晚点时间 (X_3)，后续列车序列的车站与区间冗余时间矩阵 (X_4)，当前时刻后续列车已知的调整操作、调度策略时空特征、列车到发间隔特征共同提供的信息 (X_5)，预测所作用列车在研究区段内采取的调度策略的累积后效影响，包括对后续列车序列进行调整的难度（采取调整操作的数量 Y_1），以及调整效果（列车序列平均晚点时间改变量 Y_2），表示为式 (7-37) 和式 (7-38)。

$$Y_1 = \varphi_1(X_1, X_2, X_3, X_4, X_5) \tag{7-37}$$

$$Y_2 = \varphi_2(X_1, X_2, X_3, X_4, X_5) \tag{7-38}$$

式中，φ_1 表示对应的机器学习分类模型；φ_2 表示对应的机器学习回归模型。

7.2.3　CNN-RF 模型

对模型输入变量的特征进行分析以确定相适应的机器学习模型。模型的输入包含调度策略 (X_1, X_2)、到发晚点时间 (X_3)、车站及区间冗余时间 (X_4)，以及一维特征因素构成的输入变量 (X_5)，其中变量 X_1、X_2、X_3 和 X_4 具有时空关联特征，用二维矩阵表示。采用的模型应能很好地处理这种时空关联关系，从而提高模型对调度策略累积后效影响预测的效果。既有研究表明，卷积神经网络具有强大的时空关联网格数据处理能力，如图像、视频等，因此考虑采用卷积神经网络处理二维输入变量。尽管卷积神经网络在处理时空关联性方面有不错的表现，但是作为预测模型而言，卷积神经网络可能不是最佳的选择[105-107]。其中一个主要原因在于卷积神经网络以经验风险（empirical risk）最小为目标进行训练，因此模型的泛化性能不能得到保证[108]。为了使预测模型具有较优的泛化性能，考虑采用其他模型基于卷积神经网络提取到的特征完成预测工作。集成学习模型中包含了多个子模型，其通过平均、加权平均、对概率值取最大等操作综合考虑多个子模型的结果，然后给出一个最终结果。这种集成方式极大地降低了模型过拟合的可能性，从而提高了模型的泛化性能。因此本节考虑将卷积神经网络与集成学习模型结合，由卷积神经网络完成对输入特征的提取，然后由集成学习模型，如随机森林模型基于提取到的特征进行预测。综上所述，本节提出的调度策略影响机理模型包含两部分，一部分为特征提取部分，采用卷积神经网络提取，另一部分为模型预测部分，采用随机森林模型预测。

1）卷积神经网络

卷积神经网络通过提取局部特征来构造更高级的特征，这种处理方式最先主要运用在图像识别方面[109]。后来卷积神经网络在图片分类、语义分析等方面逐渐发展起来。渐渐地，各领域的学者将其用于处理不同领域内具有网格特点的数据[110]。在运输领域，卷积神经网络被广泛应用于车流量预测[111]、公交车旅行时间预测[112]、列车晚点预测[65]等。他们的研究结果表明，卷积神经网络在处理时空关联数据方面具有良好的表现。因此，本节将其用于处理具有明显时空关联性的列车运行数据。

卷积神经网络常见的结构是输入层、交替出现的卷积层（convolutional layer）和池化层（max-pooling layer），以及全连接层（fully connected layers）[113]。卷积层通过卷积运算对局部特征进行提取，池化层使用池化函数来调整卷积结果。池化函数以某一位置相邻输出的总体统计特征代替该位置在网络中的输出，如最大池化函数给出相邻区域的最大值。池化层可有效减少输入规模，降低存储要求。当然，卷积神经网络的具体结构可以根据需求和网络效果进行设计，比如 Springenberg、Dosovitskiy、Brox 等[114]的实验结果表明在一定的情况下，可以不包含池化层。

2) 随机森林

随机森林属于集成学习的一种，由多个决策模型组成[115]。通常情况下，决策树为根节点选择划分属性时，选择范围是输入变量的所有属性(假设为集合 F)，从中选择划分效果最好的属性，为其他节点选择划分属性时，再在剩下的属性中选择最优的划分属性。随机森林中的基决策树的节点在选择划分属性时方法与之有所不同。首先从特征集合 F 中选择部分特征构成集合 $G(G(G\subsetneq F))$，然后其决策树中的根节点划分属性时，从 G 中随机选择属性中的最优划分属性，其余节点选择划分属性时再从剩余的属性中无放回地选择最优的划分属性。各分类器节点划分属性的随机性增加了基分类器之间的差异性，从而使得模型具有较好的泛化效果。

随机森林用于分类问题时，每个子决策树分别对预测结果进行投票，根据集合中所有决策树的投票确定最终预测结果，通常采用概率最大的类别作为分类结果。用于回归问题时，各分类器预测结果的平均值为最终的预测结果。随机森林具有容易实现、计算量小等优点，在铁路运输领域的轨道安全性检测[116]、列车晚点预测[78,81]等方面都有不错的表现。

3) CNN-RF

图 7-16 为调度策略累积后效影响预测的 CNN-RF 模型的示意图。模型中的计划停站或区间运行时间调整、列车计划出发顺序调整、列车到发晚点时间、车站和区间冗余时间，以上输入变量采用二维卷积神经网络进行特征提取。考虑到这些输入相较于图片等输入维度较小，特征提取部分只采用了两层卷积层，而没有使用池化层，以最大限度地保留输入信息。调度策略时空特征信息、当前时刻已知的调整操作、列车的平均计划到达和出发间隔时间，以上输入经输入层后首先采用一层全连接层处理，然后与其他卷积层之后的全连接层通过特征融合层(concatenate layer)进行连接，再将全连接层的输出作为卷积神经网络提取到的特征并将其作为 RF 的输入，最终由 RF 给出调度策略累积后效影响预测结果，即后续列车序列还需采取的调整操作的数量、后续列车的平均晚点时间改变量。

模型参数配置、模型训练及测试的流程如图 7-17 所示。首先，将原始数据按照 6：2：2 的比例划分为训练集、测试集和验证集。接着，以训练集数据分别对 CNN 部分及 RF 部分在不同实验参数下的模型进行训练，根据验证集的误差选择表现最好的参数组合作为模型参数。然后将训练集的数据首先输入 CNN 部分，再将 CNN 部分的全连接层的输出作为 RF 部分的输入，对 RF 进行训练。接下来将测试集的输入首先输入训练阶段训练好的 CNN 部分提取特征，再将特征融合层的输入作为 RF 的输入进行测试。最后将 RF 预测结果与测试数据真实值进行比较，根据评价指标对模型进行评价。

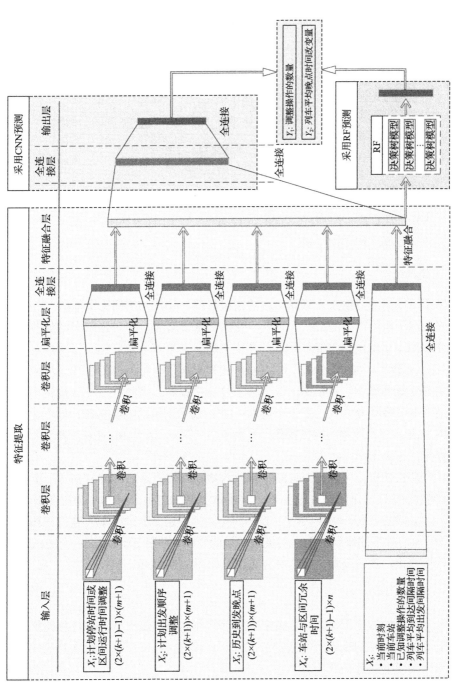

图7-16 调度策略影响机理分析的CNN-RF模型

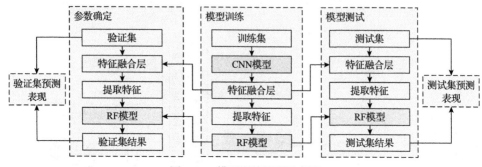

图 7-17 模型训练流程示意图

7.2.4 案例分析

本节基于武广高铁与厦深高铁在 2012 年 11 月 10 日至 2015 年 3 月 4 日之间的列车运行数据进行案例分析。

1. 数据处理

对原始数据进行清洗，剔除其中的错误数据，如停站时间为负值等情况，然后提取案例分析所需要的数据。本节研究的调度策略为在 3 个连续车站范围内，对连续 5 列车采取的调整操作构成的调度策略，其累积后效影响研究的是对同一区段范围内连续 4 列车的影响，包括对后续列车所需调整操作的数量以及平均晚点时间改变量的影响。在模型的输入输出分析中提到，调整操作的数量属于 Y_1 离散变量，本节将其分为了以下 3 个类别：SN，表示少量的调整操作，Y_1 小于等于 3；MN，表示中等数量的调整操作，Y_1 大于 3 且小于等于 10；LN，表示大量的调整操作，Y_1 大于 10。

武广高铁的研究区段为清远站—株洲西站，共提取到 275948 个样本；厦深高铁的研究区段为惠州南站—潮汕站，共提取到 179518 个样本。为避免模型过拟合，原始数据按照 60%、20%、20% 的比例分别划分为训练集、验证集和测试集。同时为消除不同量纲的数据对模型效果的影响，采用 Z-score 归一化方法对数据进行标准化。预测变量 Y_1 和 Y_2 的分布情况如图 7-18 所示。

2. 评估指标

本节提出的调度策略累计后效影响模型需要对调整操作数量进行分类预测，同时需要对列车平均晚点时间改变量进行回归预测，因此评估指标同时包含分类模型和回归模型的评估指标。

图 7-18 显示，调整操作数量 Y_1 的分布极不均衡，类别 SN 的样本量是其他两类的 4~34 倍。为了对不均衡分布数据集的分类预测效果进行评估，本节采用了

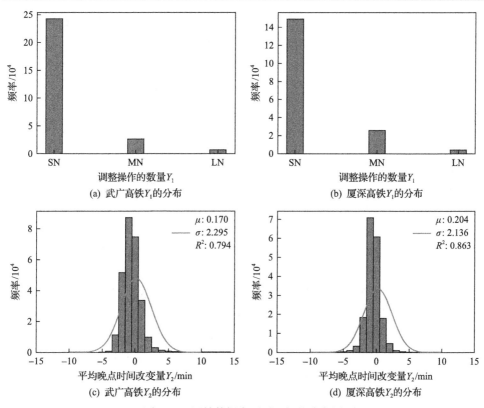

图 7-18 原始数据中预测目标的分布图

两个综合指标，即 F1-score 和 G-means。这两个指标的原始形式是用于"二分类"问题，为了适应本节的多分类问题，根据既有研究对这两个指标进行了修改。首先基于表 7-1 的混淆矩阵采用式(7-39)~式(7-42)计算各类样本的分类结果，然后所有样本分类结果的平均值作为评估模型整体表现的指标。F1-score 和 G-means 的值越大表示模型的分类效果越好。

$$P = \frac{TP}{TP + FP} \tag{7-39}$$

$$R = \frac{TP}{TP + FN} \tag{7-40}$$

$$\text{F1-score} = \frac{2 \times P \times R}{P + R} \tag{7-41}$$

$$\text{G-means} = \sqrt{\frac{TN}{TN + FP} \times \frac{TP}{TP + FN}} \tag{7-42}$$

模型回归效果采用平均绝对误差(MAE)和均方根误差(RMSE)进行评估，MAE 和 RMSE 的值越小表明模型的回归预测效果越好，R^2 越接近于 1 表明模型的拟合效果越好。

3. 模型参数配置

机器学习模型通过参数调整能改善模型的表现。所提出的调度策略影响机理模型包含多个超参数，对于卷积神经网络模型部分，超参数包括隐藏层数目、神经元数目、学习率等，对于随机森林模型部分，超参数包括决策树个数 n_e、决策树的最大深度 n_d 等。本节中仅对卷积神经网络的卷积层数量进行优化以降低模型参数优化的难度，主要原因在于卷积神经网络模型需要利用的主要功能是特征提取，而随机森林模型预测效果与参数变化的关系相对简单，可采用简单的实验确定随机森林的参数。

模型参数基于武广高铁的数据进行优化，不同参数下的模型采用训练集进行训练，训练后的模型在验证集中的表现作为选择参数的标准。预测 Y_1 时采用 F1-score 进行评估，预测 Y_2 时采用 MSE 进行评估。

本节首先采用简单的一次训练-验证实验确定随机森林模型的参数，各参数下模型的表现如图 7-19 所示。参数优化方法为网格搜索，n_e 从 $\{50,100,150,200\}$ 选择，n_d 从 $\{5,10,15,20\}$ 选择。从图 7-19 中可以看出，当 n_e 固定时，增加 n_d 能明显提高模型表现；当 n_d 固定时，增加 n_e 对模型效果的提升十分有限，主要增加了模型的训练时间。同时考虑模型的预测效果和训练效率，参数 n_e 和 n_d 分别确定为 100 和 20。然后对两个 CNN-RF 模型进行比选，包含一层卷积层的模型命名为“模型 1”，包含两层卷积层的模型命名为“模型 2”。两个 CNN-RF 模型采用相同的训练集进行训练和同样的验证集进行评估，5 次随机实验的结果如图 7-20 所示。

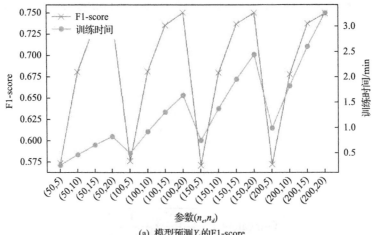

(a) 模型预测 Y_1 的 F1-score

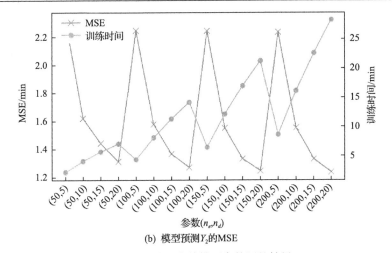

(b) 模型预测Y_2的MSE

图 7-19 随机森林模型参数调整结果

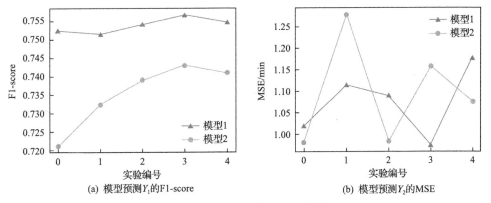

(a) 模型预测Y_1的F1-score

(b) 模型预测Y_2的MSE

图 7-20 CNN-RF 参数调整结果

从图 7-20 中可以看出，模型 1 的 F1-score 大于模型 2 的结果，并且模型 1 的表现波动更小，即相对更加稳定。因此，CNN-RF 模型中，卷积神经网络包含一层卷积层。

最终确定卷积神经网络的其余参数如表 7-12 所示。模型的输入相较于卷积神经网络的常见输入，如图片等维度相对较小，因此选择的卷积核大小(filter size) 相对较小。模型训练采用了 Keras 库中默认参数下的 Adam 优化器以及学习率调整函数 ReduceLROnPlateau。本节使用该调整函数时，如果验证误差在 10 步内没有下降，学习率会减半，可提升模型的学习表现。

表 7-12 CNN-RF 模型的参数设置

参数	设置情况
隐藏层神经元数目	16
卷积核大小(filter size)	2×2

续表

参数	设置情况
批量大小(batch size)	256
训练轮次(epochs)	100
卷积移动的步幅(stride step)	1
Adam 函数	学习率为 0.001
ReduceLROnPlateau 函数	monitor='val_loss', factor=0.5, patience=10

4. 模型表现

本节所提出的调度策略影响机理模型通过预测后续列车序列所需的调整操作的数量以及列车平均晚点时间改变量来反映调度策略带来的累积后效影响。作为预测模型,本节将对其预测表现进行分析。模型的表现根据本节提出的分类模型及回归模型的评估指标进行评估,同时为了验证模型的有效性,本节将其与另外几种机器学习模型进行了比较,包括 K 近邻算法(K-nearest neighbor,KNN)、人工神经网络(ANN)、卷积神经网络(CNN)以及随机森林(RF)。各基准模型的参数设置等情况如下:

1)KNN 模型

回归任务中,KNN 通过对 K 个近邻取平均值得到回归预测结果;分类任务中,KNN 以 K 个近邻中出现频率最高的类别作为分类预测结果[117]。该模型的关键参数是考虑的近邻个数 K,本节中 K 的取值范围为 $[84,5]$,根据调参结果确定 K 为 5。

2)ANN 模型

ANN 根据神经元之间的连接关系学习输入与输出之间的映射关系,模型具有网络结构设计灵活、对不同问题适应性强的特点。本节 ANN 的隐藏层数设置为 2,各隐藏层神经元个数的取值范围为 {16,32,64,128,256}。根据验证集的评估结果,各隐藏层神经元个数确定为 32。

3)CNN 模型[118]

CNN 被广泛用于处理具有时空关联性的数据,其优化参数与 CNN-RF 模型相同,即卷积层的数目。根据不同参数在验证集中的表现,CNN 的卷积层确定为 1 层。

4)RF 模型

RF 由多个决策树模型组成,基于所有子模型的预测结果给出最终的预测结果,该模型具有易于实施、泛化性能好等优势。本节对其关键参数进行了优化,包括 n_e 和 n_d。根据模型在验证集中的测试结果,确定 n_e 和 n_d 分别为 200

和 20。

原始数据按照 6∶2∶2 的比例划分为训练集、验证集和测试集，模型以验证集的数据进行训练，根据测试集的结果评估模型的表现。按照上述划分比例，采用 30 个不同的随机数种子进行划分，得到 30 组不同的训练集、验证集和测试集。将模型在 30 组数据中进行训练和测试，以验证模型的有效性。

1）调整数量预测表现

表 7-13 给出了 30 次实验的均值和标准方差的结果，以及所提出的 CNN-RF 模型相较于基准模型对预测指标的提升程度。从均值结果可以看出，所提出的模型得到的 F1-score 和 G-means 值最大，最大的提升程度达到了 6.65%，表明 CNN-RF 在预测调整操作数量方面具有良好的表现；从标准方差结果可以看出，神经网络模型，即 ANN 和 CNN 的方差远大于剩余的模型，而所提出的模型预测结果的方差小于基准模型。总的来看，表 7-13 中预测结果的均值和标准方差表明，CNN-RF 模型能结合 CNN 在时空关联特征的提取和 RF 泛化性能强方面的优势，使得混合模型 CNN-RF 的表现优于 CNN、RF 及其他基准模型。

表 7-13 调整操作数量预测结果

线路	方法	F1-score			G-means		
		均值	标准方差	提升比例/%	均值	标准方差	提升比例/%
武广高铁	KNN	0.7135	0.0047	5.96	0.7153	0.0048	6.74
	ANN	0.7269	0.0077	4.01	0.7444	0.0124	2.57
	CNN	0.7295	0.0093	3.65	0.7395	0.0177	3.26
	RF	0.7518	0.0041	0.57	0.7447	0.0045	2.23
	CNN-RF	0.7561	0.0046	—	0.7635	0.0044	—
厦深高铁	KNN	0.7270	0.0045	2.71	0.7312	0.0044	2.12
	ANN	0.7145	0.0077	4.53	0.7262	0.0122	2.81
	CNN	0.7003	0.0076	6.65	0.7052	0.0130	5.88
	RF	0.7434	0.0048	0.46	0.7312	0.0045	2.11
	CNN-RF	0.7469	0.0041	—	0.7467	0.0043	—

注：表中 CNN-RF 相比于基准模型的提升比例按照 $(\lambda_1-\lambda_0)/\lambda_1\times100\%$ 计算，其中 λ_1 指的是基准模型(KNN、ANN、CNN 和 RF)中研究指标的取值；λ_0 指的是 CNN-RF 模型中相应的指标的取值。

本节对不同区段下模型的预测效果进行了分析，以验证模型预测调度策略累积后效影响的空间稳定性。不同区段下模型的预测结果如图 7-21 和图 7-22 所示，从图中可以看出，CNN-RF 模型几乎在所有区段中的 F1-score 和 G-means 值最大，即分类效果最好，验证了模型的空间稳定性。

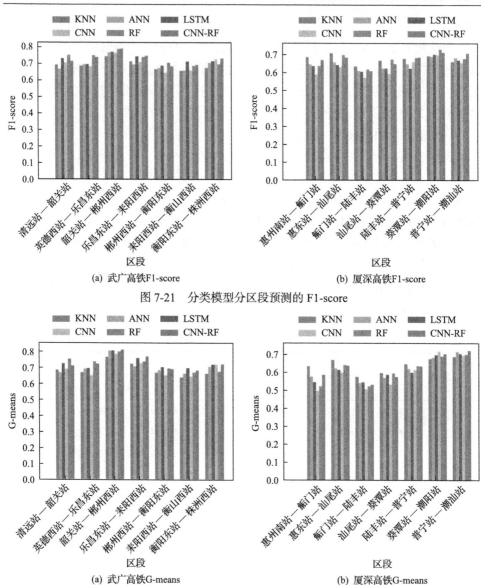

(a) 武广高铁F1-score

(b) 厦深高铁F1-score

图 7-21　分类模型分区段预测的 F1-score

(a) 武广高铁G-means

(b) 厦深高铁G-means

图 7-22　分类模型分区段预测的 G-means

　　本节分析了模型在不同时段下的分类预测效果,以验证其预测表现的时间稳定性。不同时段下分类模型预测的 F1-score 和 G-means 分别如图 7-23 和图 7-24 所示。从图中可以看出,CNN-RF 模型几乎在所有时段都具有更大的 F1-score 和 G-means,即所提出的模型具有更好的分类表现。

　　2)列车平均晚点时间改变量预测表现

　　接下来对模型在预测平均晚点时间改变量中的表现进行分析。图 7-25 给出了

CNN-RF 模型预测结果的残差分布。残差在 2min 以内的样本量占总测试样本的 99%，表明模型具有良好的拟合效果。图 7-26 给出了在调度策略所作用列车的晚点时长变化时残差的分布情况。由图 7-26 可知，当晚点时长变化时，残差主要分

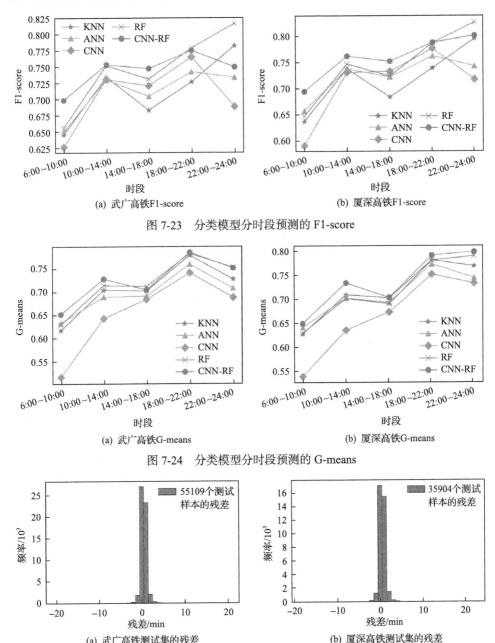

(a) 武广高铁F1-score (b) 厦深高铁F1-score

图 7-23 分类模型分时段预测的 F1-score

(a) 武广高铁G-means (b) 厦深高铁G-means

图 7-24 分类模型分时段预测的 G-means

(a) 武广高铁测试集的残差 (b) 厦深高铁测试集的残差

图 7-25 CNN-RF 模型预测残差分布

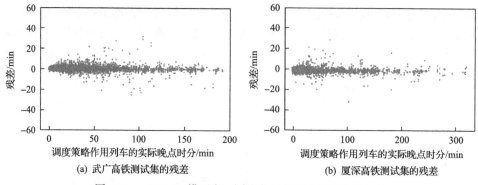

图 7-26　CNN-RF 模型在不同晚点时长下的预测残差分布

布在 0min 附近，即总体来看，模型对不同晚点时长下采取的调度策略的后效影响有良好的预测效果。但有部分测试样本的残差较大，可能是由干扰的类型不同导致的。例如，大风天气和列车故障这两种干扰造成的初始晚点时长可能相同，但是其影响范围一般不同，大风天气可能会影响所有经过的列车，而列车故障影响的列车数相对较少。相应地，采取调度策略的累积后效影响也会有所不同。由于缺乏相应的数据，本节未考虑干扰的类型，因此这部分影响因素未在输入变量中得到体现。

在预测列车平均晚点时间改变量的任务中，所提出的模型同样与基准模型进行比较以验证模型的有效性。原始数据按照 6∶2∶2 的比例划分为训练集、验证集及测试集，模型在训练集进行训练，根据模型在测试集中的表现对模型进行评估。按照以上固定比例，采用 30 个不同的随机数种子划分原始数据得到 30 组实验数据。表 7-14 给出了模型在 30 次实验下的预测结果。从表中可以看出，根据 MAE 和 RMSE，所提出的模型 CNN-RF 在所有实验任务中的值最小，即预测误差最小，相较于基准模型，误差降低的比例最大达到 31.73%。根据拟合优度参数 R^2，所提出的模型的值更大，相较于基准模型具有更优的拟合表现。根据方差结果，没有模型在所有任务中都优于其他模型，但是考虑所有实验，所提出的模型具有更好的综合表现。总体来看，表 7-14 验证了所提出的模型在预测列车平均晚点时间改变量中的有效性。

表 7-14　列车平均晚点时间预测结果

线路	方法	MAE			RMSE			R^2		
		均值	标准方差	误差降低比例/%	均值	标准方差	误差降低比例/%	均值	标准方差	提升比例/%
武广高铁	KNN	0.5672	0.0038	11.34	1.2510	0.0619	17.29	0.7008	0.0214	13.47
	ANN	0.6842	0.0166	26.50	1.2575	0.0518	17.72	0.6962	0.0371	14.22
	CNN	0.7366	0.0341	31.73	1.2908	0.0636	19.85	0.6793	0.0439	17.06
	RF	0.5167	0.0047	2.66	1.0659	0.0499	2.93	0.7829	0.0132	1.58
	CNN-RF	0.5029	0.0049	—	1.0347	0.0513	—	0.7952	0.0165	—

续表

线路	方法	MAE			RMSE			R^2		
		均值	标准方差	误差降低比例/%	均值	标准方差	误差降低比例/%	均值	标准方差	提升比例/%
厦深高铁	KNN	0.5448	0.0065	10.40	1.3338	0.2173	20.54	0.6056	0.0507	23.60
	ANN	0.6386	0.0124	23.56	1.3581	0.1960	21.96	0.5890	0.0519	27.09
	CNN	0.6857	0.0229	28.81	1.2008	0.1224	11.74	0.6736	0.0522	11.12
	RF	0.5424	0.0068	10.00	1.2069	0.1959	12.18	0.6769	0.0408	10.57
	CNN-RF	0.4881	0.0058	—	1.0599	0.1270	—	0.7485	0.0279	—

注：CNN-RF 模型相比于基准模型的误差降低比例按照 $(\lambda_i - \lambda_0)/\lambda_i \times 100\%$ 计算，对于 R^2 的提升比例按照 $(\lambda_0 - \lambda_i)/\lambda_i \times 100\%$ 计算，其中 λ_i 指的是基准模型(KNN、ANN、CNN 和 RF)中研究指标的取值，λ_0 指的是 CNN-RF 模型中相应的指标的取值。

为验证模型在不同空间范围下对列车平均晚点时间改变量预测的有效性，本节对不同区段下预测结果 MAE 和 RMSE 进行了分析，结果如图 7-27 和图 7-28 所示。从图中可以看出，所提出的模型几乎在所有的区段下，都能得到最小的 MAE 和 RMSE，表明模型具有良好的时空稳定性，在预测列车平均晚点时间改变量中整体表现优于基准模型。

本节分析了模型在不同时段下的回归预测效果，以验证其预测表现的时间稳定性。不同时段下各回归模型预测的 MAE 和 RMSE 分别如图 7-29 和图 7-30 所示。从图中可以看出，CNN-RF 模型几乎在所有时段都具有更低的 MAE 和 RMSE，即所提出的模型在调整量预测中具有更好的回归表现。

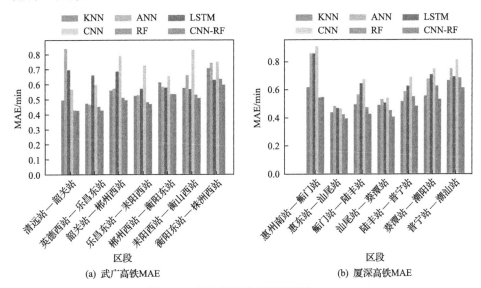

图 7-27　回归模型分区段预测的 MAE

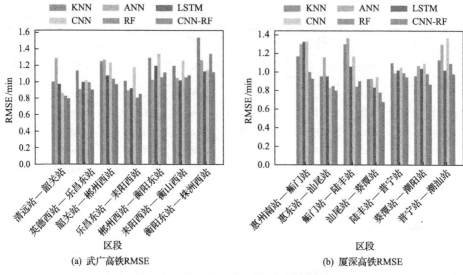

(a) 武广高铁RMSE

(b) 厦深高铁RMSE

图 7-28　回归模型分区段预测的 RMSE

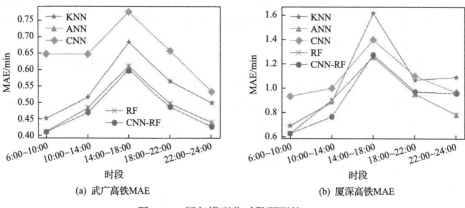

(a) 武广高铁MAE

(b) 厦深高铁MAE

图 7-29　回归模型分时段预测的 MAE

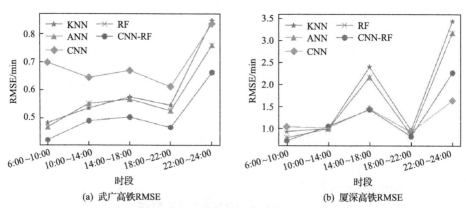

(a) 武广高铁RMSE

(b) 厦深高铁RMSE

图 7-30　回归模型分时段预测的 RMSE

5. 模型应用讨论

本节所提出的模型可预测调度策略的累积后效影响,用于为列车调度员提供采取调度策略的反馈信息。本节采用一个示例来说明 CNN-RF 模型如何评估调度策略以及为列车调度员提供决策反馈信息,该示例的信息如表 7-15 所示。以场景 1 为例对表格中的信息进行解释,G6102 次列车于上午 9:09 到达耒阳西站,晚于计划到达时刻 23min。由于该线路在该时段内服务频率较高,即列车到发间隔时间较小,该列车的到达晚点对多列车的运行产生了影响。列车调度员采取调度策略以减小该晚点对其他列车带来的影响,保障运输服务水平。四种场景下(场景 1~场景 4)采取的调度策略分别命名为 TCS1、TCS2、TCS3 和 TCS4。

表 7-15　列车晚点场景与不同策略下的影响结果

			武广高铁		厦深高铁	
			场景 1	场景 2	场景 3	场景 4
晚点场景		车次	G6102	G6102	D2282	D2282
		晚点发生时刻	9:09	9:08	8:01	8:01
		晚点发生的车站	耒阳西	耒阳西	惠东	惠东
		晚点时长/min	23	22	14	14
调度策略的影响	调度策略直接作用列车的影响	调整操作的数量	MN	MN	SN	SN
		列车平均晚点时间改变量/min	5.0	5.6	0.0	0.0
	后续列车序列的累积后效影响	调整操作的数量	真实值	MN	MN	SN	SN
			CNN-RF 预测值	MN	MN	SN	SN
		列车平均晚点时间改变量/min	真实值	4.0	5.5	−0.5	−0.75
			CNN-RF 预测值	2.591	3.998	−0.485	−0.621

分析武广高铁的示例可知,考虑调度策略直接作用列车的影响,TCS1 和 TCS2 所需要的调整操作的数量属于同一类别 MN,但是 TCS2 带来的列车平均晚点时间改变量更大,即造成的列车晚点时分更长;考虑对后续列车序列的累积后效影响,TCS1 和 TCS2 需要的调整操作的数量类别相同,而 TCS2 造成的列车晚点时分更长。同时考虑对直接作用列车的影响以及对后续列车序列的累积后效影响,得出的结论是 TCS1 策略优于 TCS2 策略。根据所提出的 CNN-RF 模型,可得到相同的结论,即 TCS1 的效果优于 TCS2。分析厦深高铁的示例可知,考虑调度策略直接作用列车的影响,TCS3 和 TCS4 所需的调整操作数量类别以及列车平均晚点时间改变量均相同;考虑调度策略的累积后效影响,TCS3 和 TCS4 所需的调整操作数量类别相同,但 TCS4 带来的列车晚点恢复时间更大。因此,同时考虑调度

策略对直接作用列车以及后续列车序列的影响，得出的结论是 TCS4 优于 TCS3，根据 CNN-RF 模型的预测得出的结果与该结论一致。

表 7-15 的结果也表明，在相似的晚点场景下，列车调度员由于自身经验和工作习惯的差异，采取的调度策略一般有所不同。通常情况下，不同的调度策略给列车运行带来不同的影响。本节所提出的模型能较为准确地预测使用调度策略对后续列车序列带来的累积后效影响，可在以下方面加强铁路运输管理工作：

(1)识别高质量的调度策略。所提出的模型的预测结果可为调度策略评估提供重要的评估指标，同时提出了一种新的评估调度策略的方向，即同时考虑对直接作用列车的影响以及对后续列车序列的累积后效影响。例如，尽管 TCS3 和 TCS4 给直接作用列车带来的影响相同，但是其累积后效影响不同，意味着两种策略的质量有所差别。因此，同时考虑上述两方面的影响，有助于识别出更有效的调度策略。

(2)为列车调度员针对后续列车采取调度策略提供决策依据。例如，场景 3 和场景 4 下，采取历史调度策略带来的晚点恢复小于 1min，即晚点恢复相对较小。根据该信息，列车调度员可选择制定新的更有效的调度策略，提高列车晚点恢复时间。

7.3　调度策略关联规则模型

7.3.1　问题描述

高速铁路列车调度策略是指当列车实际运行时间与计划运行图所规定的时间发生偏离时，在满足包括发车与到达时间间隔约束、最小追踪间隔约束等各种约束条件下，通过合理优化和调整时刻表实现及时、有效的列车运行调整措施。列车调度策略具有不同的调整原则和调整措施，其中最常用的为压缩列车停站时间策略和压缩区间运行时间策略，因此针对这两类策略展开深入研究。首先将压缩列车车站停站时间策略定义为车站调度策略；将压缩列车区间运行时间策略定义为区间调度策略。然后对两类策略的发生过程进行分析(图 7-31)：列车 1 在受到干扰后，到达车站 1 发生晚点，调度员采取压缩列车停站时间策略，减少了列车在车站 1 的停站时间，使得列车到达车站 2 时晚点有所恢复。列车 2 在车站 1 受到干扰，导致列车出发晚点，此时调度员采取压缩区间运行时间策略，缩短列车区间运行时间，使列车到达车站 2 时恢复到正点状态。

对调度策略发生过程进一步分析可知，针对不同晚点程度的列车，调度员可能会考虑采取不同的策略(如列车晚点程度较大，放弃该列车的晚点恢复，主要对晚点程度较小的列车进行调整，以提高正点率)。另外，调度员会根据列车的停站

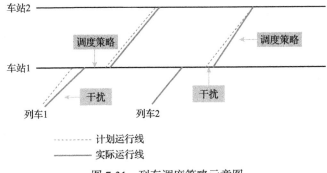

图 7-31 列车调度策略示意图

时间、运行时间和冗余时间量的大小,采取不同程度的调度策略(如晚点列车的区间冗余时间量较大,调度员会压缩较多的区间运行时间量来恢复晚点),可见调度策略的采取与列车运行状态(是否发生晚点)、停站时间、区间运行时间、冗余时间等因素有密不可分的联系,因此挖掘调度策略与晚点时间、冗余时间等指标之间规律并进行分析,对提高列车调度指挥工作质量具有重要意义。

7.3.2 基于历史数据的调度策略统计分析

1. 车站调度策略分析

为了更好地了解全线各车站的调度策略情况,提取各车站发生的调度策略,对各车站采取的调度策略频数进行统计分析(图 7-32(a))。由图 7-32 可知,潮汕站采取压缩车站停站时间策略次数最多,接近 3500 次,占总数的 18.6%。普宁站和陆丰站采取压缩车站停站时间策略较多,分别占总数的 12.6%、9.9%。深圳北站采取的压缩车站停站时间策略次数最少,仅占总数的 0.3%。

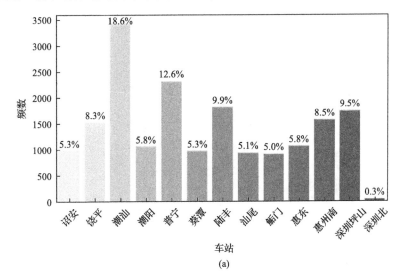

(a)

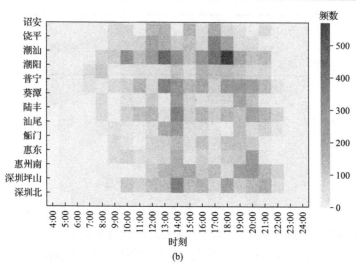

图 7-32　车站调度策略频数分布图(a)和时空分布图(b)

　　另外对不同时段下的车站调度策略频数进行统计,绘制各时段的车站调度策略频数分布图(见图 7-32(b))。由图 7-32 可知,全线在 13:00～14:00 及 17:00～18:00 时段采取压缩车站停站时间策略的频数最大,其中潮汕站在 10:00～19:00 时段发生较多次数的压缩车站停站时间策略,可见该时段的调度员工作负荷较大,应在该时段对调度员工作状态重点关注。

　　2. 区间调度策略分析

　　对全线各区间发生的区间调度策略进行提取,对各区间采取的调度策略频数进行统计分析(见图 7-33)。由图 7-33(a)可知,深圳坪山至深圳北区间(SZPS-

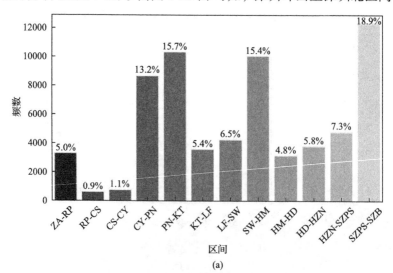

(a)

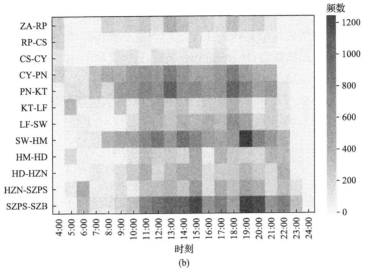

图 7-33　区间调度策略频数分布图(a)和时空分布(b)

SZB)发生压缩区间运行时间次数最多，占比 18.9%，该区间为下行方向最后一个区间，可推断调度员倾向于在列车运行的最后一个区间采取调度策略，使晚点状态的列车正点运行至终到站。其次在潮阳至普宁区间(CY-PN)、普宁至葵潭区间(PN-KT)、汕尾至鲘门区间(SW-HM)采取了较多次数的压缩区间运行时间策略。

　　对不同时段下的区间调度策略频数进行统计，绘制各时段区间调度策略频数的时空分布图(见图 7-33(b))。由图 7-33(b)可知，11:00～21:00 时段是采取压缩区间运行时间策略频数较高的时段，其中深圳坪山至深圳北站(SZPS-SZB)区间内发生的压缩区间运行时间策略最多，其次潮阳至普宁区间(CY-PN)、普宁至葵潭区间(PN-KT)、汕尾至鲘门区间(SW-HM)在该时段也采取了较多次数的区间调度策略。由以上分析可知，调度策略在不同时间、不同位置频数均不同。因此，基于关联分析进一步探明调度策略与其影响因素的关系。

7.3.3　调度策略关联分析

　　采用 Apriori 算法对车站、区间调度策略与列车运行指标进行关联规则挖掘，揭示调度员在车站和区间采用调度策略类型的偏好；剖析冗余时间量与调度策略的关系，揭示冗余时间量对调度策略的影响；解析不同晚点程度下调度策略差异，揭示晚点程度对调度策略的影响；分析列车停站时间、区间运行时间与调度策略关系，揭示不同列车停站时间和区间运行时间下的调度策略差异。

1. Apriori 算法介绍

Apriori 算法是最为经典的用于挖掘数据关联规则的算法[8]，其核心思想：

①通过迭代，检索出事务数据库中的所有频繁项集，即支持度不低于用户设定的阈值的项集；②利用频繁项集构造出满足用户最小置信度的关联规则。该算法包含以下重要概念，频繁项集(frequent item sets)是经常同时出现的事务的集合；关联规则(association rules)暗示两种事务之间可能存在很强的关系。

支持度(Support)指的是事物 A 和 B 同时出现在数据集中所占的比例[9]，也就是概率 $P(AB)$，可以表示为

$$\text{Support}(A \to B) = P(AB) = \frac{(A \cap B)}{N} \tag{7-43}$$

其中，N 为数据集中总的事务数；$(A \cap B)$ 是事务 A 和 B 同时出现在数据集中的频次。

置信度(Confidence)指的是事务 A 和 B 同时出现在数据集中占事务 A 的比例，即条件概率 $P(B|A)$，可表示为

$$\text{Confidence}(A \to B) = P(B|A) = \frac{\text{Support}(A \cup B)}{\text{Support}(A)} \tag{7-44}$$

如果满足最小支持度和置信度阈值，则认为关联规则是感兴趣的[10]。

2. 车站调度策略与车站指标关联分析

选取压缩车站停站时间、车站冗余时间、列车停站时间、车站晚点时间四个指标进行关联规则挖掘，分析车站调度策略与其余三个指标之间的关系。为了更好地研究车站调度策略与车站指标之间的规律，根据四个指标的统计分布，对指标进行离散化处理(表 7-16)。

表 7-16　车站指标离散化

车站指标	离散化方法			
压缩车站停站时间	CZYS0：0min	CZYS1：1~5min	CZYS2：>5min	
车站冗余时间	CZRY0：0min	CZRY1：1~5min	CZRY2：>5min	
列车停站时间	TZSJ0：0min	TZSJ1：1~5min	TZSJ2：>5min	
车站晚点时间	CZWD1：1~10min	CZWD2：11~30min	CZWD3：31~60min	CZWD4：>60min

由表 7-16 可知，将压缩车站停站时间分为三类：CZYS0 代表压缩车站停站时间量为 0min，CZYS1 代表压缩车站停站时间 1~5min，CZYS2 代表压缩车站停站时间大于 5min；车站冗余时间分为三类：CZRY0 代表该车站冗余时间为 0min，CZRY1 代表该车站冗余时间 1~5min，CZRY2 表示该车站冗余时间大于 5min；列车停站时间分为三类：TZSJ0 代表列车停站时间为 0min，TZSJ1 表示列车停站

时间 1～5min，TZSJ2 表示列车停站时间大于 5min；将车站晚点时间分为四类：CZWD1 代表车站晚点时间 1～10min，CZWD2 代表车站晚点时间 11～30min，CZWD3 代表车站晚点时间 31～60min，CZWD4 代表车站晚点时间大于 60min。

本着高速铁路行业有着事故发生频率低，发生则影响巨大的特殊性[11]，算法中支持度可设定较低阈值，避免潜在因素关联性被遗漏。经多次实验，将最小支持度设为 0.2%，最小置信度设为 35%，筛选得出以下 5 条关联规则(见表 7-17)。

表 7-17　车站调度策略与车站指标关联规则

序号	规则	支持度/%	置信度/%
1	TZSJ1，CZRY0，CZWD1→CZYS0	0.28	99.6
2	TZSJ1，CZRY1，CZWD1→CZYS0	29.0	72.8
3	TZSJ2，CZRY2，CZWD1→CZYS1	0.38	79.3
4	TZSJ1，CZRY1，CZWD2→CZYS1	1.2	37.2
5	TZSJ1，CZRY1，CZWD3→CZYS1	0.28	38.0

从表 7-17 可知，第 2 条关联规则的支持度最高，该事务在数据集中发生的次数最多，且置信度为 72.8%，属于强关联规则。表明针对晚点列车，调度员倾向于不采取车站调度策略，保持列车当前状态。进一步可以推断当列车的车站晚点时间在 10min 以内时，虽然列车在本站有 1～5min 的冗余时间，但调度员倾向于保持该列车的晚点状态，不采取车站调度策略，这一定程度上造成了本站冗余时间的浪费。分析发现产生该现象的原因如下：①车站晚点列车受到同向列车连发间隔时间的制约，导致该列车不能够压缩停站时间；②晚点列车可能需要等待另一到达列车的乘客进行换乘，导致不能采取车站调度策略。如果此类列车发车后在区间不能得到晚点恢复，到达前方站时晚点程度可能会加重，或者会对后方列车的运行造成影响。因此，调度员应该提高对该类列车的关注，在避免发生列车运行冲突和保证车站作业正常完成的情况下，适当采取调度策略以恢复列车晚点，避免列车晚点的传播。此外，若列车晚点时间在 1～10min 时，且在本站有 5min 以上的冗余时间，调度员大概率会采取压缩停站时间 1～5min 策略。上述关联规则中压缩停站时间的最大范围为 1～5min，而车站晚点的取值范围为 1～60min，也就是说，无论列车在车站的晚点时间多少，在有冗余时间的条件下，调度员更加倾向于采取压缩停站时间 1～5min 策略，而压缩停站时间 5min 以上的策略极少，车站冗余时间的利用较低，晚点较为严重的列车不能很好地恢复。

3. 区间调度策略与区间指标关联分析

选取压缩区间运行时间、区间冗余时间、区间晚点时间、区间运行时间四个指标进行关联规则挖掘，分析区间调度策略与其余三个指标之间的规律，首先对四个指标进行离散化处理(表 7-18)。

表 7-18　区间指标离散化

区间指标	离散化方法			
压缩区间运行时间	QJYS0：0min	QJYS1：1~5min	QJYS2：6~10min	QJYS3：11~30min
区间冗余时间	QJRY0：0min	QJRY1：1~5min	QJRY2：6~10min	QJRY3：11~30min
区间晚点时间	QJWD1：1~10min	QJWD2：11~30min	QJWD3：31~60min	QJWD4：>60min
区间运行时间	QJYX1：1~10min	QJYX2：11~30min	QJYX3：>30min	

由表 7-18 可知，压缩区间运行时间分为四类：QJYS0 代表压缩区间运行时间 0min，QJYS1 代表压缩区间运行时间 1~5min，QJYS2 代表压缩区间运行时间 6~10min，QJYS3 代表压缩区间运行时间 11~30min；区间冗余时间分为四类：QJRY0 代表区间冗余时间为 0min，QJRY1 代表区间冗余时间为 1~5min，QJRY2 代表区间冗余时间为 6~10min，QJRY3 表示区间冗余时间为 11~30min；区间晚点时间分为四类：QJWD1 代表区间晚点时间 1~10min，QJWD2 代表区间晚点时间 11~30min，QJWD3 代表区间晚点时间 31~60min，QJWD4 代表区间晚点时间大于 60min；区间运行时间分为三类：QJYX1 表示区间运行时间为 1~10min，QJYX2 表示区间运行时间 11~30min，QJYX3 表示区间运行时间大于 30min。

与上文同理，为了避免区间指标与区间调度策略的潜在关联性被遗漏，经过多次实验后，设置最小支持度为 0.1%，最小置信度为 25%，筛选出 6 条关联规则(表 7-19)。

表 7-19　区间调度策略与区间指标关联规则

序号	规则	支持度/%	置信度/%
1	QJWD1，QJRY1，QJYX1→QJYS0	13.5	71.4
2	QJWD1，QJRY1，QJYX2→QJYS0	30.5	61.3
3	QJWD1，QJRY1，QJYX2→QJYS1	19.2	38.7
4	QJWD1，QJRY2，QJYX2→QJYS1	7.0	54.3
5	QJWD1，QJRY3，QJYX2→QJYS2	4.1	60.1
6	QJWD2，QJRY3，QJYX2→QJYS3	0.16	25.6

由表 7-19 可知，采取压缩区间运行时间策略大多数发生在区间晚点 1~10min 的列车，且不采取区间调度策略的情况居多。另外，当晚点列车的区间冗余时间等级高于区间晚点时间等级时，调度员大概率会采取较高等级的压缩区间运行时间策略来恢复列车晚点。对比上述第 2、3 条规则，在同样的列车区间晚点时间、

冗余时间和运行时间下，调度员对区间晚点列车倾向于不采取区间调度策略。产生该现象的原因如下：①晚点列车受到追踪列车间隔时间的制约，使列车不能够加速运行，晚点时间得不到恢复；②前方车站正在进行车站作业，不能够正点接入列车，即使采取了区间调度策略，列车也只能缓速运行等待前方车站能够接车为止。与车站的调度策略类似，此现象会导致晚点列车的区间冗余时间利用率较低，不能够很好地恢复晚点。此外，第 6 条规则为晚点程度较大的列车调度策略规律，但其支持度仅为 0.16%，且置信度为 25.6%，这表明区间晚点在 11～30min 的列车仅有少量能够得到恢复，同时可以推断区间晚点时间大于 30min 的列车能够得到晚点恢复的概率更小。

综上分析，本节揭示了我国高速铁路列车调度指挥工作中的规律和问题，主要有以下几点：

(1)在车站调度策略和区间调度策略关联分析中，冗余时间均是关联性最强的因素，而列车晚点时间是关联性最小的因素。

(2)冗余时间利用低，晚点程度严重的列车得不到较好的恢复是最为突出的问题。

(3)针对晚点列车，是否采取调度策略及其合理性有待进一步研究。

7.4 基于机器学习的高速列车晚点恢复策略预选研究

列车晚点恢复策略的智能预选和推荐是高铁智能调度的关键技术之一，对于提高调度员决策效度，提升高速铁路运营控制水平具有十分重要的意义。既有的列车运行调整算法多基于对问题的抽象和简化，即假定晚点列车会按照最短作业时分赶点运行，或假定各项作业时分不变，仅对列车运行线进行简单平移，模型缺乏对列车晚点恢复微观机理的研究，无法实现调度指挥过程中复杂动态信息的处理，导致其编制出的列车运行调整计划与实际列车运行往往存在很大出入，实用性较差。列车运行历史数据反映了调度员在一定时期内的调度决策及其效果，如果能够基于数据驱动方法，从列车运行实绩数据中挖掘区段晚点恢复一般规律并构造晚点恢复策略的智能预选模型，将能够为调度员提供贴合铁路运输生产实际情况的晚点恢复策略预案，帮助调度员预判及推演晚点列车的未来运行趋势，实现高速列车晚点演化、列车运行态势、相关调度决策预期效果的精准预测分析，从而为调度员运行调整决策和运输组织优化提供有效支撑。

本节通过对晚点恢复情况下列车停站时间和区间运行时间预测，从微观层面对特定区间和车站晚点恢复策略预选进行研究。首先，基于武广高速铁路列车运行实绩数据，分析了列车区间运行和停站时间的相关影响因素，确定了七种特征指标。然后，比较了多种机器学习算法的预测效果，建立了晚点恢复情况下列车停站时间和区间运行时间的智能预测模型，为后续列车运行调整决策方法研究打下模型基础。

7.4.1　问题分析

　　高速铁路列车运行图是指导列车运行的基础计划，运行图一旦确定在较长时间内不会进行大的变动和调整，因此在列车运行图的稳定周期内，列车运行可以视为一个重复采样的过程[119]。这使得从大规模列车运行数据中挖掘晚点列车运行调整一般规律，发现调度员的决策偏好和习惯，进而为调度员的调度决策提供决策自动化知识成为可能。如图 7-34 所示，研究时间范围内，调度区段日均列车运行对数为 115 对，区段列车运行总体上比较稳定，说明选用的列车运行数据能够较好地匹配本节的研究需要。

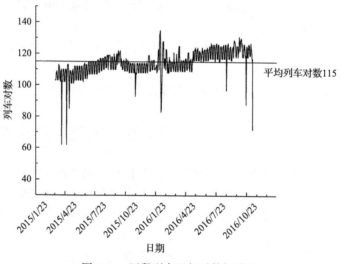

图 7-34　区段列车运行对数折线图

　　列车运行调整措施的自动生成和智能推荐一直以来都是调度指挥自动化的瓶颈[120]。当列车进入车站或区间时处于晚点状态，列车调度员会综合考虑晚点分布情况、冗余时间布局和列车运行条件等因素，确定合理的晚点恢复时间，并制定相应的晚点恢复策略。

　　如图 7-35 所示，晚点列车车站恢复策略一般可以分为两种情况（图中 T_1 为列车晚点时间，T_2 为列车实际停站时间）：①调度员采取压缩列车停站时间的策略，令列车实际停站时间小于图定停站时间，列车晚点程度减弱；②列车实际停站时间等于图定停站时间，列车的晚点状态不变。

　　晚点列车区间恢复策略一般也可以分为两种情况，如图 7-36 所示（图中 T_3 为列车晚点时间，T_4 为列车区间实际运行时间）：①调度员采取压缩列车区间运行时间的策略，令列车实际运行时间小于图定运行时间，列车晚点程度减轻；②列车实际运行时间等于图定运行时间，列车的晚点状态不变。

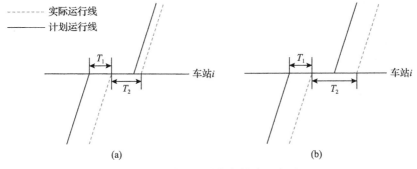

图 7-35　车站晚点恢复策略示意图

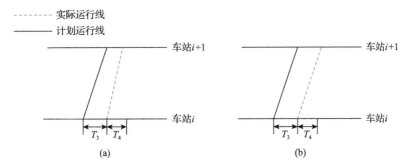

图 7-36　区间晚点恢复策略示意图

本节所要研究就是预测图中所示 T_2、T_4 的大小，并将其作为晚点恢复策略预案导入下文拟构建的列车运行调整决策模型。

7.4.2　车站晚点恢复策略预选研究

1. 特征选择

晚点列车停站时间与列车在中间站的作业类型、车站作业水平、客流大小、车厢及站台拥堵情况、列车运行径路以及调度员策略等因素高度相关。受限于列车进路、联锁设备和乘客需求信息等详细数据的采集，本节将影响列车停站时间的复杂外部环境视作"黑箱"，假设上述车站作业流程基本不变，通过对足量列车历史停站记录的统计分析，近似体现列车到发和旅客上下车等作业过程，利用列车实绩运行数据、计划运行图数据以及基本运行图要素建立车站晚点恢复策略预选模型，选取训练集属性特征如下：

1）列车到达时刻

不同时段车站的冗余时间及其可利用程度存在较大差异，高峰时段列车运行密度大，上下车旅客人数多，列车晚点可调整性较低，增晚概率高，低峰时段则正好相反。因此，本节将列车到达车站时刻 T 作为第一个特征，并将时刻数据转化为数值型数据，如将 "07:30" 转化为数值 7.5。

2）列车到达晚点时间

在实际运行调整过程中，列车调度员会优先对晚点程度较为严重的列车进行调整，以降低晚点传播效应，控制晚点影响范围。因此列车到达晚点时间 D 也是影响列车停站时间的重要因素。其计算式为

$$D = a_i - a_i^p \tag{7-45}$$

式中，a_i 为列车 i 在车站的到达时间；a_i^p 为列车 i 在车站的计划到达时间。

3）列车图定停站时间

正常情况下，高速列车严格按照计划运行图规定时间在车站办理到达、出发和各项技术作业，因此列车图定停站时间 DT^p 是车站列车运行调整的重点考虑因素，其计算式为

$$DT^p = d_i^p - a_i^p \tag{7-46}$$

式中，d_i^p 为列车 i 在车站的计划出发时间；a_i^p 为列车 i 在车站的计划到达时间。

4）列车最小停站时间和列车历史平均停站时间

为了从列车实绩运行数据中挖掘列车运行规律，同时反映调度员的调度经验，本节从列车历史停站记录中提取列车最小停站时间 DT^m 和列车历史平均停站时间 DT^a 作为表征变量。根据车次号和图定停站时间对列车的历史停站记录进行分组，选取列车历史停站时间的 5%分位数作为列车最小停站时间，DT^a 为列车历史停站时间的平均值，其计算式为

$$DT^a = \frac{\sum DT_i}{N} \tag{7-47}$$

式中，$\sum DT_i$ 为列车 i 在车站的历史停站总时间；N 为列车 i 的停站记录数。

5）前车运行约束变量

列车运行图中高速列车之间必须保持一定的追踪列车间隔时间，本节构造的前车运行约束变量 FC 表示前车运行状态对预测列车停站时间的影响，其计算式为

$$FC = d_{i-1} + TI^m - a_i \tag{7-48}$$

式中，d_{i-1} 为前车出发时间；TI^m 为与前车的最小出发间隔；a_i 为列车 i 在车站的到达时间。

6)图定出发时间约束变量

停站旅客列车的出发时间原则上不能早于图定出发时间，因此，本节构造图定出发时间约束变量TC，表征列车图定出发时间对列车停站时间的影响，其计算式为

$$TC = d_i^p - a_i \tag{7-49}$$

式中，d_i^p为列车i在车站的计划出发时间；a_i为列车i在车站的到达时间。

2. 模型训练

本节以韶关站为例，选择T、D、DT^p、DT^m、DT^a、FC、TC作为模型自变量，以列车停站时间DT作为因变量，构建晚点恢复情况下列车停站时间的预测模型。根据上文特征提取方法共提取出有效数据23036条，部分建模数据如表7-20所示，以2015年12月28日G1130次列车运行为例，列车在韶关站的到达晚点时间为3min，该次列车历史最小停站时间为11min，历史平均停站时间为11.84min，前车和图定出发时间约束均为11，当日该次列车在车站的实际停站时间为11min，较图定停站时间14min压缩3min，列车驶离车站时恢复正点运行。

表 7-20　建模数据示例表

车次	T	D/min	DT^p/min	DT^m/min	DT^a/min	FC	TC	DT/min
G1130	16.33	3	14	7	11.84	11	11	11
D2102	15.62	1	27	21	27.07	25	26	25
G6030	10.98	3		1	1.80	−4	−1	1
G1014	17.08	3	2	1	1.66	−6	−1	1
G1302	12.27	2	8	3	6.03	6	6	6

为保证训练出的模型拥有较高的稳定性，本节使用留出法将数据集划分为两个互斥的集合，其中80%的数据作为训练数据用于模型训练，20%的数据作为测试集用于模型检验。参数配置对模型性能有着重要影响，本节使用Python语言编程建立预测模型，采用交叉验证法，将测试数据进一步划分为训练集和验证集，确定使模型平均绝对误差最小的参数配置。对模型参数的调整过程如下。

1)随机森林模型调参

使用网格搜索法对n_estimators $=\{100, 200, \cdots, 2000\}$，max_features$=\{1, 2, \cdots, 7\}$的140种参数组合进行交叉验证，采用平均绝对误差（MAE）作为评分函数，绘制结果热力图如图7-37所示。从图中可以看出，当选取特征数为4时模型精度达到最高，同时模型精度随着决策树数量增加在振荡，没有显著的趋势。考虑到决策树数量增加对模型拟合精度提升有限，而会大大增加模型的复杂程度，选择n_estimators $= 600$，max_features=4作为最终模型参数。

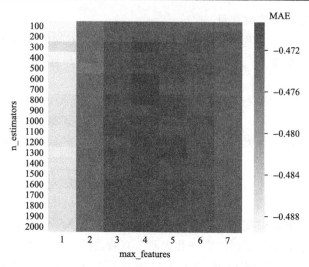

图 7-37　随机森林超参数与模型误差关系

2) 梯度提升回归树(GBRT)模型调参

固定学习速率 learning_rate=0.05 ， 单个决策树最大深度 max_depth={1,2,⋯, 15} ， 基础回归树数量 n_estimators ={100,200,⋯,2000} ， 对不同参数组合的 GBRT 模型进行训练。计算 5 折交叉验证下的模型平均绝对误差，绘制不同决策树深度下，模型预测绝对误差随迭代次数变化情况如图 7-38 所示。从图中可以看出，随着基础回归树数量的增长，模型残差快速下降并保持稳定。当决策树深度过大时，模型很快陷入过拟合，预测精度下降。当决策树最大深度为 6，迭代次数为 700 次时模型性能达到最优，得到模型的最优参数为 learning_rate=0.05 ， max_depth= 6 ， n_estimators = 700 。

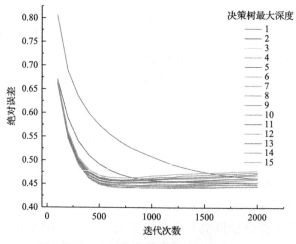

图 7-38　GBRT 模型超参数与模型误差关系

3)K 近邻法调参

本节使用网格搜索法，对 n_neighbors ={1,2,···,15}，"weights"={"uniform, distance"}，p = {1,2} 的 60 种不同参数组合对应的模型进行训练，计算 10 折交叉验证下的模型平均绝对误差，得到模型的最优参数为 n_neighbors = 11，weights= uniform，p = 2。

3. 模型对比及评估

1)模型对比

上文基于随机森林、GBRT 和 K 近邻回归分别建立了预测模型，为验证模型的有效性，本节使用余下 20%数据对模型进行验证，将模型在测试集上的"预测误差"作为泛化误差，判断模型的预测精度和在实际使用时泛化能力。

三种模型在测试集上的预测平均绝对误差见图 7-39，从图中可以看出，与随机森林回归模型和 K 近邻回归模型相比，GBRT 模型取得了最小的预测误差，具备较高的预测精度，因此选择 GBRT 作为晚点恢复情况下列车停站时间的预测模型。

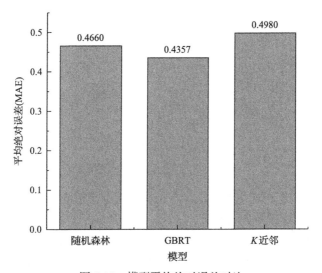

图 7-39　模型平均绝对误差对比

2)模型评估

使用 GBRT 模型对余下的 4608 条测试数据进行模拟预测，部分预测结果见图 7-40。由图可知，预测值与真实值的曲线重合程度高、偏差小，说明模型的拟合效果较好。

模型在测试集上预测的绝对误差和预测精度如图 7-41 所示。由图可以看出，当预测允许误差在 0.5min 以内时，模型在测试集上的预测精度接近 65%，当允许误差在 1min 以内时，模型的预测精度超过了 98%，表明该模型预测精度较高。

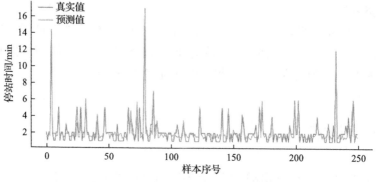

图 7-40 真实值与预测值对比图(部分)

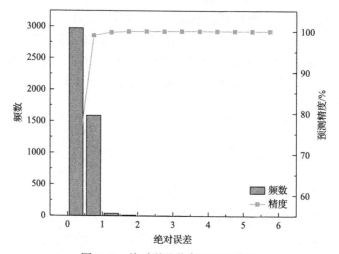

图 7-41 绝对误差分布和预测精度

模型预测残差分布如图 7-42 所示。由图可知,模型的预测残差均集中于零点附近,因此认为预测模型表现良好。

表 7-21 为模型性能度量指标表。由表可知,模型在训练集和测试集上的平均绝对误差均低于 0.5min,且确定系数 R^2 均超过 0.8,说明模型的预测效果稳定,能较准确地预测列车晚点停站时间,对调度员车站运行调整决策有较强的指导作用。

研究时段内乐昌东站为通过车站,无列车停站记录,因此本节针对除乐昌东站外的其余车站,依据上述流程,建立晚点恢复情况下列车停站时间预测模型,结果汇总如表 7-22 所示。

由表 7-22 可知,在车站晚点恢复策略预选问题中,数据驱动方法取得了较好的预测效果,可以帮助调度员准确估计晚点列车在车站的运行情况,协助调度员更为合理地组织车站列车运行,对于列车车站运行调整工作具有一定的指导意义。

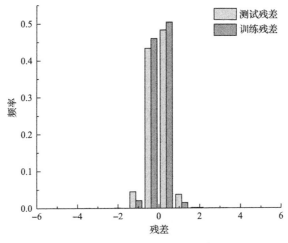

图 7-42 模型预测残差分布

表 7-21 模型性能度量指标表

样本集	平均绝对误差/min	平均相对误差	R^2	预测精度 (允许误差 0.5min)/%	预测精度 (允许误差 1min)/%
训练集	0.3933	0.262	0.857	73.30	99.47
测试集	0.4357	0.298	0.835	64.50	98.91

表 7-22 建模结果汇总表

车站	有效数 据条	最优 模型	平均绝对 误差/min	平均相对 误差	R^2	预测精度 (允许误差 0.5min)/%	预测精度 (允许误差 1min)/%
广州北	1627	KNN	0.4130	0.231	0.988	64.72	96.01
清远	4935	RF	0.4172	0.287	0.919	62.61	98.58
英德西	4039	GBRT	0.4319	0.318	0.766	59.65	99.13
乐昌东	0	—	—	—	—	—	—
郴州西	27043	RF	0.4319	0.313	0.757	60.66	99.46
耒阳西	6260	RF	0.4325	0.312	0.966	61.34	99.04
衡阳东	20945	GBRT	0.3786	0.248	0.896	71.37	97.25
衡山西	5253	RF	0.4228	0.281	0.971	62.70	97.43

7.4.3 区间晚点恢复策略预选研究

1. 特征选择

晚点列车区间运行时间主要受到动车组类型、列车在两端车站停站模式、列车运行条件等因素的影响，需要根据列车实时运行情况进行动态确定。本节将影响列车运行的复杂外部环境视为"黑箱"，假设相似情况下，列车在两端车站启停作业过程和在区间加减速过程基本不变。通过对大量的列车运行调整记录进行分析，提取列车区间运行影响因素作为自变量，构建区间晚点恢复策略预选模型。选取训练集属性特征如下：

1) 列车驶入区间时刻

由于列车运行线分布不均匀，不同时段区间列车运行密度、冗余时间分布和晚点可调整性存在较大差异，本节将列车驶入区间时刻 T 作为第一个特征，并将时刻数据转化为数值型数据，如将 "10:30" 转化为数值 10.5。

2) 列车晚点时间

列车晚点时间也是影响列车区间运行的重要因素。对于晚点程度较轻的列车，列车调度员可能采取暂不恢复的策略或直接在区间实现晚点的完全消解，而对于晚点程度较为严重的列车，其晚点可能对其他列车运行造成较大的影响，同时无法在区间实现晚点的完全消解，调度员可能采取区间冗余时间充分利用的策略，尽可能缩小晚点的影响范围和延续时间。列车晚点时间 D 的计算式为

$$D = d_i - d_i^p \tag{7-50}$$

式中，d_i 为列车 i 在前端车站的出发时间；d_i^p 为列车 i 在前端车站的计划出发时间。

3) 列车图定运行时间

一般情况下，高速列车会严格按照列车运行图规定时间办理各项作业，因此列车图定运行时间 OT^p 也是区间列车运行调整的重点考虑因素，其计算式为

$$OT^p = a_i^p - d_i^p \tag{7-51}$$

式中，a_i^p 为列车 i 在后端车站的计划到达时间；d_i^p 为列车 i 在前端车站的计划出发时间。

4) 列车区间最小运行时间

列车区间运行时间原则上不能小于列车区间最小运转时分以及列车启停产生的附加时分之和，因此本节将列车区间最小运行时间 OT^m 作为一个重要的因素纳入模型。

5) 列车历史平均运行时间

为了从列车实绩运行数据中挖掘列车运行规律，本节提取列车历史平均运行时间 OT^a 作为表征变量，反映各次列车在区间的历史运行状况，其计算式为

$$OT^a = \frac{\sum OT_i}{N} \tag{7-52}$$

式中，$\sum OT_i$ 为列车 i 在区间的历史运行总时间；N 为列车 i 的运行记录数。

6)前车间隔约束变量

在采用调度集中行车指挥方式和 CTCS-3 级列控系统控车条件下，高速列车之间存在最小追踪列车间隔时间[121]，本节构造前车间隔约束变量 FC 表征前序列车运行对后续列车区间运行状态的影响。

若目标列车在后端站停站，则其到达时间仅受前车到达间隔的约束，前车间隔约束变量 FC 的计算式为

$$FC = a_{i-1} + TI_a^m - d_i \qquad (7\text{-}53)$$

式中，a_{i-1} 为前车在后端站的到达时间；TI_a^m 为与前车的最小到达间隔；d_i 为列车 i 在前端车站的出发时间。

列车通过可以看作一组间隔时间极短的列车到发事件的集合，若目标列车在后端站通过，则其通过时间同时受到前车到达间隔和出发间隔的约束，前车间隔约束变量 FC 的计算式为

$$FC = \max\left(a_{i-1} + TI_a^m - d_i, \ d_{i-1} + TI_d^m - d_i \right) \qquad (7\text{-}54)$$

式中，a_{i-1} 为前车在后端站的到达时间；TI_a^m 为与前车的最小到达间隔；d_{i-1} 为前车在后端站的出发时间；TI_d^m 为与前车的最小出发间隔；d_i 为列车 i 在前端车站的出发时间。

7)图定到达时间约束变量

列车运行调整的最终目的是恢复晚点高速列车按图行车，因此，本节构造图定到达时间约束变量 TC，表征列车图定到达时间对区间运行时间的影响，其计算式为

$$TC = a_i^p - d_i \qquad (7\text{-}55)$$

式中，a_i^p 为列车 i 在后端车站的计划到达时间；d_i 为列车 i 在前端车站的出发时间。

2. 模型训练

本节以清远-英德西区间为例，选择 T、D、OT^p、OT^m、OT^a、FC、TC 作为模型自变量，以列车实际区间运行时间 OT 作为因变量，构建晚点恢复情况下列车区间运行时间预测模型，根据上文特征提取方法，剔除数据噪声后，共提取出有效数据 45689 条，部分建模数据如表 7-23 所示。以 2016 年 4 月 3 日 G682 次列车运行为例，列车在清远车站的出发晚点时间为 5min，该次列车区间最小运行时间为 10.9min，历史平均运行时间为 11.17min，前车间隔约束变量为 5，图定到达时间约束为 7，当日该次列车在区间的实际运行时间为 11min，较图定运行时

间 12min 压缩 1min，列车驶离区间时晚点恢复 1min。

表 7-23　建模数据示例表

车次	T	D/min	OT^p/min	OT^m/min	OT^a/min	FC	TC	OT/min
G682	8.52	5	12	10.90	11.17	5	7	11
G276	8.68	4	14	12.90	13.91	4	10	14
G1110	10.95	2	13	10.90	11.52	7	11	11
G548	16.97	1	12	10.9	11.73	12	11	12
G1110	10.95	2	13	10.9	11.52	8	11	11

与 7.4.2 节类似，为保证训练出的模型拥有较高的稳定性，同时有足够的数据对模型的泛化性能进行检验，使用留出法，随机抽取 80%的数据作为训练数据用于模型训练，20%的数据作为测试数据用于模型验证。模型参数的调整过程如下。

1) 随机森林模型调参

使用网格搜索法对 n_estimators = $\{100, 200, \cdots, 2000\}$，max_features = $\{1, 2, \cdots, 7\}$ 的 140 种参数组合进行交叉验证，并以平均绝对误差 (MAE) 作为评分函数，绘制出结果热力图如图 7-43 所示。从图中可以看出，本问题中决策树的数目对模型精度的影响很小，同时选取特征数为 2 可以使模型精度达到最高。为了在保证模型预测效果的前提下尽可能降低模型的复杂度，选择了最优模型参数 n_estimators = 600, max_features = 2。

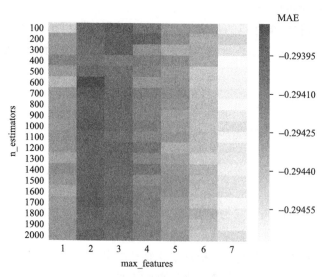

图 7-43　随机森林超参数与模型误差关系

2) GBRT 模型调参

固定学习速率 learning_rate = 0.05，单个决策树最大深度 max_depth =

$\{1,2,\cdots,10\}$，基础回归树数量 n_estimators $=\{100,200,\cdots,2000\}$，使用网格搜索法跟踪不同参数组合下模型预测的平均绝对误差。绘制不同决策树深度下，模型预测绝对误差随迭代次数变化情况如图 7-44 所示。从图中可以看出，随着基础回归树数量的增长，模型残差快速下降并保持稳定，当决策树最大深度为 10，迭代次数为 1900 次时模型性能达到最优，得到模型的最优参数为 learning_rate $=0.05$，max_depth $=10$，n_estimators $=1900$。

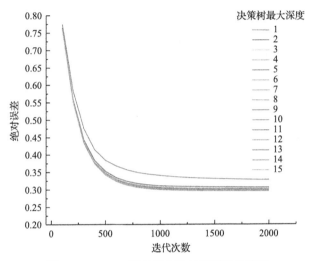

图 7-44　GBRT 模型超参数与模型误差关系

3) K 近邻法调参

本节使用网格搜索法，对 n_estimators $=\{1,2,\cdots,15\}$，"weights" $=\{$"uniform, distance"$\}$，$p=\{1,2\}$ 的 60 种不同参数组合对应的模型进行训练，计算 10 折交叉验证下的模型平均绝对误差，得到模型的最优参数为：n_neighbors $=3$，"weights" $=$"distance"，$p=1$。

3. 模型对比及评估

三种模型在测试集上的预测平均绝对误差见图 7-45，从图中可以看出，在本问题中三种模型的预测效果相当，随机森林取得了最小的预测误差，因此选择随机森林回归模型作为晚点恢复情况下列车区间运行时间的预测模型。

模型预测残差分布如图 7-46 所示，从图中可以看出，模型的预测残差均集中于零点附近，同时近似服从均值为 0 的正态分布，因此认为预测模型表现良好。

表 7-24 为模型性能度量指标。由表可知，模型在训练集和测试集上的平均绝对误差均小于 0.5min，且确定系数 R^2 均超过 0.9，说明模型的预测及拟合效果较好，可以实现晚点列车区间运行时间的准确预测。

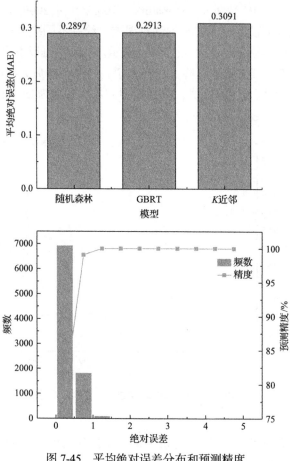

图 7-45　平均绝对误差分布和预测精度

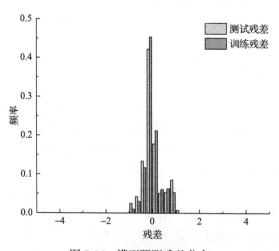

图 7-46　模型预测残差分布

表 7-24 模型性能度量指标表

样本集	平均绝对误差/min	平均相对误差	R^2	预测精度 （允许误差 0.5min）/%	预测精度 （允许误差 1min）/%
训练集	0.2348	0.019	0.937	84.39	99.94
测试集	0.2897	0.024	0.907	78.57	99.98

依据上述流程，针对其余区间建立晚点恢复情况下列车区间运行时间预测模型，结果汇总如表 7-25 所示。

表 7-25 建模结果汇总表

区间起点	有效数据条	最优模型	平均绝对 误差/min	平均相对 误差	R^2	预测精度 （允许误差 0.5min）/%	预测精度 （允许误差 1min）/%
广州南	3080	RF	0.3221	0.023	0.903	72.56	99.51
广州北	3460	RF	0.0091	0.001	0.986	99.42	99.86
英德西	36668	RF	0.3687	0.026	0.910	68.15	99.81
韶关	14448	GBRT	0.2890	0.033	0.851	79.83	99.55
乐昌东	11846	GBRT	0.1285	0.007	0.973	91.52	98.90
郴州西	35068	GBRT	0.1830	0.011	0.941	85.57	99.71
耒阳西	38779	GBRT	0.3998	0.029	0.906	67.53	99.20
衡阳东	13183	RF	0.0640	0.007	0.975	95.15	99.96

由表 7-25 可知，在区间晚点恢复策略预选问题中，数据驱动方法表现出了较好的预测效果和稳定性，可以帮助调度员较为准确地预估晚点列车区间运行状态，对于列车区间运行调整工作具有一定的指导意义。

参 考 文 献

[1] 李平, 邵赛, 薛蕊, 等. 国外铁路数字化与智能化发展趋势研究[J]. 中国铁路, 2019,(2): 25-31.

[2] 赵雁飞. 行车指挥自动化几个关键问题的研究[D]. 北京: 北方交通大学, 2000.

[3] 雷明. 机器学习——原理、算法与应用[M]. 北京: 清华大学出版社, 2019.

[4] Graffagnino T. Ensuring timetable stability with train traffic data[J]. Computers in Railways XIII: Computer System Design and Operation in the Railway and Other Transit Systems, 2013, 127: 427-438.

[5] 刘岩, 郭竞文, 罗常津, 等. 列车运行实绩大数据分析及应用前景展望[J]. 中国铁路, 2015, (6): 70-73.

[6] Wen C, Li Z, Lessan J, et al. Statistical investigation on train primary delay based on real records: Evidence from Wuhan—Guangzhou HSR[J]. International Journal of Rail Transportation, 2017, 5(3): 170-189.

[7] 庄河, 文超, 李忠灿, 等. 基于高速列车运行实绩的致因-初始晚点时长分布模型[J]. 铁道学报, 2017, 39(9): 25-31.

[8] 文超, 李忠灿, 黄平, 等. 高速铁路初始晚点致因-影响列车数分布模型[J]. 西南交通大学学报, 2018, 53(6): 1261-1269.

[9] Marković N, Milinković S, Tikhonov K S, et al. Analyzing passenger train arrival delays with support vector regression[J]. Transportation Research Part C: Emerging Technologies, 2015, 56: 251-262.

[10] Murali P, Dessouky M, Ord F, et al. A delay estimation technique for single and double-track railroads[J]. Transportation Research Part E: Logistics and Transportation Review, 2010, 46(4): 483-495.

[11] Lee W H, Yen L H, Chou C M. A delay root cause discovery and timetable adjustment model for enhancing the punctuality of railway services[J]. Transportation Research Part C: Emerging Technologies, 2016, 73: 49-64.

[12] Cerreto F, Nielsen B F, Nielsen O A, et al. Application of data clustering to railway delay pattern recognition[J]. Journal of Advanced Transportation, 2018, 4: 377-394.

[13] 张琦, 陈峰, 张涛, 等. 高速铁路列车连带晚点的智能预测及特征识别[J]. 自动化学报, 2019, 45(12): 2251-2259.

[14] Chebotarev V, Davydov B, Kablukova K. Probabilistic model of delay propagation along the train flow[J]. Probabilistic Modeling in System Engineering, IntechOpen, 2018, 3: 171-193.

[15] Harrod S, Cerreto F, Nielsen O A. A closed form railway line delay propagation model[J]. Transportation Research Part C: Emerging Technologies, 2019, 102: 189-209.

[16] Harrod S, Pournaras G, Nielsen B F. Distribution fitting for very large railway delay data sets with discrete values[J]. Danish Journal of Transportation Research—Dansk Tidsskrift for Transportforskning, 2019, 1: 1-12.

[17] 徐传玲, 文超, 胡瑞, 等. 高速铁路列车连带晚点产生机理及其判定[J]. 交通运输工程与信息学报, 2020, 18(4): 31-37.

[18] Huang P, Wen C, Peng Q, et al. Modeling the influence of disturbances in high-speed railway systems[J]. Journal of Advanced Transportation, 2019, 3: 1-13.

[19] Oneto L, Buselli I, Sanetti P, et al. Restoration time prediction in large scale railway networks: Big data and interpretability[C]// Recent Advances in Big Data and Deep Learning: Proceedings of the INNS Big Data and Deep Learning Conference, Sestri Levante, Genova, 2019: 136-141.

[20] Zilko A, Hanea A, Kurowicka D, et al. Non-parametric Bayesian network to forecast railway disruption lengths[C]// Civil-Comp Proceedings, Ajaccio, 2014: 104.

[21] Zilko A A, Kurowicka D, Goverde R. Modeling railway disruption lengths with copula Bayesian networks[J]. Transportation Research Part C: Emerging Technologies, 2016, 68: 350-368.

[22] 汤轶雄, 徐传玲, 文超, 等. 高铁故障晚点时间预测的支持向量回归模型[J]. 中国安全科学学报, 2019, 29(S2): 18-23.

[23] Wang R, Work D B. Data driven approaches for passenger train delay estimation[C]//18th International Conference on Intelligent Transportation Systems, Gran Canaria, 2015: 535-540.

[24] Li D, Daamen W, Goverde R. Estimation of train dwell time at short stops based on track occupation event data: A study at a Dutch railway station[J]. Journal of Advanced Transportation, 2016, 50(5): 877-896.

[25] Guo J, Meng L, Kecman P, et al. Modeling delay relations based on historical train monitoring data: A Chinese high-speed railway case[C]//6th International Conference on Railway Operations Modelling and Analysis, Chiba, 2015: 1-28.

[26] Kecman P, Goverde R. Predictive modelling of running and dwell times in railway traffic[J]. Public Transport, 2015, 7(3): 295-319.

[27] Pongnumkul S, Pechprasarn T, Kunaseth N, et al. Improving arrival time prediction of Thailand's passenger trains using historical travel times[C]//11th International Joint Conference on Computer Science and Software Engineering (JCSSE), Chon Buri, 2014: 307-312.

[28] Kecman P, Corman F, Meng L. Train delay evolution as a stochastic process[C]//6th International Conference on Railway Operations Modelling and Analysis, Narashino, 2015: 007-01-007-19.

[29] Barta J, Rizzoli A E, Salani M, et al. Statistical modelling of delays in a rail freight transportation network[C]//2012 Winter Simulation Conference (WSC), Berlin, 2012: 1-12.

[30] Gaurav R, Srivastava B. Estimating train delays in a large rail network using a zero shot Markov

model[C]//21st International Conference on Intelligent Transportation Systems(ITSC), Maui, 2018: 1221-1226.

[31] Corman F, Kecman P. Stochastic prediction of train delays in real-time using Bayesian networks[J]. Transportation Research Part C: Emerging Technologies, 2018, 95: 599-615.

[32] Oneto L, Fumeo E, Clerico G, et al. Advanced analytics for train delay prediction systems by including exogenous weather data[C]//2016 IEEE International Conference on Data Science and Advanced Analytics(DSAA), Montreal, 2016: 458-467.

[33] Arshad M, Ahmed M. Train delay estimation in Indian railways by including weather factors through machine learning techniques[J]. Recent Advances in Computer Science and Communications, 2021, 14(4): 1300-1307.

[34] Yaghini M, Khoshraftar M M, Seyedabadi M. Railway passenger train delay prediction via neural network model[J]. Journal of Advanced Transportation, 2013, 47(3): 355-368.

[35] Oneto L, Fumeo E, Clerico G, et al. Delay prediction system for large-scale railway networks based on big data analytics[C]//2nd INNS Conference on Big Data, Thessaloniki, 2016: 139.

[36] Oneto L, Fumeo E, Clerico G, et al. Dynamic delay predictions for large-scale railway networks: Deep and shallow extreme learning machines tuned via thresholdout[J]. IEEE Transactions on Systems, Man, and Cybernetics: Systems, 2017, 47(10): 2754-2767.

[37] 孙略添, 宋瑞, 何世伟, 等. 技术站列车晚点时间预测方法[J]. 北京交通大学学报, 2018, 42(1): 94-98.

[38] Oneto L, Fumeo E, Clerico G, et al. Train delay prediction systems: A big data analytics perspective[J]. Big Data Research, 2018, 11: 54-64.

[39] Wen C, Mou W, Huang P, et al. A predictive model of train delays on a railway line[J]. Journal of Forecasting, 2020, 39(3): 470-488.

[40] Huang P, Wen C, Fu L, et al. A deep learning approach for multi-attribute data: A study of train delay prediction in railway systems[J]. Information Sciences, 2020, 516: 234-253.

[41] Li Z, Huang P, Wen C, et al. Predictive models for influence of primary delays using high-speed train operation records[J]. Journal of Forecasting, 2020, 39(8): 1198-1212.

[42] Khadilkar H. Data-enabled stochastic modeling for evaluating schedule robustness of railway networks[J]. Transportation Science, 2016, 51(4): 1161-1176.

[43] Yang X, Hou Y, Li L. Buffer time allocation according to train delay expectation at stations[J]. International Journal of Rail Transportation, 2019, 6: 1-15.

[44] Jiang C, Huang P, Lessan J, et al. Forecasting primary delay recovery of high-speed railway using multiple linear regression, supporting vector machine, artificial neural network, and random forest regression[J]. Canadian Journal of Civil Engineering, 2019, 46(5): 353-363.

[45] Şahin İ. Markov chain model for delay distribution in train schedules: Assessing the effectiveness of time allowances[J]. Journal of Rail Transport Planning & Management, 2017,

7(3): 101-113.

[46] Huang P, Wen C, Peng Q, et al. A data-driven time supplements allocation model for train operations on high-speed railways[J]. International Journal of Rail Transportation, 2019, 7(2): 140-157.

[47] Martin L J. Predictive reasoning and machine learning for the enhancement of reliability in railway systems[C]//International Conference on Reliability, Safety, and Security of Railway Systems, Paris, 2016: 28-30.

[48] 胡雨欣, 彭其渊, 鲁工圆, 等. 基于初始晚点和冗余时间的列车晚点恢复时间预测模型[J]. 交通运输工程与信息学报, 2020, 18(2): 93-102.

[49] Cacchiani V, Huisman D, Kidd M, et al. An overview of recovery models and algorithms for real-time railway rescheduling[J]. Transportation Research Part B: Methodological, 2014, 63: 15-37.

[50] Cadarso L, Mar N Á. Recovery of disruptions in rapid transit networks with origin-destination demand[J]. Procedia-Social and Behavioral Sciences, 2014, 111: 528-537.

[51] 占曙光, 赵军, 彭其渊, 等. 高速铁路区间能力全失效条件下列车运行实时调整研究[J]. 铁道学报, 2015, 37(11): 1-9.

[52] Krasemann J T. Design of an effective algorithm for fast response to the re-scheduling of railway traffic during disturbances[J]. Transportation Research Part C: Emerging Technologies, 2012, 20(1): 62-78.

[53] 王涛, 张琦, 赵宏涛, 等. 基于替代图的列车运行调整计划编制及优化方法[J]. 中国铁道科学, 2013, 34(5): 126-133.

[54] 庄河, 何世伟, 戴杨铖. 高速铁路列车运行调整的模型及其策略优化方法[J]. 中国铁道科学, 2017, 38(2): 118-126.

[55] Dundar S, Şahin İ. Train re-scheduling with genetic algorithms and artificial neural networks for single-track railways[J]. Transportation Research Part C: Emerging Technologies, 2013, 27: 1-15.

[56] Oneto L, Buselli I, Lulli A, et al. Train overtaking prediction in railway networks: A big data perspective[C]//INNS Big Data and Deep Learning Conference, Sestri Levante, Genova, 2020: 142-151.

[57] Šemrov D, Marsetič R, Žura M, et al. Reinforcement learning approach for train rescheduling on a single-track railway[J]. Transportation Research Part B: Methodological, 2016, 86: 250-267.

[58] Khadilkar H. A scalable reinforcement learning algorithm for scheduling railway lines[J]. IEEE Transactions on Intelligent Transportation Systems, 2018, 20(2): 727-736.

[59] Sun J, Wang S. Intelligent train dispatching for high-speed railway based on fuzzy neural network[C]//2nd International Conference on Advanced Computer Control, Shenyang, 2010: 222-225.

[60] Narayanaswami S, Rangaraj N. A MAS architecture for dynamic, realtime rescheduling and learning applied to railway transportation[J]. Expert Systems with Applications, 2015, 42 (5): 2638-2656.

[61] Zhu T, Mera J M, Suarez B, et al. An agent-based support system for railway station dispatching[J]. Expert Systems with Applications, 2016, 61: 39-52.

[62] Zhu T, de Pedro J M M S. Railway traffic conflict detection via a state transition prediction approach[J]. IEEE Transactions on Intelligent Transportation Systems, 2017, 18 (5): 1268-1278.

[63] 唐涛, 李开成, 宿帅, 等. 瑞士铁路调度指挥系统特点分析及对我国启示[J]. 中国铁路, 2019, (11): 18-23.

[64] Ghofrani F, He Q, Goverde R, et al. Recent applications of big data analytics in railway transportation systems: A survey[J]. Transportation Research Part C: Emerging Technologies, 2018, 90: 226-246.

[65] Huang P, Wen C, Fu L, et al. Modeling train operation as sequences: A study of delay prediction with operation and weather data[J]. Transportation Research Part E: Logistics and Transportation Review, 2020, 141: 102022.

[66] 黄平. 数据驱动的高速铁路列车晚点传播机理及模型研究[D]. 成都: 西南交通大学, 2020.

[67] Huang P, Wen C, Fu L, et al. A hybrid model to improve the train running time prediction ability during high-speed railway disruptions[J]. Safety Science, 2020, 122: 104510.

[68] Church K W. Word2vec[J]. Natural Language Engineering, 2017, 23 (1): 155-162.

[69] Rehurek R, Sojka P. Software framework for topic modelling with large corpora[C]// Proceedings of the LREC 2010 Workshop on New Challenges for NLP Frameworks, Valletta, 2010: 46-50.

[70] Rodrigues F, Markou I, Pereira F C. Combining time-series and textual data for taxi demand prediction in event areas: A deep learning approach[J]. Information Fusion, 2019, 49: 120-129.

[71] Guo S, Lin Y, Feng N, et al. Attention based spatial-temporal graph convolutional networks for traffic flow forecasting[C]//Proceedings of the AAAI Conference on Artificial Intelligence, Honolulu, 2019, 33 (1): 922-929.

[72] Srivastava N, Hinton G, Krizhevsky A, et al. Dropout: A simple way to prevent neural networks from overfitting[J]. The Journal of Machine Learning Research, 2014, 15 (1): 1929-1958.

[73] Hochreiter S, Schmidhuber J. Long short-term memory[J]. Neural Computation, 1997, 9 (8): 1735-1780.

[74] Svozil D, Kvasnicka V, Pospichal J. Introduction to multi-layer feed-forward neural networks[J]. Chemometrics and Intelligent Laboratory Systems, 1997, 39 (1): 43-62.

[75] Chollet F. Keras: Deep learning library for theano and tensorflow[EB/OL]. https://keras.io/k, 2015, 7 (8): T1.

[76] Barbour W, Mori J C M, Kuppa S, et al. Prediction of arrival times of freight traffic on US

railroads using support vector regression[J]. Transportation Research Part C: Emerging Technologies, 2018, 93: 211-227.

[77] Wang Y, Wen C, Huang P. Predicting the effectiveness of supplement time on delay recoveries: A support vector regression approach[J]. International Journal of Rail Transportation, 2021, 6(8): 1-18.

[78] Nair R, Hoang T L, Laumanns M, et al. An ensemble prediction model for train delays[J]. Transportation Research Part C: Emerging Technologies, 2019, 104: 196-209.

[79] Li Z, Wen C, Hu R, et al. Near-term train delay prediction in the Dutch railways network[J]. International Journal of Rail Transportation, 2020, 9(6): 1-20.

[80] Lulli A, Oneto L, Canepa R, et al. Large-scale railway networks train movements: A dynamic, interpretable, and robust hybrid data analytics system[C]//IEEE 5th International Conference on Data Science and Advanced Analytics(DSAA), Turin, 2018: 371-380.

[81] Nabian M A, Alemazkoor N, Meidani H. Predicting near-term train schedule performance and delay using bi-level random forests[J]. Transportation Research Record, 2019, 2673(5): 564-573.

[82] Huang P, Li Z, Wen C, et al. Modeling train timetables as images: A cost-sensitive deep learning framework for delay propagation pattern recognition[J]. Expert Systems with Applications, 2021, 177: 114996.

[83] Drucker H, Burges C J, Kaufman L, et al. Support vector regression machines[J]. Advances in Neural Information Processing Systems, 1996, 9: 155-161.

[84] Chang C C, Lin C J. LIBSVM: A library for support vector machines[J]. ACM Transactions on Intelligent Systems and Technology(TIST), 2011, 2(3): 1-27.

[85] Pedregosa F, Varoquaux G, Gramfort A, et al. Scikit-learn: Machine learning in Python[J]. Journal of Machine Learning Research, 2011, 12(10): 2825-2830.

[86] Huang G B, Zhu Q Y, Siew C K. Extreme learning machine: Theory and applications[J]. Neurocomputing, 2006, 70(1-3): 489-501.

[87] Kecman P, Goverde R. Online data-driven adaptive prediction of train event times[J]. IEEE Transactions on Intelligent Transportation Systems, 2014, 16(1): 465-674.

[88] Akusok A, Bjork K M, Miche Y, et al. High-performance extreme learning machines: A complete toolbox for big data applications[J]. IEEE Access, 2015, 3: 1011-1025.

[89] Hitesh M, Vaibhav V, Kalki Y A, et al. Real-time sentiment analysis of 2019 election tweets using Word2vec and random forest model[C]//2nd International Conference on Intelligent Communication and Computational Techniques(ICCT), Jaipur, 2019: 146-151.

[90] Lessan J, Fu L, Wen C. A hybrid Bayesian network model for predicting delays in train operations[J]. Computers & Industrial Engineering, 2019, 127: 1214-1222.

[91] Benesty J, Chen J, Huang Y, et al. Pearson Correlation Coefficient[M]. Berlin: Springer, 2009: 1-4.

[92] Vaswani A, Shazeer N, Parmar N, et al. Attention is all you need[C]//Proceedings of the Advances in Neural Information Processing Systems, Long Beach, 2017: 5998-6008.

[93] Zhong P, Wang D, Miao C. Knowledge-enriched transformer for emotion detection in textual conversations[J]. arXiv preprint arXiv:190910681, 2019.

[94] He K, Zhang X, Ren S, et al. Deep residual learning for image recognition[C]//IEEE Conference on Computer Vision and Pattern Recognition, Las Vegas, 2016: 770-778.

[95] Ba J L, Kiros J R, Hinton G E. Layer normalization[J]. arXiv preprint arXiv:160706450, 2016.

[96] Ramachandran P, Zoph B, Le Q V. Searching for activation functions[J]. arXiv preprint arXiv: 171005941, 2017.

[97] Sanchez-Lengeling B, Reif E, Pearce A, et al. A gentle introduction to graph neural networks[J]. Distill, 2021, 6(9): e33.

[98] Liaw A, Wiener M. Classification and regression by random forest[J]. R News, 2002, 2(3): 18-22.

[99] Chawla N V, Bowyer K W, Hall L O, et al. SMOTE: Synthetic minority over-sampling technique[J]. Journal of Artificial Intelligence Research, 2002, 16: 321-357.

[100] Zhou Z H, Feng J. Deep forest: Towards an alternative to deep neural networks[J]. arXiv preprint arXiv: 1702.08835, 2017.

[101] LAMDA. DF21 Documentation[EB/OL]. https://deep-forest.readthedocs.io/en/stable/index. html, 2021.

[102] Demsar J. Statistical comparisons of classifiers over multiple data sets[J]. The Journal of Machine Learning Research, 2006, 7: 1-30.

[103] Liu P, Han B. Optimizing the train timetable with consideration of different kinds of headway time[J]. Journal of Algorithms & Computational Technology, 2017, 11(2): 148-162.

[104] D'ariano A, Corman F, Pacciarelli D, et al. Reordering and local rerouting strategies to manage train traffic in real time[J]. Transportation Science, 2008, 42(4): 405-419.

[105] Imani M. Electrical load-temperature CNN for residential load forecasting[J]. Energy, 2021, 227: 1-13.

[106] Li J, Yan J, Deng D, et al. No-reference image quality assessment based on hybrid model[J]. Signal Image and Video Processing, 2017, 11(6): 985-992.

[107] Zhang G, Dai Z, Dai X. A novel hybrid CNN-SVR for CRISPR/Cas9 guide RNA activity prediction[J]. Frontiers in Genetics, 2020, 10: 1-13.

[108] Du C, Gao S, Liu Y, et al. Multi-focus image fusion using deep support value convolutional neural network[J]. Optik—International Journal for Light and Electron Optics, 2019, 176: 567-578.

[109] Lecun Y, Boser B, Denker J, et al. Backpropagation applied to handwritten zip code

recognition[J]. Neural Computation, 1989, 1(4): 541-551.

[110] Khan A, Sohail A, Zahoora U, et al. A survey of the recent architectures of deep convolutional neural networks[J]. Artificial Intelligence Review, 2020, 53(8): 5455-5516.

[111] Cheng Z, Lu J, Zhou H, et al. Short-term traffic flow prediction: An integrated method of econometrics and hybrid deep learning[J]. IEEE Transactions on Intelligent Transportation Systems, 2021, 99: 1-14.

[112] Petersen N C, Rodrigues F, Pereira F C. Multi-output bus travel time prediction with convolutional LSTM neural network[J]. Expert Systems with Application, 2019, 120: 426-435.

[113] Lecun Y, Kavukcuoglu K, Farabet C. Convolutional networks and applications in vision[C]// Proceedings of 2010 IEEE International Symposium on Circuits and Systems, Paris, 2010: 253-256.

[114] Springenberg J, Dosovitskiy A, Brox T, et al. Striving for simplicity: The all convolutional net [EB/OL]. arXiv: 1412.6806v1, 2015.

[115] Breiman L. Random forests[J]. Machine Learning, 2001, 45: 5-32.

[116] Santur Y, Karakse M, Akn E. Random forest based diagnosis approach for rail fault inspection in railways[C]//National Conference on Electrical, Electronics and Biomedical Engineering (ELECO), Bursa, 2016: 745-750.

[117] Xin J, Chen S. Bus dwell time prediction based on KNN[J]. Procedia Engineering, 2016, 137: 283-288.

[118] Yang D, Li S, Peng Z, et al. MF-CNN: Traffic flow prediction using convolutional neural network and multi-features fusion[J]. IEICE Transactions on Information and Systems, 2019, E102.D(8): 1526-1536.

[119] 袁志明, 张琦, 黄康, 等. 基于随机森林的列车到站时间预测方法[J]. 铁道运输与经济, 2016, 38(5): 60-63.

[120] 贾传峻, 胡思继, 杨宇栋. 基于多智能体的铁路双线调度指挥系统[J]. 北京交通大学学报, 2005, 29(6): 13-17.

[121] 马建军, 胡思继, 许红, 等. 京沪高速铁路列车运行图编制基本理论的研究[J]. 北京交通大学学报, 2002, 26(2): 47-59.

《交通与数据科学丛书》书目

1. 超越引力定律——空间交互和出行分布预测理论与方法 闫小勇 著 2019 年 3 月
2. 时间序列混合智能辨识、建模与预测 刘 辉 著 2020 年 3 月
3. 城市快速路交通流理论与运行管理 孙 剑 著 2020 年 6 月
4. 数据驱动的高速列车晚点传播与恢复 文 超 等著 2022 年 6 月
5. 基于手机大数据的交通规划方法 刘志远 付 晓 著 2022 年 9 月
6. 控制理论在交通流建模中的应用 朱文兴 著 2022 年 12 月
7. 高速铁路行车调度智能化关键理论 文 超 等著 2024 年 3 月